シリーズ

社会学のアクチュアリティ：批判と創造 9

グローバル化とアジア社会

Globalization and Asian Societies : The Horizon of Post-colonialism

ポストコロニアルの地平

新津晃一・吉原直樹［編］
Niitsu Koichi Yoshihara Naoki

東信堂

シリーズ
社会学のアクチュアリティ：批判と創造
企画フェロー

武川正吾（東京大学教授）
友枝敏雄（大阪大学教授）
西原和久（名古屋大学教授）
藤田弘夫（慶應義塾大学教授）
山田昌弘（東京学芸大学教授）
吉原直樹（東北大学教授）
（五〇音順）

はしがき

「シリーズ　社会学のアクチュアリティ：批判と創造」の第9巻を構成する本書は、表題に示されているように、グローバルとローカルが複雑に交差する地平でアジア社会の〈いま〉を問い込もうとして企画されたものである。考えてみれば、この間、文化帝国主義批判、オリエンタリズム批判等の嵐が吹き荒れる中で、アジア社会はさまざまな知が競いあうだけでなく、それらが自己を検証し反省する際の格好の場＝フィールドを構成してきた。そしていま再び、ポストコロニアルの時代相において、アジア社会が(その近代の)反転／捻れを介して既成の知に再審の機会を与えようとしていることが、熱く議論されるようになっている。

ちなみに、社会学に即して言うと、たとえば「農村」、「都市」あるいは「開発」等についてこれまでさまざまに論じられ分析されてきたのであるが、その都度西欧世界から出自したパラダイム(過剰都市化論とか「貧困の共有」といった議論)がフィールドを深くおし包んだ。そして入れかわり立ちかわりあらわれたさまざまなパラダイムが、おしなべてアジア近代を「西欧」の目で見ていたことは、すでに多くの論者が指摘しているところである。しかしそうした目＝まなざしによってアジア近代の〈いま〉を透かしてみようとすることがどれほど無謀であるかが、まさにグローバル化がアジア社会を燎原の火のように覆い、そこに多種多様なデバイドが埋め込まれる中で明らかになっている。それは言うなれば、グローバルがローカルの基層をえぐりだすような形で進むのと符節をあわせて、社会学が自己を見つめなおすプロセスとして立ちあらわれているのである。ともあれ、社会学のアクチュアリティが屈曲し変転するアジア社会を前にして鋭く問われるようになっている。

幸いなことに、近年、社会学もしくはその周辺では、アジア社会をグローバルな要因とローカルな諸条件が複雑に織りあう場として理解し分析する一連の調査研究が出現している。本書は、そのような調査研究の成果に基づいて、アジア社会がいったいどこから来てどこへ行こうとしているのかを明らかにしようとするものである。併せて、アジア近代の〈いま〉をとらえる社会学の射程と奥行き、とりわけ周辺の知との交差によって拡がる社会学の可能性について論じようとするものである。

以下、本書の構成を走り抜けに記してみよう。

まず序章では本書のテーマになっているグローバル化を「人類が地球という空間に共住しているという認識の拡大に伴い、新たな規範を共有化してゆく過程である」と定義するとともに、ローカル化を「グローバル規範の受容に際してのローカルな場での対応メカニズムである」と定義し、分析概念を明確化している。その上で、グローバル化の諸相を経済、政治、社会、文化の領域に分け、今日のグローバル化の全体像とアジアにおけるグローバル化の動向を素描している。また、まとめとして、アジアにおけるグローバル化の行方について論じている。

第1章（成家論文）「ポストコロニアリズムと現代日本」では文化の領域におけるポストコロニアリズム文学・思想のグローバルな進展を取り上げ、それが「社会学の研究にどのような意味を持つのか」を問うている。脱植民地化のプロセスの中で生まれたこの視座は〈中心―周辺〉構造を基盤とし、〈中心の中における周辺からの移住者のまなざし〉〈周辺における中心文化に枠づけられた現地人・旧宗主国からの人々のまなざし〉などに基づく、ユニークな混合・融合文化、多様な文化の形成をもたらしている。いわばこれまでには見られなかった異文化間の視点に立った多様な意味世界の現実を明らかにしていると言えよう。成家は日本でもこのようなポストコロニアリズムの思想的発展の萌芽が見られると指摘している。ここでは姜尚中の文献とリサ・コヴ、鄭暎恵（チョン・ヨンハ）の文献を取り上げ、その傾向を批判的に論じている。

第2章（新田目論文）「アジアの都市化の新局面」は、グローバル化の進展に伴う経済の発展がアジアの都市化、とりわけ東南アジアの都市化にどのような影響をもたらしてきたかに関するこれまでの諸議論を批判的に整理し、論じている。すなわち、これまで発展途上国大都市の特徴として古典的に取り上げられていた「過剰都市化」「首位都市化」の概念及び、一九七〇年代から論ぜられるようになってきた「メガ都市化」についてその妥当性を人口学的データをもとに実証的に明らかにしている。その結果、「過剰都市化」については、経済発展の結果、次第に緩和されてきていること、「首位都市化」については、実質的な首都圏の拡大を考慮すると強化されていることが明らかにされている。また「メガ都市化」については、しばしばマイナスイメージをもって語られることも少なくないが、都市の最適規模についての考え方が確定していない現実から考えて、「メガ都市化」の何が問題であるかにつき再考することの必要性を指摘している。

第3章(池田論文)「アジアの都市‐農村関係の変貌」ではグローバル化の影響の下にインドネシアの都市と農村の関係がどのように変化してきたかにつき論じている。池田によるとインドネシアの都市‐農村関係は連続性が高く、たとえば村では農民、都市では物売りというように都市‐農村間を循環移動している。したがって両地域の関連を解明するためには「共時的複合化」の視点が重要になる。こうした状況の中、特にスハルト体制の下、一九八〇年代から一九九〇年代にかけてグローバル企業を初めとする海外資本の積極的受入れにより未曾有の経済成長を謳歌することになった。この過程は都市化の側面から見れば「メガ・アーバニゼーション」と呼ばれる多極分散的特徴を持つ拡大であった。都市周辺の農村地域への工場の進出などにより経済活動や都市機能が一極集中ではなく分散的に発展する形態である。メガ・アーバン・リージョンの中では熾烈な市場競争原理が働き、労働市場においては買い叩かれた不安定労働者の工業部門への参入、地価の高騰、フォーマルとインフォーマル両セクター間の対立等が顕在化するとともに両セクター間に分類される多様なセクターがあらわれる。

このようにして「共時的複合化」はさらに高まることになる。スハルト体制崩壊が直接的な契機となって起こった経済と社会の全体的危機は、地方分権化を促進することによって、メガ・アーバン・リージョンのみならず全国の地域社会に新しい秩序の創出を本質的な課題として突きつけることになった。その結果、今インドネシアの至るところで、さまざまな大胆な「改革」が試みられている。

第4章（今野論文）「都市中間層の動向」では、経済のグローバル化に伴い形成された都市中間層の特徴について論じている。特に東南アジア地域、とりわけインドネシアの都市中間層の特質と「民主化」への関わりについて論じている。結論から言えば、西欧社会での経験のように必ずしも「民主化」の担い手になっていないと指摘し、その理由として、①都市中間層内が上、中、下の層別分化やエスニシティにより分化されており、中間層としての「凝集力」がないこと、②国家主導の開発独裁による経済的受益者であり、保守的、体制維持的性格を持っていること、③彼等の平等観には、都市貧困層や農村部などは入っていないこと、などをあげている。他方、NGOによる市民運動などの組織化も進んでおり、これらの人々が中間層内部のどの部分から出ているのか、実証的研究を進めることが重要であることを指摘している。

第5章（倉沢論文）「ポスト開発と国民統合・民主化」はグローバルな市場経済の進展が中間層を生み出し、やがて政治的民主化へと進む、とするこれまでの仮説に対し、インドネシアにおけるスハルト政権の崩壊については必ずしも同様の傾向を示していないと論ずる。すなわち、インドネシアの中間層の場合、必ずしもスハルト政権に批判的勢力とは言えず、それゆえ政権崩壊の際の暴動が発生するとむしろ民兵を雇い自己保護側に回ったという。そして、ジャカルタにおいては下層内の中層が重要な役割を果たしたのではないかとの仮説に基づき、この層の人々を対象に倉沢自身によるフィールドデータを用い、検証を行っている。

第6章(ドゥイアント論文)「アジア社会の都市グラスルーツ」では、都市の住民組織についてグローバル化による質的変化を論じている。ここでは特にジャカルタ首都特別区のCBDに隣接するメンテンアタス地区の「RT」(隣組又は町内会)を対象とし、一九九八年に実施された調査データに基づき分析を進めている。これまで、都市グラスルーツについては、アメリカでは伝統的に「草の根民主主義」の文脈で語られるのに対し、日本の町内会の場合には「草の根保守主義」の文脈でとらえられる。ジャカルタの「RT」の場合はどちらの傾向が強いのか、実証データを用いて考察を進め、以下のような知見を見出している。すなわち、①ジャカルタのRTは一九六〇年代、行政の勧めで形成されたものが多く、基本的には「上からの動員」つまり行政協力の意味合いが強い。②しかしながら、インドネシアにおける分権化、民主化の動向の中で、住民組織内に「セイフティネット」としての自律的機能が芽生えはじめており、「上からの動員」ではない側面が見られるようになってきた。

第7章(青木論文)「マニラのスクオッター」では、フィリピンの首都マニラにおける居住権を持たないスクオッターを対象とし、経済のグローバル化とマニラの世界都市化が彼等にいかなる影響をもたらしているかを論じている。すなわち世界都市としてのネットワークに組み込まれたマニラは、国際分業化の下、資本間競争は激化し、企業の利潤追求、労働搾取はますます強まっている。こうした市場経済のメカニズムが都市貧困層の労働にも影響を及ぼしている。すなわち労働のインフォーマル化とサービス化である。これらスクオッターと呼ばれる都市貧困層の最大の問題は居住権の獲得である。フィリピンでは、一九八六年に発足したアキノ政権の下、民主化、人権主義の視点からスクオッターであっても撤去に際しては原則として代替地を提供することとなっている。しかし危険地域、インフラ建設予定地については撤去優先地区として撤去禁止から外している。いずれにしても、貧困者には過酷に作用する経済グローバル化と、他方人権擁護のグローバル化の相対するメカニズムの中で、スクオッター住民と政府が問題解決に向かって、いかなる妥協と譲歩を模索しているかについて論じている。

終章「モダニティとアジア社会」では、序章での問題提起／論点と前章までの展開を受けてアジア社会のモダニティの位相がさぐられる。まずアジアを後進的で「闇の世界」とするオリエンタリズムの認識の原拠が明らかにされ、その対向に多相的、多系的なアジア社会の原像が据えられる。そしてその原像の具体化に際して、いわゆるアジア的価値の再審が避けて通れないこと、同時に、その再審が必然的にアジア研究者のポジショナリティを問うことにならざるを得ないことが指摘される。このようにして、アジア社会のモダニティの内実が研究者の認識枠組みにまで遡及して検証／反証されることになるのだが、ここではそれがいかなる時間、空間の経験の上にあるかが併せて示される。まさにグローバル化を縦糸とし、「時間・空間・モダニティ」というテーマを横糸として、アジア社会を〈解読〉することがもとめられているということになる。

さてこうしてみると、序章と終章を除く各章で論じられているトピックは、「グローバル化とアジア社会」という本書のテーマからするとかなり限定された一部にすぎない。また国内の内部構造の動態に焦点を置いた研究が主であることがわかる。しかし、各研究においては、実証的なデータに基づき、それぞれの社会の内部構造がグローバル化とともにどのような変動を遂げているのかが分析され、興味深い研究となっている。第1章の成家論文を除くと、第2章~7章まで、東南アジアの都市に関連する研究となっている。すなわち、「都市化の動向」「都市と農村の関連」「都市の住民組織」「都市中間層」「都市の下層民」などが研究対象となっており、それらの対象が経済のグローバル化、政治的民主化のグローバル化の下で、どのような変化が見られるかについての分析となっている。また、成家の論文は必ずしも都市研究とは言えないが、グローバル化の中での新しい都市文化の形成と見ることも可能であろう。今後、都市研究のみならず、家族、企業、NGO、国際関係など、多様な対象に関するグローバル化についての社会学的実証研究が生まれてくることを期待したい。

編者記

目　次／グローバル化とアジア社会――ポストコロニアルの地平

グローバル化とアジア社会——ポストコロニアルの地平

序章　グローバル化とローカル化

新津　晃一

1　はじめに

二〇世紀における科学技術の飛躍的な発展を背景として、人の移動、物流、情報の伝達は極めて迅速に行なわれるようになった。とりわけコンピュータの普及を基盤とする情報革命、すなわち衛星テレビ、国際電話・ファックス、インターネットなど通信技術の発展は、われわれの生活に革命的変化をもたらした。いまや地球の裏側の事件が瞬時にして我々の日常生活に伝達される時代となった。地球は我々の意識の中で次第に狭い空間となってきている。ヒト・モノ・資本・情報などの流れの飛躍的な迅速化と流動化は有益な側面もあるが、多くのコンフリクトを生み出す背景ともなっている。特に資源や領土の確保をめぐる利害関係の調整、市場競争、貿易摩擦、異文化間の人的接触等は様々なコンフリクトを生み出す。また科学技術の発展は大量の資源を利用し、大量生産を行い、人間の欲望と消費活動を拡大する過程でもあった。この過程は資源の枯渇と大量の廃棄物が生み出される過程でもあり、その結果、地球規模での環境悪化が深刻化している。さらに科学技術の発展は、数々の兵器を生み出し、戦争目的のために使用され、多くの人々を死に追いやった。現在、最も高度な大量破壊兵器については、本格的に使用されれば、地球全体の人類の危機をもたらすまでに至っている。このような現実を背景として今日、グローバル化(globalization)に関する議論が活発に行なわれ、その功罪が問われている。

グローバルな視野で取り組まなければならない問題については、すでに二つの世界大戦後における国際連盟、国際連合の結成により明確に意識され、紛争解決の場が形成されてきた。もっとも、この際の参加アクターは国家であり、個人の次元で地球規模の問題に対処しようとする視点はまだ出てこない。その意味において、ローマクラブが提出した『成長の限界』(Medows amd others, 1972 ＝一九七二)が示した視点は、地球上に住む個々人が有限な地球空間に居住していることを認識することなく、またグローバルなアイデンティティを持たずに地球環境を維持できないことを明確にしたものと言えよう。いずれにしても地球上に居住する人々の生活を守るためには、国家から個人に至る様々なアクターが、地球環境の維持にかかわらなければならないことが認識されるようになった。

グローバルな視点は学問の分野においても重視され、これまでの分析単位では理解不可能な現実に直面しパラダイム変換が求められるようになってきた。社会学の分野で考えてみれば既存の分析単位は国家が最大の単位であった。しかし一国の視点からでは分析不可能な問題、例えば、国際労働力移動、多国籍企業の活動、などの現象が現れる中、従属論、世界システム論などのパラダイムが論議されてきた。いずれにしても国家を対象とした分析から、国家と国家の関係、さらには地球上の個人、NGO、企業、自治体、国家などの諸アクターを含む動態が問題とされる時代へと変化してきたのである。また、グローバルな視点から世界史を振り返ってみると、これまでには解明できなかった歴史上の現象が理解可能となってくる。グローバルな視座はその意味において研究上での新たな地平を切り開く分析視点となっているのである。

またこれまでの社会学的分析においては、ある特定の空間に存在する集団を対象とすることがほとんどであったのに対し、空間を越えて形成される相互関係、集団現象等が注目されるようになってきている。インターネットや携帯電話で結ばれ、連帯感を持ち国境を越え相互に連絡しあい、行動する集団が世界的規模で増大しているからである。

2 グローバル化の概念

それではグローバル化とはどのような概念として捉えるべきであろうか。現在、様々な概念規定が存在するが、ここでは「人類が地球という空間に共住しているという認識の拡大に伴い、新たな規範を共有化してゆく過程である。」と定義しておくことにする(1)。この定義はまず、①「宇宙船地球号(Spaceship Earth)」の認識のごとく、地球が有限な空間で、しかも壊れやすい実体であり、我々はその様な空間に居住しているという認識に立脚し、地球を皆で支え合い、維持していこうとする意識を持たざるを得ないこと(2)。②またこの空間に住んでいる人々はお互いにこれまでとは比較にならないほど広域的で緊密な相互依存関係の下に生活しており、「地球社会」の形成をめざす新たな統合のメカニズムが必要となってきていることを認識せざるを得ないこと(3)。③そのためには国家を超えた新しい規範や制度が必要となってきていること。などを意味しているが、最も重要な点は「地球レベルにおける規範の共有化過程」という認識である。規範の共有化と言うと、ともすれば地球上の人類が画一化された行動様式を押し付けられることになるのではないかとの誤解を受けやすいが、ここでは決してそのようなことを意味するわけではない。ここでの規範の概念には異質性を容認する規範も含まれているからである(4)。したがって異質性が認められる規範と認められない規範との間には葛藤が存在することは言うまでもない。アフリカ大陸の一部に見られる女性の割礼について、先進国側から人権問題であるとする批判は、このような葛藤事例の典型である。ただし、衣食住における文化的規範や歴史的遺跡などについてはむしろ多様性の維持が歓迎される場合が多いと言えよう。ユネスコの世界遺産の指定などは、このような異質文化の重要性を世界的に推奨している事例と言える。なお、ここでは「規範」の共有化と措定しているが、「文化」「価値」「標準」の共有化の意味合いも有している。ただし、逸脱すれば何等かの強い負の制裁を伴う可能性があるという意味において、特に「規範」とした(5)。

グローバルな範域で共有化されてゆく規範の形成は、必ずしも「人類が地球という空間に共住しているという認識」が生まれて初めて形成されたわけではない。人類が歴史の中で生み出した様々な普遍的価値を含む概念や思想、制度、行動様式は受け継がれ、グローバルな視点から再統合化され、グローバル規範に取り込まれているのである。

3　グローバル規範の形成メカニズム

グローバル規範を、誰がどのような手続きで作成し、決定するのか、誰によって実施されるのか。などを考えた時に、特に緊急を要し、世界的に重要な課題(として、どこかの有力国が提起した課題)については超大国アメリカをはじめとする先進主要国首脳会議(G8サミット)メンバー間の話し合いと合意に基づき、決定、実施される傾向にある。国連安全保障理事会のような場での決定には時間を要するからである。第二次世界大戦後、戦勝国を中心として形成された国連安保理が現在では十分に機能していないと言われるゆえんである。もちろん、G8サミット・メンバー国間でも合意が成立しない議題もあり、単独行動に走りがちな超大国をどのように抑制するかが、話題となることも近年しばしばである。グローバル規範の形成、実施にいたるプロセスは国際的な政治過程ということが出来よう。その意味において、現在進展しているグローバル化の内実はアメリカナイゼーションとも呼ぶべき実態ではないかとの疑義を呈する人々も多い。

国際的に緊急で重要な政治課題のみならず、専門家や知識人、ジャーナリスト、市民等々により、時間をかけて議論され、合意され、実施されてゆくグローバル規範も当然のことながら存在する。環境問題をめぐるグローバル規範、経済活動をめぐるグローバル規範、文化をめぐるグローバル規範など、それぞれの分野で、様々な議論が展開され、グローバルな規範あるいはグローバル・スタンダードの共有化に向けて努力がなされている。

以上のように、グローバル化のメカニズムは、トップダウン型に、中心諸国から要請され定着していくものと、ボトムアップ型に形成され定着していくものがあると考えることが出来よう。周辺諸国で形成され、波及していくグローバル規範の例としては、インドで誕生したガンジーイズム、南米の研究者を中心に形成された従属論などをあげることが出来よう。ただし、多くのグローバル化の視点自身が、結局のところ西欧の価値・規範に基づく視点であり、その妥当性をめぐってオリエンタリズム、ポストコロニアリズムの視点から見直す必要性が問われている。

また先進諸国や国連の下で形成された規範であったとしても、それに基づく行動に対し、反対を唱える人々が存在していることも事実である。このようにして反グローバル化規範が形成されるとともに反グローバル規範自身もグローバルネットワークを築き、グローバル化している。

4　ローカル化―グローバル化へのローカルな対応メカニズム(6)

グローバル規範発生の根源をたどれば、ほとんどが、どこかの国や地域で生まれたものである。国連総会の議論の場で提起された理念や政策であっても、どこかの国の代表が、その国の社会や文化を背景に提案したものであることが、ほとんどであろう。その意味において、グローバル規範発生の根源はローカルである。

資本主義市場経済、民主化、多文化主義等々のグローバル規範の多くは、世界の中心諸国で形成されたものである。すなわち、中心国のローカル規範がグローバル規範となっていった傾向が強い。その意味において、周辺諸国においては、グローバル規範は流入・受容された規範であり、時には押し付けられた規範である。したがって当該地域のローカル規範の再編成・再構築が必要となってくることも多いと言えよう。

いずれにしてもグローバル化が達成されるためには、具体的に各国、各地域の人々によりグローバル規範が受容されていくことが必要となる。"Think globally, Act locally"と言われるように、実際にグローバル規範が受容され、実施されていく過程はそれぞれの地域、すなわちローカルな場で展開されるからである。したがって「ローカル化とはグローバル規範の受容に際してのローカルな場での対応メカニズムである」と定義することが出来よう。ローカル化(localization)については二つに分類することが出来る。すなわち、①グローカル化(glocalization)と②ローカル規範の再編過程(reorganization of local norm)である。

①グローカル化とは、地域におけるグローバル規範の受容・定着過程であるが、その中にはａグローバルな規範を無修正のまま積極的に受け入れ、受容していく過程と、ｂ部分的にローカルな調整を行い、受容していく過程が存在する(7)。

ａ　グローバル規範の無修正受容過程。すなわち、地域のイニシアティブによるグローバル化の積極的推進である。特にグローバル規範が受け入れられる初期においては無修正なままで受容されることが多い。例えば、鹿鳴館時代における西洋風文化の模倣などがあげられよう。しかし、時を経て何らかの調整メカニズムが働くと、bの類型に移行する。なお、国家のレベルにおいてはグローバル規範が受け入れられたとしても、地域のレベルではうまく受容されず地域の中で孤立、ないしはローカル規範とグローバル規範が並存している場合もある。

b　グローバル規範のローカル調整過程。例えば、マクドナルドが各国へ進出するに当たり、その国や地域の味や好みに合わせて味付けを変えていくことなどの例が挙げられる。多くの場合、このような現地の社会・文化システムに適合的に何らかの改変が迫られることが一般的であるといえよう。このように進出する側が現地に受け入れやすいように意図的に調整する場合と、受け入れ側が適合的に調整する場合が考えられよう。

いずれにしても、グローバル化が実際に定着してゆく過程はグローカル化の過程であると言えよう。したがって、グローバル化とは理念的レベルにおけるグローバル規範の普及過程であるのに対し、グローカル化はより具体的に地域におけるグローバル規範の定着・履行過程であると言えよう。

②ローカル規範の再編過程(reorganization of local norm)とは、「地域のグローバル化の中で生ずるローカル規範の再構築、補完、反グローバル規範の形成などの対応過程」である。この対応過程は肯定的ローカル化と否定的ローカル化に分かれる。肯定的ローカル化については、以下の二つの類型が存在

する。

a　ローカル規範の再認識、再構築過程。グローバル規範や文化の浸透により、ローカル文化の固有性と独自性を認識し、その復興と保全への関心が高まることなど、ローカル性(locality)への再認識、再構築過程である。第二次世界大戦直後、急激に関心が薄れた日本の伝統文化に対し、一九六〇年代になると、和服、茶道、生け花、等々の文化が再認識されるようになってきたのはこのような事例と言えよう。

b　補完的ローカル規範の形成。地域の中におけるグローバル規範の受容に伴いローカル規範の補強や政策上の補完が必要になってくる場合もある。例えば、我が国における農産物の輸入に対する国内農業保護政策のように施設整備費の八〇％が公的助成により補完されている事例などがあげられよう。

またグローバル規範が大国の意向により形成されてゆく傾向への対応措置として、ＥＵやアセアンのように地域連合を結成する場合もこの事例に含めることが出来よう。

以上のローカル化メカニズムは、グローバル規範の受容に対し肯定的対応であるが、否定的対応も存在する。いわば、反グローバル化の指向を持つローカル規範の再構築過程である。反グローバル・

ローカル化の指向についてもいくつかの型に分けて考えることが出来る。

c　逃避的ローカル化（逃避的反グローバル化）。市場経済からの部分的離脱を試み、急激な市場経済の波及への対抗。例えば、東北タイにおける開発僧による農村開発の事例などが挙げられる(8)。

d　対抗的ローカル化（対抗的反グローバル化）。当該国独自の経済体制を堅持するため、IMF、WTO、世銀などの勧告を無視し、輸入品に対する高関税を設定したり、当該国独自の外貨交換レートを設定したりするなどの行為。

e　反抗的ローカル化（反抗的反グローバル化）。最も一般的に考えられている反グローバル化としては、世俗的政治体制への移行に反抗し、原理主義などへと指向し、テロ活動を行うアルカイダなどの事例がある。このような暴力的な行動のみならず、地域商店主や事業者がその生活維持のために外資の導入や外国商品の輸入反対運動などをWTOの会議の際に行うデモ行進、「世界社会フォーラム（World Social Forum）」の運動などもこの事例に入れることが出来よう。

もちろんこうした反対運動が効を奏し、これまでのグローバル規範が修正されていったこともある。反植民地主義、反帝国主義のスローガンを掲げて開催されたアジア・アフリカ会議（バンドン会議）はそのような事例と言えよう。

このように反グローバル化のメカニズムは、ローカルな場における受容過程の中で生ずるものと考えることが出来よう。またローカルな対応過程の中で、ある部分は肯定的で、その他の部分については否定的であるというように、両者が並存ないしは混在している場合もありうる。なお、ローカルな場において形成された反グローバル規範は、やがて他の国々にも受容されると反グローバルネットワークが形成されることになる。このように、肯定的グローバル化と否定的グローバル化の過程が同時並行的に進行しているのが、現代のグローバル化過程であると言えよう。

5　グローバル化の諸次元

グローバル化は現在、どのように進展しているのであろうか。経済・政治・社会・文化の次元に分けてその世界的動向を概観しておきたい。

一九九一年におけるソビエトの崩壊と共に、〈経済の次元〉においては、資本主義市場経済がグローバル規範として浸透している。市場経済のグローバル化は、地球全体の経済活動を益々発展させているが、同時に激しい企業間競争をもたらし、次々に淘汰される企業が現れている。このような地球規模での競争激化は、同時に地球規模での企業提携・合併、資本輸出を押し進め、巨大世界企業を生み出し、経済システムはボーダレスに発展している。また市場経済システムのさらなる発展と安定化のために、IMF、WTO、世銀などの国際機関や主要七カ国財務相・中央銀行総裁会議（G7）が形成され、経済の自由化、すなわち市場開放、民営化の推進と同時に、世界経済システム全体の安定化のための諸政策が検討され実施されている。

しかし従属論や世界システム論の言説に見られるごとく、市場経済システムは中心部と周辺部の格差をますます拡大させるメカニズムを内包している。最貧国と先進国との所得格差は一九八〇年代には一対三〇であったが、二〇〇〇年代には一対八〇に拡大した。周辺諸国における相対的貧困化と不満は増大していくばかりである。このような格差と不平等を是正するための、世界規模での富の再配分システムや「国際福祉」のメカニズムが必要となってきているが、いまだ国際協力論、国際援助論を超える本格的な政策議論にはなっていない(9)。

また市場グローバル化のメカニズムは、産業化が地球規模で拡大する過程でもあり、資源の枯渇と環境問題を引き起こしている。したがって、持続可能な開発(sustainable development)の在り方が問われることになる。このような市場経済メカニズムが引き起こす様々な問題については「世界経済フォーラム（ダボス会議）」において世界中の経済界の人々が中心となり、問題解決に向けて様々な議論がなされている。経済活動がもたらす地球環境悪化への解決策を求めて、様々な環境問題に関する国際会議が行なわれているが、問題解決への本格的な取組みはまだ緒についたばかりである。地球温暖化防止をめざし、一九九七年一二月に実施された京都会議についても、議定書は二〇〇五年二月に発効されたものの、アメリカの調印を得ることができず、その実効性が疑問視されている。

また国連においても事務総長の指示の下、グローバルな基準に適合的な企業の組織化に向けて「グローバル・コンパクト」が打ちだされ、企業の公正なグローバル・システムへの参加が促されている(10)。〈政治の次元〉においては、個別国家の国益追及を超えたグローバル目標の設定及びその実施を可能にするグローバル・ガバナンスのあり方が模索されてきた。平和、安全保障、民主化、人権などがその目標とされている。既に述べたごとく、国連、G8サミットなどが、こうしたグローバル目標の実現のため行動しているが、単独行動主義が目立つアメリカの動向も注目されるところである。いずれにしても、平和と安全保障については、今日顕在化している様々な利害調整についての枠組みを構築し、グローバル・ガバナンスの進展が求められている。民主化や人権問題などについては主として、発展途上国側へ要求される傾向が強い。もちろんこれまで先進国側にも問題は見受けられ、国際的な圧力が高まった。一九九三年全面廃止された南アフリカ共和国のアパルトヘイトはその典型である。このような国際的民主化推進圧力の増大は、複合国家内の民族自立への契機をもたらしている。その意味において民主化を目指すグローバル化の流れは、これまで以上に小国分裂をもたらす傾向にあると思われる。

またグローバル・ガバナンスを可能にするための国家を超える国際的法制度の整備が国際機関を中心に進展している。すなわち、これまでの世界の構造は国家をアクターとする集合体として考えられてきたが、様々なアクターを単位とする構造へと変わっており、新しいシステムへの対応としての法制度の整備が必要になってきているのである。

また情報メディアの発達と共に、テレビ、新聞などのマスコミ界もグローバルな規範の形成と社会統制の重要な機能を果たすようになってきている。

〈社会の次元〉では国境を越えた社会集団の組織化、社会運動組織の連帯、地域社会のネットワーク化などが見られる。このような組織間の国際的な連繫の背景には通信技術の飛躍的な発展があったことは言うまでもない。また国境を越えた人口移動、労働移動の流動化も集団や組織の国際的結びつきを高めている。同時に、異文化メンバーの参入により、集団や組織の性格自身を大きく変化させている。家族集団を考えてみても、国際結婚の比率は確実に上昇しているし、労働の場面においても海外からの労働者数は次第に増大している。その結果、地域社会の中でも外国人居住者が増大している。

経済の発展を支える企業組織については国家や民族を超えて提携・合併などが進展していることについてはすでに述べたが、教育集団、医療組織、社会運動組織・NGOなどの集団についても、国際的な相互協力・交流、技術開発などが進んでいる。教育集団について考えてみれば、特に先進国の都市の学校では、外国人労働者の子弟の増大、大学などの高等教育機関については外国人学生数の増加が見られると同時に外国人教師の比率も上昇している。

またNGOについては様々な分野で国際的ネットワークが形成され協力が進んでいる。その中には国際機関とパートナーシップ協定を結び、具体的な問題解決に向けて活動している団体も多くなってきており、今後はこうした傾向がますます増大してくるものと思われる。

ＮＧＯの中には社会問題の解決、社会正義などをスローガンとし、国際的ネットワークを結成し、地球規模における改革を目指す組織も形成されるようになってきている。新自由主義・市場経済システムの持つ過酷で非人間的な側面に対して、「もう一つの社会システム」を提示し運動する「世界社会フォーラム」などはその典型であると言えよう(Jai Sen et al. (eds.) 2004)。このフォーラムは「世界経済フォーラム」の結成に対応して設立された組織で、環境、人種、ジェンダー、貧困等々の諸問題の解決を目指す世界的な社会運動、グローバル市民社会の形成への歩みと見ることも出来よう。

国家については、世界的統合化の進展と同時に比較的共通の利害を持つ近隣諸国が、地域連合を結成し、発言力を高め、グローバルな統制メカニズムに対抗する傾向が見られる。ＥＵ、アセアンなどはその典型と言えよう。

〈文化の次元〉においては、政治・経済的に強い背景を持った中心国からの文化が周辺へと波及する傾向が強い。文化帝国主義と言われるゆえんである。しかし、他方では様々な国家、民族からの文化が相互に流入しあい、混合文化を形成している。また、多様な文化を尊重しつつ地球市民意識の共有化などが規範となりつつある。中心国から波及される文化については、衣食住文化、芸術、思想、言語など様々なものがある。Ｔシャツとジーンズ、ファーストフード、アパート・マンション等の集合住宅の普及、いわゆる西洋音楽の浸透、ジェンダー思想の波及、共通言語としての英語の位置づけの重視など様々な事例が挙げられよう。ただしこのような動向に対抗し、民族固有の文化が再構築されることもしばしばである。急激な近代化の反動として生じたイランのイスラム原理主義運動などがその典型と言えよう。このようにラジカルな対抗運動までには高揚しないとしても、グローバル文化の流入と共に地域や国家の文化を再認識、再構築し、地域アイデンティティを高めようとする動きは各地に見られる。このような独自の地域アイデンティティを基盤としつつ国際的な交流、地球市民意識が形成される傾向にあると言えよう。オリンピックをはじめとする多様なスポーツの世界的な祭典、万博などは各国の国民意識を確認する場であると同時にグローバル・アイデンティティを形成する場ともなっているのである。

また文化・思想のレベルにおいては、伝統や歴史の中で形成された偏見、優越・劣等感、支配・従属指向など明確にわれわれの意識上に顕在化させ、克服して行こうとする思想運動が見られる。ポストコロニアリズムは文化や社会構造の中に染み込んだ支配―従属意識の実態を文学、思想のレベルにおいて暴き、越えようとする思想運動として位置づけることが出来よう。

6　グローバル化とアジア社会

アジアはかつて世界四大文明の中の三大文明を生み出し、世界へ向かって多大な影響力をもたらす地域であった。しかしながら西ヨーロッパに興った産業革命以降、侵略・植民地化により影響を受ける側になってしまった。その結果、西洋社会からはオリエンタリズムの地域として蹂躙され、受動的、女性的な性格を持つ文化圏としてのレッテルが貼られてしまった（Said, E.W., 1978 ＝二〇〇〇：一九—四五）。もっとも、人口の面からは世界人口の六〇・七％を占める地域であり（二〇〇三年現在）、空間的にも地表総面積（一三六、〇五六、〇〇〇平方キロメートル）の二三・四％を占め（二〇〇一年現在）、東アジア、東南アジア、南アジア、中央アジア、西アジアなど多様な性格を持つ地域から構成されている(11)。

アジアはグローバル化の進展の中でどのような変化をたどったであろうか。ここでは本書が主として取り上げている東アジア、東南アジアを念頭に置き、議論を進める。

(1)アジアにおける経済のグローバル化

ヨーロッパ諸国が交易を求めてアジアにやってくる以前、アジア地域の大多数の人々は農村に居住し、自給自足的な経済生活を送っていた。しかし、ヨーロッパ諸国との接触が始まるにつれ、次第に市場経済の波が押し寄せてくるようになった。交易を理由にして接触を求めてきた諸国は、やがてこの地域を軍事力で圧倒し、植民地化していった。また植民地宗主国はアジアの多くの国々を彼等の交易上の都合に合わせて、モノカルチャー経済構造へと転換させていった。

第二次世界大戦後、植民地支配の呪縛から解き放されたとはいえ、経済的従属関係は依然として変わらないままに移行していった。旧宗主国に対して食料、工業原料、エネルギー資源などの一次産品を供給してきた植民地体質が変わらないまま、先進諸国に従属する経済システムが維持されていたからである。いわゆる、ネオ・コロニアリズムの進展である。もっとも、東南アジアにおいては、旧宗主国との経済的従属関係から脱却し、ベトナム、ラオス、カンボジア三国が共産主義経済圏へと転換した。

これらアジアの共産主義諸国では、一九七〇年代後半から、次第に市場経済政策を取り入れる方向が模索されていった。この傾向は、東欧における共産主義体制の崩壊の始まり（一九八九年）と、それに続くソ連邦の崩壊（一九九一年）によりさらに顕著になった。中国、ベトナム、ラオスなどの諸国は現在に至っても共産主義を標榜しているが、市場経済システムを取り入れており、実質的には開発独裁とも呼びうる体制であると言えよう。いずれにしても旧ソ連邦に統合されていた中央アジア五カ国とグルジア、アゼルバイジャン、アルメニアなどを除く東アジア、東南アジアの共産主義国は東欧、ソ連邦の崩壊以前の一九七〇年代から市場経済体制を導入していたのである。アジアの共産主義体制は政治体制の崩壊を経ることなく、市場経済体制へと移行したのである。

他方、資本主義体制化下にあったアジア諸国においては第二次世界大戦後、日本をはじめとして韓国、台湾、シンガポール、香港などが戦後順調な経済発展を遂げていった。次いで一九七〇年代に入ると、マレーシア、タイ、インドネシア、フィリピンなどの東南アジア諸国も順調な経済発展を遂げた。

特に戦後アジアの工業化の動向を鳥瞰してみると、日本、韓国、インドのような諸国は民族資本の育成を重視し、輸入代替工業化が指向された。しかしシンガポールを先駆けとして外資の導入を積極的に図ることにより、輸出指向型の工業化を進める政策が効を奏すると、東南アジア諸国は次第にその方向への傾斜を強めて行った。やがてその動きは中国、インドへと広がって行った。特に東南アジアにおいては一九八五年のプラザ合意によるドル高是正の影響の下、海外からの投資が急速に進み、バブル経済状況を引き起こすほどであった。一九九七年のタイ国を起点とするアジア金融危機はまさにバブル経済の崩壊であり、大きな経済不安をアジア諸国にもたらしたが、その後多くの諸国は順調に回復の道をたどっていると言えよう。東南アジアはグローバル化の流れの中で更なる経済発展の道をたどっているのである。

(2) 政治のレベルにおけるグローバル化

まず第二次世界大戦後、植民地における民族自決闘争と解放の中でアジア諸国は次々と独立を遂げていった。特に一九五五年、インドネシアのバンドンで開催された「アジア・アフリカ会議（バンドン会議）」は反帝国主義、反植民地主義を基調としてアジア・アフリカ諸国の連帯を強め、植民地解放への流れを作り出した。この会議は、反植民地グローバル理念の形成の契機となったという意味で重要である。独立した諸国は国家の発展と統合を目指しナショナリズムを掲げ、近代化の道をたどる。近代化は東西両陣営とも共通に掲げる開発理念であったが、資本主義市場経済体制か、共産主義計画経済体制かにより両体制間には様々な葛藤が生じ、時には代理戦争とも呼ばれる紛争が朝鮮半島、インドシナ半島、アフガニスタンなどで勃発した。いわば二つの政治・経済体制のどちらがグローバル規範になるかについての闘争が冷戦構造の下、繰り広げられたのである。このように、東西両陣営のどちら側に諸国を引き込むかをめぐって援助競争、紛争などが発生する一方、どちらか側への参加意思表明が明確化すると、安全保障条約などが両陣営の中心国と締結されることとなった。東西対立は、一九九一年におけるソ連の崩壊とともに、西側、自由主義体制の勝利としてグローバルな統合は大きく前進するように思われた。しかし、旧共産国諸国においては、それまで強権によって抑えられていた民族主義の動きが民主化の動きと相まって活発化し、様々な紛争を引き起こすこととなった。旧ユーゴスラビアの分裂と紛争はその典型であったと言えよう。民族主義と民主化の動きは、アジア諸国内の民族運動と独立への追い風ともなった。インドネシアにおける東チモールの独立、アチェ州の独立運動、ロシアに対するチェチェン独立紛争、フィリピンのミンダナオ島における武装ムスリム分離独立運動、中国内のウイグル自治区、チベット自治区、などの動きである。
また、市場経済システムの波及に伴う中心と周辺における経済格差、それに伴う世俗主義的文化の波及、さらにはパレスチナ問題に対する不満などが要因となり、中東イスラム世界では中心諸国、とりわけアメリカへの反発が次第に強まっていった。

そのような背景の下、二〇〇一年九月一一日にアメリカで起きた同時多発テロ事件は、グローバル化の動向に大きな影響をもたらした。これまで戦争と言えば国家間の争いであったが、この事件は国家に対するアルカイダという国際的テロ・ネットワーク組織の挑戦であった。イスラム原理主義を背景とし、アメリカ主導のグローバル化に対する反グローバル化を標榜するアルカイダ組織は、パレスチナ問題に対しても強い反アメリカ主義を掲げ、タリバン政権の庇護の下その中心拠点をアフガニスタンに置いていた。それが原因となってアメリカによるアフガン・タリバン政権への攻撃となった。

アルカイダはアジアにもテロ組織ネットワークを築いており、フィリピンのアブサヤフ(Abu Sayyaf)、インドネシアのジュマ・イスラミヤ(Jemaah Islamiyah)にも支援の手を伸ばしていた。二〇〇二年一〇月一二日のバリ島におけるディスコ爆破テロ事件は、そのような背景のもとで起った事件であった。その後、テロのみならずＩＡＥＡに違反し、核施設の開発を行っているという疑いの下に、アメリカによるイラク攻撃が二〇〇三年三月一九日に始まった。テロ攻撃についても、ＩＡＥＡ違反についても、グローバル規範への反逆とされ、戦争の口実となった。

(3)グローバル化による社会構造の変化

市場経済のグローバル化はアジア地域にいろいろな影響をもたらした。東南アジア諸国においては市場経済の発展とともに、近隣諸国との協力と結束により地域の繁栄と安定をはかろうとするブロック化の動きが活発化した。一九六七年に発足した東南アジア諸国連合(ASEAN)の結成である。この動きは、当初、反共産主義体制を目指す諸国の結束の意味合いが強かったが、共産主義を標榜する諸国も市場経済システムを導入するにつれ、当初の目的自身も変化し、対立していた諸国もアセアンの一員となった。したがって、ブロック化の意味合いは、反共体制から、市場グローバル化に対する地域の結束の意味合いが強くなっている。その後、一九八五年における南アジア地域協力連合(SAARC)も結成された。そして近年では東アジア共同体(East Asian Community)結成の動きが活発化している。

市場経済の浸透はアジア諸国の国内においては、農村社会を基盤とした社会構造・社会規範から、次第に都市を基盤とした社会構造・社会規範への転換過程でもあった。特に「首位都市(primate city)」と呼ばれる経済的、政治的、にも支配的位置づけにある大都市においては、農村からの人口が急激に流入し、「過剰都市化(over-urbanization)」と呼ばれる現象がもたらされた(Davis, Kingsley and H.H. Golden, 1955)。

首位都市は農村の中に浮かぶ島のごとく、一点集中的に膨大な人口をかかえる地域である。この地域は政治、経済、文化、等々、国のあらゆる機能が単一支配的に集積し、一国内に君臨している。多くの場合、こうした大都市は港湾を背景として形成されており、独立以前は植民地支配の拠点都市であった場合が多い。すなわち、国内の一次産品を宗主国に輸出し、宗主国の工業製品を輸入する結節地でもあった。独立後も多かれ少なかれ、このような従属的ないしは、相互依存的関係が旧宗主国ないしは先進国の大都市との間に継続し、首位都市化は強化されてきた。また経済のグローバリゼーションの中で、国家の枠組みを越えてアジアの他の大都市との相互関係は強まっており、さらには世界の中心都市とも結ばれるようになってきている。このような動きを具体的にささえているのが、企業集団、行政組織、研究・教育集団、ＮＧＯなどの諸集団であり、海外出稼ぎ労働者、留学生、旅行者などの諸個人である。こうした状況のなかで発展途上国の首位都市も更なる発展を遂げており、衛星都市を含む首都圏が形成され、実質的にその機能は肥大化している。

ところで首位都市の内部は過剰都市化と呼ばれ、産業発展に伴う労働需要が十分形成されていないまま、人口のみが増大した。その主たる原因は農村における過剰人口が都市に移動してきたことによる。農村からやってきた人々は、都市のあらゆる空地に不法居住し、都市は農村化すると同時に、密集化した場所はスラムとなる。常雇いの仕事につけなかった人々はインフォーマル・セクターと呼ばれる部門で働かざるを得ないことになる（新津、一九八九：三五―八四）。

もっともこのような過剰都市化の構造も経済の発展とともに変化し、少しずつ解消に向かっている。

すでに経済的に中進国レベルに達したマレーシアにおいてはスラム人口なども実質的には激減し、過剰都市化状況を脱している。またタイにおいても同様の兆しが現れている。経済のグローバル化は、経済発展の初期段階から中期段階にかけて過剰都市化現象をもたらすが、高度成長期に入ると過剰都市化問題を解消させる方向へと機能すると言えよう(12)。

(4) 文化の次元におけるグローバル化の浸透

文化の次元においては、サイードの指摘するオリエンタリズムのごとく、西洋社会に対し受身的な姿勢が浸透していった。西洋諸国の文化を積極的に受け入れると同時に、自国文化については、西洋諸国に認められて初めてその価値を重視するといった具合であった。例えば、明治初期の日本においては最もこの傾向が強く、西欧社会の技術、思想、生活様式を積極的に取り入れ、脱亜入欧への指向を強めていった。

このようにアジア側にも、いわゆる「オリエンタル・オリエンタリズム」が形成されていった。ただし、こうした動向に対し、対抗的文化が生れくることもしばしば見受けられ、ラディカルな場合には反欧米、反近代へと発展する。心の豊かさを重視し、反近代主義を唱導したガンジーイズム、近代化と世俗主義への対抗としてのイランのホメイニ革命などはその典型と言えよう。

また、わが国の明治期「和魂洋才」という考え方がしばしば推奨されたが、このように独自の伝統文化を尊重しつつ、西洋の学問・知識を学び取ろうとする姿勢は、他のアジア諸国にも広く見受けられる。特に独立国家としてのナショナル・アイデンティティの高揚を目指し、共有の伝統と精神基盤を意識的につくり上げようとする政策は多くのアジア諸国で導入された。

このような動向の中でアジアの人々は複雑で、時にはアンビバレントな価値規範を持たざるを得ない状況に置かれる。たとえば東南アジアのイスラム農村では、伝統的な村落の慣習、その後流入したイスラムのアダット法、国家が要求する規範、国際社会が期待する人権意識など様々な規範が重層的に混在し、状況による行動の使い分けが要求されることもしばしばである。

ところで、アジア諸国内における労働力の国際移動、ラジオやテレビの普及などにより、多様な文化が相互に流れ込み興味深い混合文化現象や文化変容(acculturation)が生じている。特にポピュラーミュージック、映画、アニメ、料理、服装等々の分野についてはそうした傾向が強く見られる。

7 グローバル化とローカル化の行方

東西冷戦構造が終結し、世界が一つの政治・経済システムの下に統合化されると思われていた一九九〇年代、「グローバル化」という概念は国際的な緊密化と統合化を目指すポジティブな概念として脚光を浴びることとなった。しかし、単一覇権国となったアメリカが強硬に推進しようとする新自由主義経済と強圧的とも言える民主化推進路線の中で動いて行く「グローバル化」を見るにつけ、この概念自体、マイナスイメージを持った概念として捉えられる傾向さえ出てきている。アメリカが唱導するグローバル化へのマイナスイメージは、それに反対する原理主義的テロリストの動きに対しある種の同情を招く傾向が見受けられるほどである。また、グローバル化規範の内実自身、西欧からの視点から形成されたものであり、オリエンタリズム、ポストコロニアリズムの視点からその妥当性を再吟味する動きが始まっている。

また超大国による強権的グローバル化に対し、ローカルな民衆の現場から、様々な不満が社会運動化している。「世界社会フォーラム」の結成は、そうした動きの典型である。こうした動きは、「ヨーロッパ社会フォーラム」「アジア社会フォーラム」、さらには各国ごとの「社会フォーラム」を結成する契機となり、世界的市民社会運動のうねりを見せつつある。いわば、「市場経済グローバリズム」を擁護する勢力とそれに対抗する「市民社会グローバリズム」推進勢力とが、今後、様々な形で対立をする傾向にあるということが出来よう。

「グローバル社会」の平和と安全を考えた場合、かつて提唱された世界連邦への歩みは必然的な方向であると言えよう。その意味では、現行の国連システム、とりわけ安全保障理事会の再構築は最も重要な課題である。しかしながらこうした枠組みが再構築されたとしても、超大国などとのコンセンサスが取れない場合、実質的には実行不可能な政治課題が山積みし、前進できない可能性も存在する。

したがって、国連安全保障理事会を構成する主要国の相互理解とコンセンサス作りが非常に重要性を帯びることになる。このような体制の下で、民主化、人権問題等が議論されることが期待される。特に現在最も大きな課題はパレスチナ問題の解決であることは言うまでもない。また、民主化指向の中で独立を望む民族運動は必然的な流れとなろう。アジアにおいては少数民族の独立問題、経済発展に伴う中間層の拡大と共に民主化への動きが今後とも活発になるであろう。

世界の平和、安全への願いは、国際的な協力関係へとつながってゆく重要な契機であるが、この協力関係はイデオロギーの対立を招くこともしばしばである。しかしながら、自然災害に対しては、イデオロギー対立を超えて地球的規模での協力が行なわれるようになってきている。二〇〇四年一二月二六日、スマトラ沖を震源地として起きた大地震は大津波を発生させ、観測史上始まって以来最も多数の犠牲者をインド洋沿岸の諸国にもたらした。この大災害は、多様な情報ネットワークを通じ、瞬く間に世界中に被害の実態が報道され、これを契機に各国の国際援助、民間援助などの高まりを見せ、極めて短期間に多くの国々から援助の手が差し伸べられた。こうした災害を契機として、これまで対立関係にあった諸国が、協力し合い、国際平和協力への道が構築されることが期待されている。

グローバル経済の安定的発展は、人類の生活基盤にとって不可欠である。経済の発展に貢献する企業は国家の枠を越え今後もボーダレスに活動し、連繋し、拡大していくであろう。しかしながら、経済格差の拡大がもたらす相対的貧困問題はグローバルなレベルにおける福祉政策を必要とするであろう。また、地球環境問題の拡大に伴い、持続的開発の必要性はさらに高まるものと思われる。特にアジアにおいては中国とインドの経済発展がもたらす影響が重要な焦点となろう。

注

(1)グローバル化の概念に関する最も一般的な考え方として、政治的、経済的、社会的、文化的に相互依存関係が緊密化してゆく過程、あるいは世界が一つのシステムとして統合化されてゆく過程であるとの見解が存在するが、本章ではさらに立ち入り、統合化されてゆくためには、共有化された規範が必要であるとの見解に立脚し、「規範の共有化過程」とした。

(2)宇宙船地球号(Spaceship Earth)という認識は、アメリカの国連大使アンドレイ・スチーブンソンが一九六五年に行なった演説で初めて使用されたと言われている。その後アメリカの経済学者ケネス・ボールディングが一九六八年「来たるべき宇宙船地球号の経済学」という論文で用い、さらにR・B・フラーが一九六九年に著した『宇宙船地球号操縦マニュアル』によって広く知られるようになった。

(3)本章でのグローバル化の概念には、客観的にある方向への変化が認められるとの見解と同時に、ある方向への変化が指向されるべきであるとする価値的意味との両者が含まれているものとして措定されている。

(4)一九九八年ストックホルムで行なわれたユネスコの会議において、文化の多様性と異質性の尊重は、人類の発展の源泉であることが指摘された。("The Stockholm Conference," in Cultural Diversity. http://portal.

unesco.org/culture/en/ev.php-URL_ID=2450&URL_DO=DO_TOPIC&URL_SECTION=201.html)

(5)アルカイダに活動拠点を提供し、アメリカに対するテロ活動を許容したアフガニスタンのタリバン政権は、グローバル規範に対する反抗と見られ、軍事攻撃を受けることになった。

(6)ローカル化とは、「地域コミュニティの住民がそのコミュニティにアイデンティティを持つようになる過程である。その上で、その地域の異質性を基盤に新たな世界観を形成する過程でもある。……地域の生活様式、文化、社会組織を衰退させ、環境破壊を招くグローバリゼーションに対する地域の反応としても捉えることができる。さらに、これはグローバリズムに対する補完過程とも考えられている。」(Ishikawa International Cooperation Research Centre (IICRC), Planning Meeting: Purpose & Agenda, 24 April 2002, p.2)

ローカル化は、必ずしも常にグローバル化への対応メカニズムとして形成されるだけではない。ナショナリズムの推進過程の中で、国内のエスニックグループが独自のアイデンティティを確立し、ローカル規範を形成してゆくこともありうる。このようにローカル化は、外部からの刺激により形成されることもありうるが、内発的に民族意識が高まり形成されることもありうる。

(7)「グローカル(glocal)」という用語は、日本における造語であると言われているが、現在では英語圏にも広く使われるようになってきている。特にグローバル化とローカル化の同時進展を意味する用語とされている(Gabardi, W., 2000: 33-34)。

(8)従来は仏法を基盤として地域の社会開発に取り組む上座仏教僧を意味している。現在は、都市の貧困、エイズなどにも広く関連し、物質的のみならず精神的開発にも取り組んでいる。その後、尼僧(開発尼僧)も参加するようになってきている。特に農村においては、市場経済の流入により借金を抱え貧困化する農民に対し、まずは自給自足経済を復興し、その上で余剰産品のみを市場に出すことが推奨された(西川・野田、二〇〇一：二二—二七）。
（9）一国内には貧困問題を解決すべく福祉政策が存在するが、地球全体を視野に入れ貧困問題を解決しようとする視点はいまだ未熟である。近年地球市民税を徴収すべきであるとの見解もあるが、今後の課題といえよう。
（10）国連グローバル・コンパクト（GC）とは、一九九九年一月スイスのダボスで開かれた世界経済フォーラムの席上で、アナン国連事務総長が提唱し、翌二〇〇〇年七月ニューヨークの国連本部で正式に発足した。企業の自由意志により国連機関で推奨されている人権、労働、環境、腐敗防止などの原則の遵守を盟約することである。二〇〇四年一二月現在では、一八九〇団体（七四カ国）参加している。なお、わが国の参加企業は二六社である（国際連合広報センター、二〇〇四年、『国連グローバル・コンパクト—世界経済における企業のリーダーシップ—』）。
（11）総務省統計局データではロシアのアジア地域部分、主としてシベリアを含めていないが、この地域を含めると世界人口の構成及び総面積はさらに拡大する。ロシアはウラル山脈を境にヨーロッパとアジアに分けられる。ウラル山脈以東がアジア地域であり、それを加えると世界に占めるアジアの割合は人口が約六〇・八％、面積が約二八・〇％となる。
（12）過剰都市化の概念については広く学術的に定着している概念ではあるが、アジアの研究者の側からは「過剰」という価値付与的な概念使用について問題提起がなされてきた。実際、世界史的視座で世界の都市化を考えた場合、「過剰」と呼ばれる都市化状況の方がより一般的だからである。学問の分野においても、このようなポストコロニアリズムの視点に立ち、再考を必要とする概念は多い。

文　献

Davis, Kingsley and Hilda H. Golden, 1955, "Urbanization and the Development of Preindustrial Area's," *Economic Development and Cultural Change*, vol.3, October.

Gabardi, Wayne, 2000, *Negotiating Postmodernism*. Minneapolis: Univ. Minnesota Press.

Jai Sen, Anita Anand, Arturo Escobar and Peter Waterman（eds.）, 2004, *World Social Forum: Challenging Empires*, New Delhi: The Viveka Foundation. ＝武藤一羊他監訳、二〇〇五年、『世界社会フォーラム：帝国への挑戦』作品社。

Meadows, D. H. and others, 1972, *The Limits to Growth: A Report for The Club of Rome's Project on the Predicament of Mankind*. Universe Books. ＝大来佐武郎完訳、一九七二年、『成長の限界』ダイヤモンド社。

新津晃一、一九八九年、「現代アジアにおけるスラム問題の所在」新津晃一編『現代アジアのスラム—発展途上国都市の研究—』明石書店。

新津晃一、二〇〇二年、「首座都市論と過剰都市化論の妥当性をめぐって—東南アジアの大都市研究のための視座—」『アジア文化研究』アジア文化研究所、国際基督教大学。

西川潤・野田真里編、二〇〇一年『仏教・開発・NGO—タイ開発僧に学ぶ共生の智慧』新評論。

Said, E. W. 1978, *Orientalism*. Aitken, Stone & Wylie Limited. ＝板垣雄三・杉田英明監修、今沢紀子訳、二〇〇三年『オリエンタリズム　上・下巻』平凡社。

第1章　ポストコロニアリズムと現代日本

成家　克徳

もしあの島に、見えない原住民がいたとして、ロビンソン・クルーソーのすることなすこと、その原住民たちの命にかかわることだったら、これはもう明白な犯罪小説じゃないか。ところで君はどっちの立場に立ってこの物語を読むことになるかな、ロビンソンの側か、原住民の側か。当然ロビンソンの側だろう、ぼくだって同じだよ、われわれは植民地支配民族である日本人だし、作者も同じく支配民族だから最初からそんなふうに読めるように書かれている。(中略)ロビンソン・クルーソーの物語を、殺された見えない原住民の側から書いてみようと言うわけだ(安部公房『死に急ぐ鯨たち』一〇四頁)。

私が決意したのは、かつて植民地化され、いまだに不利な立場に立たされている人々の体験が、十分な表現を見いだすような文学言語と文学形式を創造することである。『悪魔の詩』が何であるかというならば、それは移民の目で見た世界なのである。故郷を離れ、齟齬を味わい、変貌を遂げるというまさに移民の体験から書かれているのだ。そして、その移民の境遇から、全人類のためのメタファーが導かれうると私は信じているのだ（サルマン・ラシュディ『想像上の故郷』三九四頁）

私のリアリティを適切に表すような英和辞典など、探しても見つかりません。辞書の多くはアメリカ合州国など第一世界から来た人々向けにつくられたもので、第三世界の出稼ぎ労働者のためにあるんじゃない。私たちのことを考慮した語学の本が必要です。そんなものがあれば私たちの経験を表現することが出来るのではないでしょうか。そして、私たちのアイデンティティを消滅させることなく、私たちを日本人に改造しようとするのではなく、日本語を学べるような場が必要なのです。（リサ・ゴウ『私という旅』五八頁）

1　はじめに――ポストコロニアルという言葉について

ポストコロニアルだとかポストコロニアリズムという言葉は、現代思想や文芸批評の文脈の中でかなり定着してきた。「ポストコロニアル」という言葉を文字通り翻訳するならば、「植民地以降」だとか

「植民地が独立した後」というふうになろう。だからこの言葉に対し、まだ脱植民地化は完了していないではないか、むしろコロニアルだとかネオ・コロニアルといわれる状況にあるではないのかと疑問や反感を持つ人さえいる。だが、現代思想としてポストコロニアルは、時代区分を意味する概念ではない。その反対に、西欧中心主義的な「オリエンタリズム」(サイード)や文化を、植民地化された非西欧の観点から批判的にとらえ直し、抵抗し、自らの歴史や物語を物語る視点を意味する。ポストコロニアリズムは、骨の髄まで西欧中心の文化と教育が染みこんだ人々の中から生まれた、脱植民地化の新しい文化と文学の運動なのである。植民地教育を受けた人々が、自分たちがよく親しんできた西欧の書き物や文化について、非西欧の観点から批判的にとらえなおす試みなのである。とりわけポストコロニアリズムにとって重要なのは、植民地教育を受けた植民地人が、英語などによって新しい文学(＝ポストコロニアル文学)を執筆し、それが読み物として受容されるようになったことである。

本論文では2において、まず、欧米で生まれたポストコロニアルの視点、とりわけその文学論について批判的に紹介する。我が国の社会学系の研究者や読者は、ともすればポストコロニアリズムを単純な反植民地主義と等値する傾向にあった。この論文では、それを本来の文学論の文脈に戻してみるのである。ついで3では、日本やアジアの状況の中で、ポストコロニアルという視点の持つ意味を問う。ここでいくつかの命題を先取りすれば、韓国は日本の植民地だとは言い難く、日韓関係にポストコロニアル理論を適用するには無理があることを議論する。また、在日韓国人の政治学者の姜尚中においては、ポストコロニアルという概念を「植民地以降」と読み替えていること、さらには一種の歴史の捏造まで企てていることを指摘する。他方、在日フィリピン人の草の根インテリだったリサ・ゴウは、民族と国境を越えるポストコロニアル・フェミニズムの対抗的言説の実践を担っていたことを説明する。しかし、民族主義を放棄し、コスモポリタン的エリート主義に陥っていること、在日同胞の弱者の声を隠ぺいしたり、差別したりする傾向があることを述べる。結論的には、日本のポストコロニアリズムは、いまだ歪な萌芽的段階に留まっていることを指摘する。

2　ポストコロニアル批評とポストコロニアル文学

(1)ポストコロニアルの視点——脱アイデンティティの理論

ポストコロニアルという視点は、植民地主義への批判的精神を可能にする視点であるが、理論的に従属理論や世界システム論とはどこが異なっているのか。一見すると、ポストコロニアルの文化的理論は、従来の世界システム論が経済至上主義に偏っていることを批判し、文化の観点から世界システムの支配と搾取のメカニズムを論じたものに映る。しかしながら、経済主義か文化主義かといった違いだけではないのだ。このことを、ポストコロニアルの代表的理論家の一人、ホミ・バーバは「ポストコロニアルとポストモダン」において、次のようにはっきりと区別している。「ポストコロニアルの観点は、文化史家や文芸理論家によって展開されたので、社会学における低開発理論や『従属』理論の伝統とは異なっている。分析様式としては、それらの議論の前提にある民族主義あるいは『土着主義』の観点について、修正を求めようとしているからだ。つまり、低開発理論や従属理論は第一世界と第三世界の関係を二分法的な対立構造としてとらえるのだが、ポストコロニアルの観点は、社会をそういったふうに全体化してとらえることには反対している。ポストコロニアルの観点は、政治的にはしばしば対立する領域のただ中に、複雑な文化的政治的な境界があることを認識しようとするのである」(一七三頁)。バーバが批判するのは、第一世界と第三世界、あるいは、中心部と周辺部、植民者と被植民者、支配者と被支配者といった対立構造を強調し、それに基づくアイデンティティを補強してしまうような二分法である。本物で均質な社会的アイデンティティ(民族!)という観念を解体し、文化とは様々な要素が入り混じった混成物であることを強調するのである。このバーバの脱アイデンティティの発想は、保守的なナイポールからラディカルなサイードまで政治的には様々なスタンスのポストコロニアルの著作家たちに共有されていると言えよう。

要するに、ポストコロニアルの文芸批評家や作家たちの脱アイデンティティ論は、帝国主義側のアイデンティティ管理の論理と、それに抵抗しようとする被抑圧民族側のアイデンティティの理論を、ともに乗り越えようとするものである。帝国主義側に組するのか旧植民地世界の立場に組するのか、西欧中心主義なのか土着主義なのか、といった二分法には、断固として与さないのである。旧植民地出身で西欧の帝国主義には批判的立場を確保しようとするポストコロニアルの知識人であっても、民族主義的な発想を、政治的にも、文化的にも受け入れようとはしないのである。彼ら・彼女らが求めるのは、雑種的で異種混淆的な文化であり、一つのアイデンティティに押しとどめられることを拒絶する。「東洋も西洋も」(ラシュディ)求め、文化・文明との境界、出生地と移民先・宗主国との境界に立って、世界をかいま見ようとしているのである。

第三世界革命論や民族の自立発展の試みが完全に挫折し、もはや顧みられない時代だからこそ、このような脱アイデンティティの発想が、脚光を浴びているとみなしても良いだろう。時代的に考えてみても、代表的理論的著作であるサイードの『オリエンタリズム』が一九七八年、スピヴァクの『サバルタンは語ることが出来るか』が一九八五年、ポストコロニアル文学の代表作であるサルマン・ラシュディの『真夜中の子ども達』が一九八一年である。まさに、新植民地主義批判に基づく第三世界の希望が解体した時期だといって良い。しかし、植民地支配者にも、植民地被支配者の立場にも与さないというのは、いったいどういうことなのか。次に、ポストコロニアルの発想を支える重要な支柱である、ポストコロニアル文学論を見てみることにしよう。

(2)ポストコロニアル文学の対抗的言説——帝国文化への逆襲

ポストコロニアル文学を総括的に論じて、最も影響力のある書物の一つとなったのが、白人系オーストラリア人の英文学研究者アッシュクラフトらによって書かれた『帝国への書き物を通じての逆襲』（邦題『ポストコロニアルの文学』）である。この本ではもっぱら英語圏文学が論じられているわけだが、本書が意味しているポストコロニアル文学とは、次のようなことである。従来の考え方によると、「標準的」イギリス語（English）による本物のイギリス文学と、様々な「方言」〈英語〉（englishes）による物まねの文学があるとされた。しかし、ポストコロニアルの視点では、英語（englishes）による文学というカテゴリーがあるのみであり、イギリス本国の文学と旧イギリス植民地の文学（英連邦文学）といった区別をすべきではない。さらに、植民地支配に由来する標準的イギリス語（English）の概念を、〈英語〉（englishes）によって解体していく文化的実践を宣言するのだ。西欧やイギリス中心の歴史的文学的記述を、植民地の観点から再解釈し書き換えていくこと、あるいは、植民地の〈英語〉（englishes）によって対抗言説的な文学的実践をおこない、脱植民地化をはかることがポストコロニアル文学の課題なのである。

彼らの議論のうち二点がとくに注目に価する。一つは、彼らの主張するポストコロニアルの英語文学なるものは、いわゆる開発途上の地域・国家に限定されていないという点だ。つまり、アフリカ諸国、南アジア諸国、東南アジアの旧海峡植民地、カリブ海などの文学ばかりでなく、オーストラリア、ニュージーランド、カナダ、南アフリカ、さらにはアメリカ合衆国の白人開拓民やその子孫の文学までもが含まれているのだ。こういった概念規定は、文学研究者の間においても、議論の余地がないわけではない。だが、ポストコロニアルという発想が、経済的周辺領域ではなくもっぱら文学と文化の周辺領域に関心を抱いている以上、むしろ、当然の帰結だろう。植民地の支配者である白人移民も、文化的劣等者・辺境人という烙印を本国からあてがわれてきたからだ。彼らは、自分たちの経験は本物ではないという劣等感に苛まされながら、宗主国イギリス文化の模倣・物まねしばかりしてきたという歴史的経緯がある。そのなかから、本国とは異なる環境と風土で生きる自分たちに相応しい表象体系を手に入れようと、脱植民地化のための文化的格闘を試みるようになってきたのだ。

もう一つは、ポストコロニアルの文学を、旧植民地の民族主義の文学とは異なる概念として規定している点である。アッシュクラフトらは次のように述べる。「民族主義的な批評は、それが機能する枠組みとなっている、帝国的な言説の諸条件そのものの変更には至っていない。そのため、民族主義の主張によって排除するはずの帝国の権威によって最終的に支配されたディスクールが、暗黙のうちに、ときにははっきりと意識的に、自ら参画していく結果となった」(三八頁)。要するに彼らが最終的に志向している脱植民地化とは、世界システムのなかにもう一つの民族主義的な本質(たとえば、カナダ人らしさ)を付け加えることではなく、帝国に文化的逆襲を加え英語文化全体の構造変革を試みるような内側からの対抗的言説の実践なのである。ポストコロニアルの文学は、民族や国境によって区切られ細分化された民族文学を志向するのではなく、世界全域に視野を見いだす新しい世界文学を志向していると言い換えても良い。

以上のようなポストコロニアル文学の規定は、社会学の発展段階論的発想とは大いに異なっている。社会学の発想では、第三世界の文学は近代を志向し、民族の言葉で書かれ、民族形成という課題に立ち会う民族文学（国民文学）のはずであり、先進国のポスト近代的・脱民族主義な傾向とは質的に大きく異なっていなければならない。ところが、第三世界出身であってもポストコロニアルの文学者は、「先進国」と「第三世界」といったカテゴリーの境界を、いとも簡単に横切ってしまう。そもそも彼らの大半は、旧植民地生まれだとしても、イギリス流の、あるいは宗主国流のエリート教育を受けているからである。多くの場合、ロンドン・パリ・ニューヨークのような欧米の大都会で移民や亡命者として暮らし、英語やフランス語などの宗主国の言語で小説を執筆しているのである。彼らの小説は、自分の生まれ故郷を舞台にするだけでなく、先進国（宗主国）から故郷（植民地）への植民地人の帰還や移動をテーマにしたものが多く、まさに東と西とが結びつけられているのである。ポストコロニアル文学者にとっては、東洋と西洋、アフリカとヨーロッパ、新大陸と旧大陸との間に橋がかけ渡されているのがむしろ当然である。もし、「ごたまぜ」が許せられないのならば、彼らの内的葛藤を統合する術は失われ、文学を執筆することもできなくなってしまう。ポストコロニアル文学は、第三世界や旧植民地の出身者が先進国の世界都市で重要なポジションの一画を占めるようになった産物でもある。彼らは、先進国の人間は先進国の文化を奉じ、第三世界の人間は第三世界の発展段階にみあった文化を奉じるべきだという考えを、もちろん受け入れない。第三世界やかつての辺境の地を舞台にした文学を、イギリス文学やアメリカ文学と共通の土俵の上で、最先端の世界文学や英語圏文学として、評価されるべきだと言うのである。「第三世界の文学なのだから、先進国の読者には古くさくて面白くなくてもいいじゃないか、シャーウッド・アンダーソン流の小説をいまだに書いていたとしても温かく見守ってやろうではないか、彼らには第三世界固有の民族主義という課題があるのだから」といったフレドリック・ジェイムソン流の発展段階論的考え方を許さない。オーストラリアやカリブ海の特殊な文学としてではなく、同時代の普遍的な現代文学として、先進国や世界の読者をも獲得しようということでもある。

はたして、ポストコロニアル文学は先進国や英語圏の文学市場で、確実に影響力を及ぼすようになった。イギリス・ブッカー賞の受賞者の多くが、最近では英国外で生まれているのだ。たとえば、J・M・クッツェー（白人南アフリカ、一九八三、一九九九年受賞）、サルマン・ラシュディ（イスラム系インド・パキスタン＝イギリス、一九八一年受賞）、アルンダティ・ロイ（インド、一九九七年受賞）、マイケル・オンダーチェ（スリランカ＝カナダ、一九九二年受賞）、ベン・オクリ（ナイジェリア＝イギリス、一九八一年受賞）、ピーター・ケアリー（白人オーストラリア、一九八八、二〇〇一年受賞）、マーガレット・アトウッド（白人カナダ、二〇〇〇年）等々の作家たちである。

ポストコロニアル文学の登場の意義は、今まで沈黙を守らされてきた、周辺や辺境で植民地開拓＝支配を担ったり、植民地化によって支配されたりした人々とその子孫の体験が、読むに価する世界文学として受容されるようになってきたということである。当然の帰結であるが、ポストコロニアル文学の対抗的言説の対抗性とは、第三世界主義や民族主義とは大きく異なっている。たとえば、ジーン・リースの『サルガッソーの広い海』(一九六六年)がその良い例だ。これは、C・ブロンテの『ジェーン・エア』のなかで、叫び声だけしか聞こえなかったカリブの凶女について、カリブの植民地白人の立場から書き直した作品である。すなわち、沈黙を守らされてきた植民地人に声を与える作品ではあるが、決してカリブの島の民族独立を志向するようなものではなかった。そもそも、辺境の植民地人といっても、植民地においては、多数の黒人奴隷を所有する少数支配者だったのだ。

あるいは、二〇〇一年にノーベル賞を受賞したイギリスのナイポール。彼は、南米ベネズエラの対岸にある旧イギリス領の小さな島トリニダード出身のインド系の英語作家で、ノーベル賞委員会からは「抑圧された歴史の存在を我々にみせてくれた」と評価された。英文学史においても、初めて方言(トリニダード弁英語)を文学にした作家として、ディケンズ流のドラマを植民地社会に再現したものとして非常に高く評価されている。さらに、現存する英語の散文作家の中では、最高の英語の書き手だと絶賛され、ブッカー賞をはじめとするほとんどの文学賞を総なめしてきた。では、ナイポールの描く開発途上国の描き方が、抑圧された人間たちを温かいまなざしで描き、元気づけたのかというと、むしろ逆だったりする。米英仏などの白人読者は大歓迎したかもしれないが、インドや第三世界出身者からはそんなふうには受け止められるとは限らない。ナイポールの本をめくれば、架空のインド人の移民を通して（代表作『暗い河』）、あるいは彼自身を通して（代表作『闇の領域』）、独立以後の旧植民地でいかなる混乱が起きているのか、どのような文化的退廃があるのかがリアルに描かれているからだ。その土地に愛着のある者ならば、きわめて辛い読書体験とならざるをえない。「愛情のない」とか「上っ面だけ」の（ラシュディ）書物であるとか、西欧的視点から旧植民地を酷評しているとか、散々な評価だったりするのも理由のあることなのだ。その中でもいちばん厳しく非難していたのは、ご承知の通り、ポストコロニアル批評のチャンピオンであった故サイードだった。

むろんナイポールほどの英米文化大好き・生まれ故郷嫌いという作家ばかりではない。英米文化に対する批判的視点はもちろんある。ここでは、アカデミー賞受賞映画「イングリッシュ・ペイシェント」の原作となったマイケル・オンダーチェの作品を取り上げてみよう。オンダーチェは、オランダの植民者に起源をもつ、タミル人、シンハラ人との混血のスリランカ上流階級の出身で、一一歳のころ故郷を離れ、イギリスを経てカナダの詩人・作家となった。『イギリス人の患者』（一九九二年）は、第二次世界大戦下のイタリアの僧院を舞台とし、カナダ人、ハンガリー人、インド人らの多彩な国の人物が登場するブッカー賞受賞作品である。この小説の結末部には、実はハリウッド映画ではカットされてしまった重要なエピソードがある。主な登場人物の一人であるインド人の英軍爆弾処理専門家のキップ中尉が、ヒロシマとナガサキの原爆投下をラジオで知り、全人口の死滅を思い、二つの伝統の中で育った被植民地人として、自らと自らの家族の過去をふりかえり、とつぜん「イギリス人の患者」を殺そうとする箇所だ。「ヨーロッパ人に背中を見せるな、と兄は言った。密約者、工作者、地図作成者に背を見せるな、と。ヨーロッパ人を信じるな、握手なんかするな、と。だが……だが、そうさ、ぼくらはたわいなく圧倒された。あなたたちの演説と勲章と儀式に目がくらんだ。(中略)歴史を学びなおせ。王や女王や大統領が、文明世界を代表して演説しているぞ。空虚な秩序からの声を聞いてみろ。声にこもる祝賀のにおいを嗅いでみろ(中略)世界の茶色の人種に爆弾を落としはじめたら、そいつはイギリス人だ」と叫ぶのだ。インド人中尉のキップは、年長の「イギリス人の患者」を老賢人のように慕い、信じ、知識を取り込もうとしてきたのだ。それが小説の最後の部分になって、父親のように慕っていたはずの「イギリス人の患者」(実はハンガリー人)に銃口を向けるようになる。こういった見せ場を作るとは、旧植民地生まれの有色人作家の面目躍如というところか、第二次世界大戦のドラマをポストコロニアル文学にしていると言える。

このオンダーチェの作品にしても、この部分が映画を削除できたことからも分かるように、植民地出身者が宗主国軍人になった体験や、それにつきまとう葛藤と抵抗に焦点をあてている訳ではない。彼の作品は、戦場の様々な人間たちを描くことに第一の関心があるのであり、戦争や植民地主義の歴史や原因を主題化したものではない。また、直線的な時間進行に基づく普通のリアリズムの小説とは全く異なっている。あくまでも詩的な文体で、陰影のあるイメージを、コラージュの如く次々と提示するかのように進行させるのだ。白黒はっきりさせるのではなく、一つの場所に生きる土着人の問題を徹底的に解明するのではなく、複数の様々な国籍・民族・人種の登場人物の生き様を重層的に描きながら、ローカルを超えて普遍的な人間性に思い至らんとする作品なのだ。こうして多文化共存時代のポストコロニアル風「人間の条件」となり、権威ある英国ブッカー賞をカナダ人として初めて受賞したわけだ。だが、スリランカやインドの読者からは、英軍に従軍した植民地人のために、我々ネイティブのためのリアルな「人間の条件」をテーマにしてくれたら良かったではないか、先進国在住者の無責任な文学ではないのか、そんな声も聞こえてきそうである。しかも、この本では、インド人中尉とカナダ人看護婦は最後に結ばれ、どうやら男は先進国カナダに移民して医者になることが示唆されているのだから、旧植民地のネイティブのためというよりは、むしろ先進国の読書人と旧植民地出身の特権的移民のための作品とも言えそうである。オンダーチェやラシュディによって描かれるインテリ・専門職の、特権的移民のコスモポリタンな世界は、結局はエリート知識人で移民である作家自身の立場ではないのか。つまるところ、第三世界からの代弁者にはほど遠いという批判が聞こえてくるわけだ。先進国の白人読者が求めるエキゾチシズムを提供するだけで、グローバルな資本主義の副産物の文学となっているのではないのか。ポストコロニアル文学には、いつもそんな疑問が突きつけられてしまうのである(1)。

(3)ポストコロニアル文学と民族文学

ポストコロニアル文学とは異なる可能性があるのではないのか。J・M・クッツェーの最近作『エリザベス・コステロ』(二〇〇三年)の中で、主人公のオーストラリア人白人女性作家コステロが次のように語っている。「私たちオーストラリアの作家も同じような試行錯誤を経験しましたが、[アフリカ人とは]反対側にたどり着きました。私たちは異国の人たちのために書き物をするという習性からついに抜け出したのです。オーストラリア固有の読み手が一九六〇年代には成熟したからです。読み手のほうですね。書き手は、そのまえから存在していたのですから。私たちが異国の人たちのために書き物をするという習性から抜け出したのは、私たちの市場、つまり私たちのオーストラリア市場が国内製の文学を支えることができると判断するようになった時なのです。これが、私たちが提供できる教訓です。アフリカは私たちの経験から何か学ぶことができるかもしれませんね」(五一―五二頁)。オーストラリアの教訓とは、要するに、民族的読者市場を充実させて、民族文学を目指したら良いではないのかと言うことだろう。こういった批判は正論だ(2)。しかし、そう簡単に民族文学を志向することのできないような、旧植民地社会側の社会的文化的な事情があるのだ。

まず、旧植民地社会において、読むに耐えうる現代文学がどれだけ存在するのかと問うてみれば良い。新興国の民族主義や土着主義は、政治的には正しいのかもしれないが、西欧文化に端を発する文学を実り豊かにすることは困難であろう。インド生まれのラシュディは『ヴィンテイジ出版のインド人の書き物　1947―1997』という傑作集を編集したが、その序文で驚くべき発言をしている。「散文の書き物は、フィクションもノンフィクションも、英語を駆使するインド人作家の作品のほうが、一六のインドの『公用語』で作られた作品よりも、力強く重要であるということが証明された」(x)。この点において、彼はナイポールに対する共感を隠そうとはせず、ナイポールの『闇の領域』の文章を引用する。「インドの言語で書く作家たちの作品を翻訳で読んでみても、それ以上読んでみようという気にはならなかった。**Premchand** はマイナーな寓話作家にすぎないことが分かった。他の作家ときたら、貧困は悲しいとか、死は悲しいとかそういった発言を繰り返すばかりで私はすぐにうんざりしてしまった。『近代的』短編小説の多くは、単に民話を練り直しただけの作品ではないか」(xx)。

日本語のポストコロニアル文学者とも言うべき満州育ちの「無国籍作家」安部公房も、同様な発言をしている。「いわゆる発展途上国に見るべき文学がないのも、けっきょくは植民地収奪の結果だと思う。発展途上国にも文学があり、その民族のためのすぐれた文学が生まれていると主張する人もいるけれど、ぼくはそう思わない。すくなくとも世界文学、あるいは現代文学という基準では、文学というにたる文学はない。(中略)植民地収奪の特徴の一つは、まず教育の極端な閉鎖性にあるんじゃないか。被支配民族を前後左右に分割分断するだけでなく、上下にも分けてしまう。愚民政策を押し進めるいっぽう、愚民支配のための専門管理職の養成もする。そのなかからたしかに作家も生まれるでしょう。でもみんなロンドンで勉強したり、ハーバード出身だったりで、英語やフランス語で書いているんだよ。(中略)そういう作家を、はたして出身国に属する作家とみなして良いものかどうか。(中略)インド系英国作家だったり、マレーシア系アメリカ作家だったりでいいじゃないか。アメリカ人の感覚なら当然そうなるだろうね。日本人にはその感覚がなさすぎる。だから発展途上国にも作家がいるなんて錯覚してしまうんだ。それに正義の味方みたいな顔も出来るし。でも作家は読者なしにはありえない。読者が生まれなかったら、作家なんかいるわけがない。そうでしょう[3]」(安部、一九九一、八一―八二頁)。安部公房の言及している○○系英国作家等の議論は、ポストコロニアル文学者の実態をほぼ正確に捉えている。つまり、ポストコロニアル文学者の正体は、白人の植民者の子孫か、白人文化に同化したエリート有色人種で、普通の意味での植民地の被支配者ではないのだ。

旧植民地社会で民族のための文学が生まれにくいのには、なにも過去の植民地的収奪によって書き手や読み手がいないというばかりではないだろう。他にも理由がある。それは、植民地的社会では、リアリズムの原則に則った、分かりやすい文学が構造的に成立しがたい点だ。文芸批評家のイーグルトンは、『表象のアイルランド』のアングロ＝アイリッシュ文学論において、次のように述べている。「植民地国民の文学芸術は、民衆を貶めることによってしか圧制者を告発することのできないリアリズムか、さもなければ、国民の自負の念を育成しながら誤った安心感を与える危険を冒す理想主義かという、両極端のあいだで不安定に航行することを余儀なくされるのである」(二六八頁)。イーグルトンの議論は植民地時代のアイルランドだけに限定されるのではない。たとえば、近代フィリピンの芸術家は、いつもリアリスモ(リアリズム)とイディアリスモ(理想主義)との間で揺れ動いてきた。現実にはありえない嘘っぽい、あるいは、嘘そのものの理想主義か、あるいは、ぼう然自失してしまうような悲しいリアリズムかという極端な選択は、シリアスな書き手に突きつけられた大きなジレンマなのである。理想主義は、一番典型的なのが絵画芸術だが、牧歌的な農村と健康的で幸福そうな村人の姿を描く。しかしあまりにも白々しいのでウンザリしてしまう。他方、リアリズムはどうだろうか。フィリピンのシリアスな芸術家たちは、むしろリアリズムを選択している。たとえば、リノ・ブロッカ監督の「マニラ、光る爪」「マッチョダンサー」やメール・チョンロー監督の「ミッドナイトダンサー」のような、一連のゲイ・リアリズム映画だ。貧困からゲイ・ダンサーやゲイ売春に走る男達の悲劇を通して社会問題を浮き彫りにしたこれらの映画は、ゲイ・セックスシーンを盛り込むことによって、社会的コメントと収益(とゲイ監督の個人的趣味)とを両立しようとする試みであり、たいへん興味深いのではある。だが、このようなリアリズムでは観客は救われないし、ストーリーもワンパターンになりがちだ。さらにブロッカの「Fight For Us」(一九八八年)となると、リアリズムはより徹底する。いままで馴染んできた登場人物の村人たちが結局はヴィジランテ(地主の民兵)に全員虐殺され、ショックを受けた女好きの元神父が銃を持って山に入る決意をするところで、この映画は終わるのだ。フィリピン人の強気の解説によれば、遊び人の元神父が武力闘争を決意する点に、この映画の希望が込められているのだそうだ。しかし、この映画を見た観客はすっかり意気消沈し、誰も語る意欲を失ってしまう。**Fight For Us** の場合、アキノ政権の民主主義がいかに偽物であるかを外国人に啓蒙するには役に立つかもしれない。けれども、意気消沈するようなこのようなリアリズムでは民族文化の核になって、現実を変革する力にはならないだろう。植民地世界のリアリズムは、現実を追認したり嘲笑したりするしかないナイポール流のシニシズムと表裏一体なのである。真理を示すことが自分たちにとって有益であると信じることが出来るのは、世界システムの中心部にいる者たちだけの特権なのかもしれないのだ。

いわゆるリアリズムを超えるものとして、ガルシア・マルケスが開拓した文学における魔術的リアリズムの手法はどうだろうか。この手法は、中南米作家だけではなく、ラシュディをはじめとするアジア・アフリカ出身のポストコロニアル作家にも受け継がれたのだ。とくに注目すべき作家として、ナイジェリア生まれでロンドン在住のベン・オクリがいる。彼は、ラシュディらが特権的移民や中上流階級に偏向しがちだったのとは大いに異なり、むしろ故国の飢え、暴力、政治腐敗等を描こうとする。たとえば、イギリスの権威あるブッカー賞受賞作である『満たされぬ道』は、植民地時代のナイジェリアの都市貧民街を舞台にして幽霊や怪物も登場する不可思議な幻想的長編小説であった。この小説の主人公の少年は、アビク伝説から取られているのだが、アビクとは、人間の世界に生まれてはすぐに住み心地の良い天国に帰ってしまう、妖精の子供である。これは死と隣りあわせに生きるナイジェリア人のあまりにも悲しい現実を見据えながら、頁をめくるための装置としても機能している。オクリは摩訶不思議な小説世界を構築することによって、悲惨なアフリカ世界を長編文学にするという離れ業を可能にしてしまったのだ。霊界と人間界の相互交流が描かれているといっても、安物の神秘主義ではなく、明らかに、人類悠久の普遍的意識史へと我々を誘おうとしているのだ。ちょうど『法華経』でも読むときに感じるであろう不思議な光が差し込むような、といったら良いだろうか。ベン・オクリは、ロンドン在住ではあるが、ナイジェリアというローカルな起源に根ざし、故国の貧困大衆層の生活条件をも取り込む形で、真に芸術的な文学的宗教的世界を切り開いていった、一種のシャーマンだと言えよう。

リアリズムか理想主義かという植民地社会に押しつけられた二者択一の難題は、土着文化と英語文化の双方に通じたコスモポリタン作家によって、解決の一つの方向が示されたようにも見える。だが、それは民族的読者のための民族文学というのとは異なる途であった。そもそもナイジェリアの貧しい子どもの妖精に託して物語を語らせるという小説の語り方はどう評価すればよいのか。アフリカの黒人作家として、エキゾチックなものを西欧読者に求められる立場を逆用しているのではないか。土俗的真実や貧困者の実情を語るというよりは、むしろ彼自身の世界観を物語る道具として使っているようにも見える。途上国の現実を魔術的リアリズムの手法で西欧の読者に提供しているかぎり、サイードの言うところの「オリエンタリズム」の反復に陥ってはいないだろうか。そもそも現実が魔術的あるいはエキゾチックに表現されうるのは、西欧の読者がその現実に疎いからなのである。いずれにせよ、ナイジェリアを知らない我々には、貧困の少年の声を聞いていたのか、それともナイジェリアのアビク伝説に基づく彼のエキゾチシズム捏造力に基づく文章を読んでいたのか、判別しがたいのだ。

オクリに対しても批判的視点を堅持しようとするならば、やはり民族的な読者層を前提に、民族的な作家が誕生することによってのみ、旧植民地の文化的問題の解決が可能になると言うことになろう。たしかにケニアのジオンゴのような作家は、英語を捨てて民族語であるギクユ語作家に転身したそうだ。だが、そういった民族的文化形成の道のりはアフリカでは相当険しい。アフリカやアジアの旧植民地の現状をふまえつつ文化的可能性を模索するならば、ポストコロニアル文学者や批評家の語りは、やはり有意義な文化運動の選択肢でありつづけると思われる。書き手が白人植民者の子孫や、欧米化したエリート有色人種の作家だったとしても、また主な読み手が先進国の白人読者だとしても、多大な意義があるのではないか。なぜならば、他者によって表象されるのでなければ表象され得ない抑圧された多くの人々が存在しているからだ。そして、歴史や社会状況に左右されない客観的で超越的視点から物事や体験を認識したり解釈したりできない以上、どうしても特権階級に属する者が被抑圧者や弱者を認識し表現し、またその受容者にもなるという構図にならざるを得ないからだ。そもそもポストコロニアルの文学は、植民地を支配する「二流の白人」の眼差し、すなわち、白人ないしはクレオールの植民地経営者、官僚などの支配層、旅行家やスパイの訪問者、あるいは有色人種エリートによる書き物だったのだ。しかし、敗者や被抑圧者が立ち上がれないほどの打撃を被っているのであれば、植民地主義者の末裔によって、あるいは植民地主義者との強姦の末に孕まれて生をえたエリート混血児によって、新しい物語が書かれなくてはならないだろう。ポストコロニアル文学者の課題は、西欧植民地の特権者や支配者の観察と書き物の伝統を継承しながら、同時に、特権者の表象の暴力性を明らかにし、異なる視点や新しい統合の物語を模索することである。だが、ポストコロニアル文学であるということは、決して政治的正義を確約しないし、弱者や被抑圧者を的確に描くことも保証しない。その反対にポストコロニアル・エリート主義だったり、ポストコロニアル・「オリエンタリズム」かもしれないのだ。我々もまた、勝者と敗者の間に生まれた、エリート混血児の、矛盾に充ち満ちたポストコロニアルの両義的視点を、しっかりと見守っていく必要があるといえる。我々は次に、日本のポストコロニアルな書き手について、批判的に吟味していくことにしよう(4)。

3　現代日本におけるポストコロニアリズム

(1)韓国とポストコロニアリズム――姜尚中のポロストコロニアリズムと歴史の捏造をめぐって

日本におけるポストコロニアル理論の受容は、おもに三つの領域においてである。①英文学や仏文学などの文学研究、②歴史学、人類学などの関連領域の研究、③東アジア研究によるものである。日本社会にとってのポストコロニアルの最も重要な領域は、第三の東アジア研究ではないだろうか。ここでは、東アジア研究者の中で、ポストコロニアルの理論を積極的に論じ、政治的な提言もおこなっている在日韓国人の姜尚中(東大教授・政治思想史)を取り上げてみよう。彼はラディカルな政治的知識人でもあるアメリカのエドワード・サイードの積極的な紹介をすると同時に、日本ならびに東アジアの文脈においてサイードの議論を独自に発展させようとしてきたからである。彼のポストコロニアリズムの受容と解釈を見てみようではないか。

在日韓国人の学者が有名なサイードの理論の権威を借りるのは、自然の成り行きだっただろう。日本社会の中で、批判的でありながら正統的な発話のポジションをしっかりと確保しようとするならば、世界的影響力のある知識人の理論体系とその言葉を使うのは、当然の戦術だからだ。姜は、サイードを用いて日本近代の代表的知識人である福沢諭吉や新渡戸稲造の「オリエンタリズム」を批判する。あるいは、脱植民地化という課題をすっかり忘却してしまい、いつのまにか戦後には小日本主義的なナショナリストになってしまった丸山真男に、ナイーブさを見いだす。在日韓国人にとってとくに有益なのが、ポストコロニアル理論の脱アイデンティティの観点であろう。これは、「お前は、日本人なのか、韓国人なのか、どっちなのだ」と選択を強要する日本と韓国の民族主義的教条を乗り越える理論的根拠となる。「半日本人じゃないか」として本国の韓国人に軽蔑されてきた在日韓国人が、日韓のハイブリッドのなかに積極的な意義を見いだすことができるのだから痛快だろう。さらに姜は、「東アジア共通の家」という政治的型提言にまで展開するようになる。東アジアにおいて、互いにナショナリズムを抑制しながら、国境を越えたヒトや情報、運輸の共同管理システムを構築しようという提言である。彼にとってのポストコロニアリズムの帰結は、ここにあると言えよう。

姜のサイード受容を、どのように評価したらよいだろうか。日本・東アジアという地域においてポストコロニアルという視点を輸入しようとした姜と、アメリカのパレスチナ系アラブ人であるサイードとでは、おかれている状況があまりにも異なっているからだ。姜は、「文明(米国・西欧文明)対野蛮(イスラム原理主義)」といった二分法の議論を、近現代の日本の対東アジア観に導入しているが、相当な無理のある比喩ではないだろうか。そもそも姜の「東アジア共通の家」なる構想は、ヨーロッパのEU等に由来する発想であろう。だが、そういった構想をえることができること自体、日韓の古い関係が、普通の植民地支配者と被支配者の関係ではなかったということではないか。我々は、ポストコロニアル文学論の知見から、日本の韓国支配は普通の植民地支配とは異なるものと考えるべきではないだろうか。

ところで前述の安部公房は、植民地収奪された国では文学の書き手や読み手は生まれないと論じた後で、次のような興味深い議論を提出している。「韓国からは現代文学の作家が生まれはじめている。日本の植民地支配にもかかわらず。何故だろう。こんなこと言ったら怒られるかな。あくまでも仮説だけど、日本の植民地支配の収奪方法が下手で、ただ暴力的に威嚇するだけで、根こそぎ教育の息の根を止めるまでには至らなかったせいじゃないか。(中略)中国は日本より前に、イギリス、フランスの植民地的干渉を受けてさんざんな目にあわされた。でもちゃんと作家はいるな。魯迅一人生んだだけでも大変なものだ。魯迅というのは完全に現代の作家ですよ。彼は日本に留学して、日本で文学を手に入れたかもしれないけれど、まぎれもなく中国の作家と言える。中国には読者がいるんだよ。(中略)とにかく膨大な国だし、教育基盤にまではやはり手がまわらなかったのかな」(八三頁)。安部の問いは、東アジアをフィールドとするポストコロニアル研究者に突きつけられた重大問題の筈である。なぜ韓国に現代的な文学や芸術が生まれ受け入れられているのか。他方、フィリピンには作家や芸術家はいるのに、なぜ読者や受け手がいないのか。沖縄文化は花開いているのに、アメリカ領のグアム島ではコマーシャル・ソングをあしらったジョークのような民族舞踊しかないのはなぜなのか。

安部の仮説は、日本の植民地支配がまだ生ぬるかったので韓国文化は破壊されなかった、だからこそ韓国で現代文学が生まれることができたというものだ。しかし、この仮説では、韓国・朝鮮あるいは中国の強烈なまでの反日感情をうまく説明できない。この点において、『民族とは何か』の著者でもある関曠野は、実に根本的かつ明快な指摘をしている。すなわち、日本帝国の所業は、植民地主義ではなく膨張主義とか併合主義と呼んだ方が良いと言うのだ。なぜならば、第一に、ヨーロッパの植民地主義は大航海時代の商業拠点が原点であり、帝国主義時代に変貌を遂げたものである。これに対して、日本の行為はむしろロシアの軍事的な領土拡張主義と比較されるべきものである。第二に、ヨーロッパが植民地化した熱帯地域の多くは国家が存在しなかったのに対し、中国・韓国は君主がいる主権国家であった。ゆえに日本がやったことは植民地化というより征服であり、韓国は植民地ではなく従属民族とすべきである。関の説によるならば、中国や韓国の比較されるべきは、フィリピン諸島やカリブ海の島々などではなく、フィンランドやルーマニアのような国である。また、フィリピンのような国がアメリカに憧れを抱くのとは異なって、今なお韓国・中国が日本に強い恨みを持っているのは、当時すでに存在していた主権国家が武力で征服・併合されたからだと言うことになろう。私は、この関の説を採用しよう。現代韓国や中国で自生的な民族文学が生まれているのは、つまり民族語による現代文学の読者と作家がいるのは、日本に武力的に支配されはしたが、植民地主義的な文化変容を被ったわけではないからなのだ。また、韓国や中国といった文化的民族的枠組みは、シンガポールやフィリピンといった概念とは異なり、植民地主義のただ中ではじめて生成した概念ではないからなのだ(5)。

日本の朝鮮支配が植民地支配とは異なるものだとすれば、東アジア派ポストコロニアル理論の輸入には、理論的に大きな変質を伴っているはずだ。民族言語を媒介とし、民族作家によって書かれた、民族のための文学が生まれがたい点に旧植民地被支配国の文化的苦悩があるはずなのに、そういった問題をあっさりと素通りしているに相違ないからだ。アジア・アフリカ出身のポストコロニアル作家や批評家の華々しい活躍は、裏返せば、彼らの生地では民族や民族文学が未成熟であるという問題があるのに、東アジア派のポストコロニアルの研究者たちはこのことを括弧にいれて、ポストコロニアル理論の輸入をしているのだ。だとしたら、植民地主義に由来する現代世界の深刻な諸問題について忘却してしまっているのではないだろうか。

姜尚中は、彼らのポストコロニアリズムを、『ポストコロニアリズム』という本の中で、次のように性格づけている。「私［姜尚中］の父親や母親、あるいは皆さん［中国・韓国・台湾・日本研究を専攻とする日本人・在日韓国人の研究者］のお父さんお母さんたちが、大学で高等教育を受け知的な洗練さを身に付ける機会は少なかったと思います。それに対して私も含めて、次の世代は前の世代の努力の結果もあって、かなりの高等教育を受け、思考する手段を獲得できる機会に恵まれるようになったと思います。さらに、交通手段や情報流通という条件。越境的ないろいろな知的交流することが可能になった。それらの条件を背景に、ポストコロニアリズムが可能になっているんじゃないかと思います」（八八頁）。あるいは、岡真理との対談でも次のようにも述べている。「自分が引き受けているポストコロニアル的な状況の中で、抑圧、ヒューマニズム、レイシズム、啓蒙主義という近代にまつわるいろいろな装置の文化的なものと向き合う根拠が、自分の中で希薄になっている。（中略）自分がこの市民社会の一員として少しずつ認められ、自分をそのように自己認識するようになった頃、ポストコロニアルというのが出てきた」（七七頁）。以上のような発言から、姜がポストコロニアルという言葉の含意について、決定的な修正を試みているのは明白である。欧米のポストコロニアル文学者や批評家の多くは、思想や立場の相違を超え、今なお貧困、暴力、差別、占領、無秩序といった諸問題を抱える(旧)植民地社会と自分とがよく繋がっていることを自覚している。ラディカル派のサイードだろうと、保守派のナイポールだろうと、全く同じことである。民族解放運動の挫折、貧困からの解放の挫折を経て、ポストコロニアルの視点があるのだ。ところが姜尚中は、自分たちの住んでいる世界は、近代化が順調に進み、経済的に豊かになり、ポストコロニアルの思想の時代が来たと考えている。「ポストコロニアリズムが東北アジアのコンテクストのなかでアクチュアリティをもちうるとすれば、それは抑圧の穴を埋める作業を通じて抑圧された記憶を呼び覚まし、ナショナルな空間のなかに分割され、同時のそのなかで歴史の舞台から抹殺された人々の記憶を甦らせることによってである」と述べるのである。要するに、ポストコロニアルという概念を「植民地主義以降」であると決定的な書き替えをしてしまったのである。

東アジアという枠組みを越えてみると、いかに鈍感で無神経なのかが分かる。とくに重大なのは、植民地化された人々の歴史について、無意識のうちであろうが、捏造さえ試みていることだ。姜は述べる。「では、なぜいまポストコロニアルが出て来たのか。五〇年代・六〇年代には、AA(アジア・アフリカ)諸国の輝ける第三世界としての動きがあり、それは脱植民地化、つまり新興独立国のナショナリズムを一〇〇%善とする傾向がありました。ところが実態としては(中略)李承晩の時代には建て前と本音が乖離していたわけです」(二一頁)、「戦後の脱植民地化の過程には、かつての『バンドン会議』にあったような輝かしい第三世界主義、あるいは韓国や台湾の開発独裁があったわけですが、いずれにしても強度にナショナルなものに収斂してゆく傾向があった」(九二頁)といった発言を繰り返している点である。韓国・台湾の傀儡的独裁政権およびその後の開発独裁と、五〇年代から六〇年代にかけて興隆した第三世界主義とを併記し、どちらも新興国の民族主義として賞賛されていたかのような歴史記述は、明らかに間違っている。第三世界主義とは、東西冷戦の時代において、新興独立国が東西陣営に組み込まれない独自路線を樹立しようとする理想主義だったからである。実際、アメリカの傀儡政権とみなされた韓国は、バンドン会議には招かれさえしなかった。韓国や(日本の)傀儡的民族主義とは、思想的には真っ向から対立した概念だったのだ。歴史の運命は皮肉にも傀儡政権の側に微笑んだ。第三世界主義の運動はすぐに解体し、理想を掲げた国々の気の滅入る貧困問題はほとんど解消されなかった。飢えた子を救うことも出来なかったし、自生の文学もほとんど生むことは出来なかった。また、すでに述べたように、第三世界主義を受け継ごうとした民族解放運動や民族自立発展論も八〇年代にはほぼ解体し、グローバル経済のなかに飲み込まれ、希望のある思想の枠組みすら絶たれている。これに対して、アメリカの傀儡的政権だった東アジアの国々のほうは、皮肉にも東西冷戦で利得をえて経済的には大躍進を遂げ、さらに中産階級によって支えられる民主主義の方向へと発展していった。この歴史の皮肉を、姜たちは皮肉だと感じることは出来ないで、こう語る。「ある意味で東アジアはポストコロニアルの宝庫である、ということです。地域的な閉鎖性で言うのではなくて、ポストコロニアルの可能性はむしろ東アジアにある」(二八頁)。ポストコロニアルという視点が台頭した現代は、東アジアでは近代化の成功だったかもしれないが、他の大多数の旧植民地では、民族形成の挫折を宣告されていたのである。ところが、東アジアの国・地域に視点を限定してポストコロニアルという言葉を輸入しようとしているために、植民地主義の暴力の傷跡に今なお苦しみ、声すら発することの出来ない「舌を抜かれたフライデー」(クッツェー)には、全く無関心になってしまうのだ。二一世紀の今日、日本の隣国においてすら、今なお記憶に生々しい二〇〇二年のバリ島の爆弾事件があり、貧困の島ミンダナオでは、イスラム過激派アブサヤフのテロリズムが起き、米軍もフィリピンに再介入するようになったのだ。貧困問題の解消という課題は見捨てられ、いまや問題になるのは、米英のための政治的秩序の有無だけなのだ。そのことを象徴するかのように、二〇〇五年に世界銀行の総裁に就任したのは、イラク戦争を指導したネオ・コンのウルフォウィッツ米国国防副長官であった。しかし、彼らの「ポストコロニアリズム」、すなわち、植民地以後の世界という観点からは、貧困や平和の問題を抱える旧植民地は切り捨てられてしまった。彼らの「ポストコロニアリズム」は、グローバル化時代において東アジアの経済大国がヨーロッパ共同体的な共存関係を模索するためのイデオロギーとなってしまったのだ(6)。

(2)日本社会における博愛的な旧植民地社会の表象

現代日本社会では、姜尚中のように、真に植民地化された社会に全く無関心なのかといえば、必ずしもそういうわけではない。たとえば、作家の池澤夏樹には『マシアス・ギリの失脚』『南の島のティオ』といった南太平洋を舞台にした作品があり、それぞれ一九九二年に小学館文学賞(児童文学に与えられる賞)、一九九三年に谷崎潤一郎賞を受賞している。前者はミクロネシアにあるポナペ島がモデルだが、ここは日本軍の「博愛的な」植民地主義の精神が発露された社会でもある。また、最近作『静かな大地』(二〇〇三年)では、日本のアイヌ支配と北海道植民地化を正面から歴史小説として描き出そうとしている。

東南アジアや東南アジアの出身の人間を描いていている直木賞作家が多いのも注目される。最近では船戸与一の直木賞受賞作『虹の谷の五月』(二〇〇〇年)は、フィリピン・セブ島を舞台に日比混血少年トシオ・マナハンが活躍する冒険物語だった。同じく直木賞作家の篠田節子の『コンタクト・ゾーン』(二〇〇三年)は、日本の独身中年ＯＬと架空のマレー・イスラム世界との遭遇活劇を『サンデー毎日』週刊誌に連載したものだった。梁石日は『闇の子供たち』(二〇〇二年)で、タイの児童虐待と売買の実態をリアルに描いてみた。いずれの作品も、日本人の帝国意識や差別的な人種主義を断固として否定し、貧しい旧植民地社会においても、我々と対等で普遍的な人間がいることを訴えるものである。

ただし、これらの直木賞作家たちの作品は、日本語のポストコロニアル文学ではない。また、彼(女)らの描く東南アジア世界の描写が稚拙であることも、残念ながら否めない。なぜならば、作家自身に東南アジアでの生活体験がなく、もちろん東南アジアの文化・文学を知らず、さらに現地に登場人物のモデルを見いだしたわけでもないのに、そこに住む人々を描こうとしてしまったからだ。少し考えてみれば誰でも分かるように、異文化認識の一番の問題は言語とコミュニケーションである。言葉が通じない、意思疎通がうまくいかないからこそ、人は齟齬をきたし、疎外され、難儀するのである。だが、たとえば、船戸与一の直木賞作品においては、セブ島育ちの日比混血児トシオ少年らの内面描写まで試みられている。トシオ少年は、自分を「おいら」と呼ぶ少年から「おれ」と日本語で呼ぶ少年に変貌を遂げることになり、読者はこれを少年の成熟として解釈することになろう。ポストコロニアルのシリアスな文学作品ならば、日本人作家が知り得ないフィリピン人の少年について、安易に内面性を語ったりしてはならなかったのだ。また、日本人のような帝国側の特権者が、抑圧された他者を認識し表現しようとするならば、自分が権力の後ろ盾で観察者になっているということを自覚的に引き受けていく覚悟が必要だったのである。というのは、我々が貧しい旧植民地社会で人々や社会に出会うとき、政府援助機関、アカデミズム、NGO業界、あるいは旅行業や多国籍企業といった諸制度に守られている。あるいは、自らフィリピン・パブに通いつめたり、彼らを雇用したりして、異文化の人々と交流する。国や民間の諸制度に守られたり、なんらかの事情があったりして交流を深めていくしかないのである。これに対し、博愛的な直木賞作家たちは、自分を状況の外部にある超客観的な観察者の立場に身を置こうとした。つまり、搾取や支配だとかパターナリズムなどから無縁な、汚れのない博愛的人間であるかのように自分を想定し、娯楽作品を書き上げてしまったのだ。帝国側に属する作家たちは、安易に博愛的空想力をめぐらすだけでなく、帝国主義や新植民地主義の視点を引き受けることも求められているのではないだろうか。安部公房も、弱者へのパターナリズムを論じた掌編小説「公然の秘密」の結末において、次のように書いているではないか。「仔像は無邪気に食べつづけ、ぼくらの間には、しだいに殺気がみなぎりはじめていた。当然だろう、弱者への愛には、いつだって殺意がこめられている」(7)。

(3) 在日フィリピン人の脱民族主義と対抗的実践

姜らの日本のポストコロニアリズムは、(準)先進国(地域)の枠組みでのみポストコロニアリズムを受容してきた。この枠組みにはずれた人々は、日本社会では対抗言説的な発話機会を持つことは難しい。たとえば、在日のフィリピン人、スリランカ人あるいはコロンビア人の普通の女が日本社会に対して何かを語ることはできるのかと問えば、ほとんど不可能なのは明白だ。しかし、ただ一冊だけであるが、在日フィリピン人のリサ・ゴウという人権活動家は、在日朝鮮人の鄭暎恵(チョン・ヨンヘ)を同士的な聞き手・書き手として得て、『私という旅——ジェンダーとレイシズム超えて』の著者となった。この本が貴重なのは、在日フィリピン人が、インタビューされるという形式をとってはいるが、青土社という権威ある出版社を通じて、いちおうは語ることができた点である。ネイティブ・インフォーマント(原住民の情報提供者)を完全に抜け出すことはできないにせよ、第三世界出身の在日外国人が、自由に発言する機会を得ることのできた、かなりの異例の事態である。

リサ・ゴウは一九六九年に名門校・フィリピン国立大学ディリマン校入学である。フィリピン共産党の影響下で、インテリ青年たちの間で民族主義が大いに鼓舞された時代である。反米帝・反基地および民族主義的産業化といった民族主義の課題と、地主支配体制打倒の反封建主義が、左翼＝民族主義者の重要な政治課題だった。リサも大学生として運動に参加していたのだから、大いに影響を受けていたはずである。その彼女が書いた本のサブ・タイトルが『ジェンダーとレイシズムを超えて』である。当然のことながら、日本で生きる第三世界の女性が、日本社会の性差別と人種差別に抗議したものであることが予測される。政治的正義はもっともだが、凡庸な主張ばかりではないかと勘ぐりたくなる。ところが、本書を読むとそういった予想はものの見事に覆させられる。リサ・ゴウ自身は、ポストコロニアルといった言葉こそ使いはしないが、第三世界の民族解放運動の希望が完全に失われた時代において、民族主義の発想を捨て、ラディカルなポストコロニアリズムの発想によって実践を展開してきたのである。

リサ・ゴウの観察によれば、在日フィリピン人は、日本のレイシズムに対抗しようと民族主義的になることが多い。だが、彼女らの民族の概念は浅はかで、植民地主義なエリート文化（ミス・フィリピン・コンテスト）を模倣したり、パティス［魚で作る醬油］やバロン・タガログ［フィリピンの民族衣装］の習慣の有無を競ったりして、本物のフィリピン人かどうかを判定しようとするそうだ。もちろんのことだが、リサはこれらの浅はかな民族主義を批判する。しかし、彼女の民族主義批判はこのレベルに止まっているわけではない。民族という概念の現実にもっと冷めた見方なのだ。「私は日本では、フィリピン女性として、マイノリティの人間ですが、フィリピンに関しては、全くロマンティシズムやセンチメンタリズムをもっていません。私は、フィリピンに対し、エリートや帝国主義者がもつようなノスタルジアを抱いていません」（三七頁）。彼女は、フィリピン人自身が抱えているステレオタイプな理想像を打ち破り、むしろ多様性を表現しようとする。あるいは、フィリピンの公定民族主義の欺瞞的性格だとか、エリート主義的排他的性格を批判する。フィリピン国内の政治文化的文脈では、民族主義的ではないということは、普通は植民地主義的で体制順応的であることを意味するが、むろん彼女の場合は違う。むしろ、脱民族主義であるために他のマイノリティとの連帯と共闘の模索することも可能にするものである。たとえば、フィリピン人だけで固まるのではなく、「フィリピン人からのニュースに限定しないよう決め」（七八頁）、「他のマイノリティ・グループを紹介する」（七九頁）ことにしたのである。同様に、日本社会のレイシズムを厳しく批判しつつも、日本人の多様性をよく理解し、日本人を簡単に一枚岩のものとはみなさない。追いつめられた立場にいながら、アイデンティティのもたらすステレオタイプから驚くほど自由なのに感心させられる。

興味深いのは、彼女の脱アイデンティティ的実践の文化概念である。サイードによれば、文化という言葉には二つの意味が有るという。一つは記述法、コミュニケーション、表象の流儀という意味で、もう一つは「我々」と「彼ら」を区別するような教養のような意味である。前者は、植民地を正当化したり、その反対に異議を申し立てしたりする物語にもなりうる文化概念である。（これは、解釈人類学のテキストとしての文化という考え方と合い通じるであろう）。後者のほうは、教養の体系であって、外国人恐怖やら帝国主義的なアイデンティティの思考を促す。いうまでもなく、サイードが惹きつけられ重視しているのは、帝国主義的物語であれ反帝国主義的物語であれ、前者の文化概念である。リサ・ゴウも、また、この文化概念に沿って実践活動を繰り広げているのだ。つまり、日本側が与えるステレオタイプのアイデンティティに抗するために、土着主義的教養で応答してしまうのではなく、ポストコロニアルな対抗言説を物語ることによって、与えられた屈辱的アイデンティティを解体しようとする戦略を取るのである(8)。「フィリピン女性は貧しく金ほしさから、嘘もつくということになっています。これに対抗するためには、フィリピン女性たち自身が自分の個人史や、日本の生活で経験したことを語り、そうした声が聞かれるようになることが重要だと考えました。（中略）私たちの主眼は、自分の口で自分の物語を話す点にありました」（七八頁）。これは、在日フィリピン人が意図的に標準的な日本語を〈日本語〉に変えていこうとするものである。「フェミニズムに根ざしつつ生きる力を与える日本語というテーマで私たちはコラムを書きました。(中略)彼女たちが公民館で習ってくる日本語、――それは基本的には彼女たちを日本人に同化させることを目的とし、彼女たちを品行方正でお行儀のよい淑女へと矯正するためにある日本語――、のうちにある亀裂を超えようと努めました」(八〇頁)。ポストコロニアルな対抗的語りによる、日本語への逆襲の試みだといって良いだろう。ある部分では、彼女は実に楽観的にこうも語っている。「アドボ[フィリピンの豚肉料理]とティンクリング[バンブーダンス]を超えていかなければ。この創造的な過程に参加したひとりとして、私もまたディアスポラから始まったフィリピン文化、そして日本のフィリピン女性たちによって生み出された文化に希望を持っています」(八八頁)。

リサ・ゴウ自身はどのように自分自身を捉えているのか。「法律上、私の国籍はフィリピンです。ですが、はっきり言って、たとえば、フィリピン女性、第三世界の人、女といったラベルといったものは何であれ、欲しくはないのです」(二五頁)、「差異や多様性を大切に組み込みながら、ヒエラルキーなくともに生きる途はないのでしょうか。どうしたら私たちは、我々意識に凝り固まって他者を排除した空間を作ることなく、調和しながら、社会の内に根づいて生きることができるのでしょうか」(二六―二七頁)、「胃袋はマニラで暮らして、両足は東京をしっかり踏みしめ、肝臓はロサンジェルスなんていうのは、どんなもんだい?」(三四頁)、「どこへ行こうと、私の目はそこの社会を分析しつづけるでしょう、それがアメリカ合衆国であろうと、日本であろうと、香港であろうと。時々それは何かのたたりだろうかとも思うけれど、それを亀のように背中に背負っている、ただ私の経験と知識なんです。亀のように家が背中にあります。でも最後の最後は海に帰ります。分からないけど。私の海がどこなのかはっきり分からないけど」(三四—三五頁)。中産階級出身のディアスポラとして、民族主義的排他性ではなく、世界という「海」で生きる決意を固めているのである。民族国家だとか民族的生産力の枠組みのなかで自分を位置づけようとするのではなく、国境や国籍を超えながら、様々な場所で活動をする新しいラディカリズムは、まさに民族主義とは異なったポストコロニアル時代の新しいラディカリズム宣言だと言えよう。

リサ・ゴウらの在日フィリピン人の団体は、どちらかというとリベラルで多文化主義的な日本人の表象に対する抗議活動を繰り広げることになった。久田恵原作(一九九〇年、大宅壮一ノンフィクション賞受賞作品)のフジテレビのドラマ「フィリッピーナを愛した男たち」(水島総監督、一九九二年)に対し、フィリピン人女性の描き方が、ステレオタイプなものの見方を作り出すものとして、大々的な抗議活動をおこなったのだ。ここで一つ確認しておきたいのは、久田の原作も、フジテレビのドラマも、いわゆる悪意と偏見に充ち満ちたという意味での悪質な作品ではないということである。その反対に日本社会側からみた「多文化主義」的でリベラルな作品であり、日本人男性とフィリピン・パブの女性とが、紆余曲折ありましたが最後には幸せに結婚することになりましたというラブストーリーなのだ。その作品がどのように批判されたのか。旧い正義の感覚だと、フィリピンからエンターテイナーとして来日してきたような女性たちを、かわいそうな犠牲者として考えるのを良しとした。しかし、こういった感覚は、日本人が助ける人でフィリピン人が助けられるというパターナルな支配関係を強化するものとして批判されるようになった。リサ・ゴウも当然の如く批判した。これに対してこのドラマでは、原作者久田によるところが大きいが、フィリピン人をかわいそうな犠牲者としてではなく、したたかで逞しい女性として描いた。しかし、これもリサ・ゴウらの批判の対象になった。「金銭を得るためには男を利用する、ずるい金目当ての女性」であるというステレオタイプを作りだしたからだ。また、フィリピン・マニラ市のスラム街トンドのスモーキーマウンティンが描かれ、フィリピン社会についてのステレオタイプが強化させられ、フィリピン人の心が傷つけられたと批判された。

さらに、リサ・ゴウは貧しいフィリピンに関わる作家、学者、映画監督、学生を批判する。フィリピンの貧しさをとりあげて、一方的に金を儲けたり本を書いたりするだけで、日本社会の問題や新植民地的支配関係に触れないからである(一五五―一五六頁)。また、「進歩的な」日本人のNGO、教会、女性団体をも批判する。たとえば、進歩的団体にゴウは幾度となく招かれ、「かわいそうなフィリピン人」について語る役割を負ったのである。「人々が、フィリピン女性のために代弁する当事者の代表か誰かとして、私を見ていることが分かったからです」(三一頁)。彼女自身は、いわゆる「じゃぱゆき」ではないのに、「じゃぱゆき」たちのネイティブ・インフォーマントの役割を担わされ、辟易したというわけだ。こういったラディカルなリサ・ゴウの日本批判は、つきつめてしまえば、日本人がフィリピンをはじめとする開発途上国の貧困状況について、研究したり、ものを書いたり、あるいは援助活動をしたりして関わったりすることを中止せよと求めているように見える。彼女らの批判は、貧しかったり非人間的な環境におかれたりしているフィリピン社会やフィリピン人について、リアリズムで表現してしまうことに対する批判であるようにも見える。フィリピン人女性をかわいそうな人として描いても、逞しい強かな姿を描いても、批判の対象になるのだとしたら、普通の日本人男性と「普通の」在日フィリピン人女性との出会いのドラマを、ありのままに描いてはいけないということになる。要するに、日本人が貧しいフィリピン人を描くのは、サイード的な意味での「オリエンタリズム」であるというわけだ。

リサ・ゴウの厳しい批判をまえに、我々帝国の側の人間はどうしたらよいというのか。まずは、必ずしも不条理な言いがかりだけとは言えないことを確認しておこう。いや、むしろ、サイードの「オリエンタリズム」という批判的概念に、これほどぴったりと対応している事例はないのではないだろうか。あえて言えば、日本のサイードと呼ばれるべきなのは、決して姜尚中ではありえず、むしろ、リサ・ゴウなのである。よくよく考えてみれば、リベラルで多文化主義的なリアリズムのドラマは、現実の多文化間の力関係をそのまま肯定してしまう恐れがある。在日のマイノリティの政治的正義の感覚からいえば、批判するのが当然なのであろう。もし水島監督に異文化に対する配慮があったならば、日本人の体験を素朴にリアリズムで表現するのではなく、もっと別の描き方になる可能性もあったであろう。たとえば、別の社会的条件の下では、もしかしたらフィリピン人と日本人が対等の関係で出会うことができるかもしれない可能性を示唆しても良かったのである(9)。

さて、以上のようなリサ・ゴウのラディカルな日本人批判は、一番弱い周辺的立場ということを逆手にとって、やりたい放題しただけにも見えないでもない。だが、彼女のほうにも多大な出血を伴なっているのだ。というのは、彼女は民族という絆の有効性をもはや信じることが出来ず、民族を断念したディアスポラになってしまっているからである(三七頁)。実際、彼女の議論の進め方は、奇妙なまでに民族だとか民族国家といった概念なしで論理展開しようと躍起になっているのだ。

第一に、「セックス産業」といった差別的でセンセーショナルな表現をしているという点である。「フィリピーナを愛した男たち」を批判するにあたって、彼女らは「在日フィリピン人女性がすべてエンターテイナーではないこと、またエンターテイナー全員が売春しているわけではないことを明らかにしたい」(一三八頁)と声明を発表している。ここには、民族の恥であるとか、民族に対する侮辱であるといった考え方がない。要するに、「エンターテイナー」を他の在日フィリピン人から切り離してしまおうとするのだ。しかし、かなりの割合の在日フィリピン人は「エンターテイナー」ではないのか。彼女の表現にしたがえば「セックス労働者」ではないのか。だとしたら、リサらの運動は、現に「セックス産業」に従事している多くの在日フィリピン人にはどのような意味があるのか。要するに、比較的安定した地位に収まった在日フィリピン人のための運動になっているではないのだろうか。

とくに不可解なのが、彼女ら「エンターテイナー」を「セックス労働者」であると決めつけて呼び捨てている点である。しかも、「セックス労働者」という言葉の注釈や定義などの作業は、全く試みていないのである。まず、フィリピン・パブは、少なくとも本書が出版された一九九九年にあっては、常識的な日本語の感覚では、セックス産業ではなくて水商売であったことを確認しよう。フィリピン・パブは、大衆化したクラブやキャバクラであって、性風俗のソープランドやファッション・ヘルスとは全く関係ない。もちろん「お客をとる」といっても、前者と後者で完全に味が異なっている。次に、フィリピン人とつき合いのあるものならば誰もが知っている通り、あるいは、当時静岡県立大学の女子学生で、自らフィリピン・パブでエンターテイナーとして働いた森本葉さんの『ハーフ・フィリピーナ』(一九九六年出版なので、リサ・ゴウの本が出版される以前に出版されている)を読めば分かるように、彼女らや彼女らの親戚一族は、自分たちが売春婦ではないことに誇りを抱いている。彼女らが日本で全く異議申し立ての権限が与えられていないのをよいことに、リサ・ゴウは好き放題に「セックス労働者」というレッテルは貼っているのだ。そして、日本のアカデミック・フェミニズムも、無批判にリサ・ゴウの命名に追従しているのである。「エンターテイナー」のために力添えしてあげられるような、しっかりとした足場を固めている在日フィリピン人があまりにも少なく、無力だという事情があることは理解できる。「エンターテイナー」の労働条件の改善などは最初から議題にもあがらないのは、そういう事情であろう。しかし、民族の同胞という視点がないばかりか、むしろ「エンターテイナー」を他者化し差別化することによって、自分たちのプライドを確保しようというやり方には、少々呆れはてるほかない(10)。

第二に、フィリピン人の差別を民族経済の差別的序列の問題として論じない点である。というのは、在外フィリピン人が差別されたり哀れみの対象になったりするのは、故国の民族経済の脆弱さや所得水準の低さだとか、フィリピンを低開発経済状態にとどめている(新)植民地主義や国政政治経済秩序に原因があると考えるのが普通なのに、知的なはずのリサ・ゴウはなぜかそういった観点を理解しようとはしないのだ。たとえば、日本人が他のアジア人を見下すのは何故かとか(九九頁)、フィリピン人もまたバングラディッシュ人を見下し、彼らの賃金が低いのは当然だとみなしているのは肌の色が濃いからだろうか(一二九頁)などと問うのだ。民族経済という考えに慣れきった我々からすれば、日本＞韓国＞フィリピン＞バングラディッシュという民族経済力の差別的序列が日本社会内部の差別化に反映しているのにすぎない。『ねえ、フィリピンでの私の階級は中産階級だったのよ、だから私を差別しないで』とか『私の方が学歴が上よ』なんて日本人に向かって言っても何の意味もありません。日本人にとってはそんなことは、どうでもいいことなのです。私たちが背負わされている重荷、それは私たちの国籍なのですから」(九七―九八頁)。この一つの文だけからでも、フィリピン人が民族という概念をいかに理解できていないかを読みとることができる。彼女らは、民族の誇りが傷つけられたのではなく、大卒だとか中産階級といった普遍主義的カテゴリーが外国では通用しないことにショックを受けているのである。言葉も通用しない外国で自分の地位が危うくなること、あるいは、自分の地位が民族国家という枠組みによって守られているということについて、ほとんど理解していないのだ。だから、中産階級出身で大卒のフィリピン人は、自分の民族や国籍に重みだけを感じてしまうことになる。逆に言えば、彼女らは国家や民族という機構や紐帯に希望を求めることを知らないし、期待出来ない。民族形成に頓挫したフィリピン人の中産階級ディアスポラたちが希求するのは、フィリピンの民族経済力の向上ではなく、専門職が国籍や人種の差別なく対等に生きていけるようなコスモポリタン社会なのである。

第三に、フィリピン人の海外出稼ぎをフィリピン民族にとっての大問題とはみなさない点である。リサ・ゴウは、フィリピン人の海外出稼ぎは、経済学的要因やプッシュ＝プル理論では説明することが出来ないことを知っている。「彼女たち［じゃぱゆき］は必ずしも百姓やスモーキーマウンティンのクズ拾いの娘ではないことがわかりました。彼女たちは、中産階級の出身でした。その時点で、彼女たちの状況を理解するには、単純な階級分析や経済決定論を当てはめるだけでは無理だと気付き」（二四—二五頁）、彼女らを南北問題の犠牲者ではないと規定するようになったのだ。あるいは、日本でブルーカラーに従事しているフィリピン人も、フィリピン国内ではしばしばホワイトカラーに属していたという事例を知っている。私は彼女の状況分析はまことに的確であると思う。たしかにフィリピンの貧困層が海外に流出しているようには見えない。だが、もしそうであるならば、中産階級で大卒のフィリピン人男女が、身分の格下げや屈辱を甘受してまで何故日本に出稼ぎに出かけなければならないのか。この現象を解明しようと思えば、フィリピン人が民族形成に失敗したことに行き当たらざるをえないのではないのか。民族という概念に絆や誇りを見いだせないから、海外に希望の光を見いだしてしまうのではないか。

だが、リサ・ゴウはフィリピン人の民族形成の失敗を問題視しない。それどころか、故国のフィリピン人に対して安易な国外脱出を戒めたり、故国に戻るように呼びかけたりもしない。民族だとか民族国家という思考枠組みにとらわれると、中産階級の海外流出は健全な民主化・近代化の障害でしかないように思われるのだが、リサ・ゴウたちは、そういった懸念からはあまりに自由なのだ。フィリピン人ディアスポラは、民族国家や民族の発展という考え方をすでに断念し、故国とは離れて自立していこうとする人々なのである。そういう意味でも、まさにポストコロニアリズムを体現しているのだ。リサ・ゴウは次のようにも語る。「私は臆せず、私の声を上げ、抑圧に対抗しうることをやっていくつもりです。しかし今の私は、残りの人生を他者のために闘うことばかりでなく、私自身のために闘いに向けることが同じくらい大切なんだと気がついています。（中略）私が知りうることは、他者を抑圧したくない、他者の人生から搾取したくない、生きるために他の人々を傷つけたくはない」（二七—二八頁）。

(4) 結語——現代日本のポストコロニアリズムの課題

「わたし」を作り上げているのは、ジェンダーや、国籍、職業、地位、人種、文化、エスニシティなど、様々な関係性の集合である。「わたし」はそのどれからも逃れられないが、そのどれか一つに還元されることもない。「わたし」が拒絶するのは、単一のカテゴリーの特権化や本質化である。そうした固有のわたし——決して普遍性に還元された「個人」ではない——にとって、どうしても受け入れることのできないのは、「代表＝代弁」の論理である。（中略）フェミニズムは国境を超えるべきだし、またそうする必要がある。（中略）個人が国家を相手どってその責任を問うということは、わたしの利害が国家によって代弁されない、わたしの身体や権利が国家に属さない、ということを意味している。（中略）「わたし」の身体と権利は国家に属さない。そう女は——そして男も——言うことができる（一九七—一九九頁）。

私の存在とは、私自身が感じる痛みすべてではないのです。最終的には、私は、ただ国籍によって、エスニシティによって、私が女であることによって単純に規定されるような、アイデンティティなど要りません。たしかに、私にはそれら全てが含まれています。私は、女であり、中国系

―インディオ系―メスティソ系のフィリピン人であり、フィリピンのディアスポラの中の一フィリピン女性であり、南側の人間です。これらすべては私でもありますが、私はこれらすべてを足してもまだ足りない何かなのです。これらラベルは、言語化でき主流が受け入れることが可能なラベル、手垢のついた定番のバリエーションにすぎません。ところが、実際にはまだ言葉に対しきれない願望や思いがあっても、今まさに頭角を表し始めたところなので、それに名前をつけるのはまだ難しいのです。（中略）私が知り得ることは、他者を抑圧したくない、他者の人生から搾取したくない、生きるために他の人々を傷つけたくはない、ということです。ただ自分の力で生きたいと思います（二五―二八頁）。

前者の「わたし」が上野千鶴子(11)で、後者の「私」がリサ・ゴウの文章である。両者は、出身国の状況が全く異なって見えるのにもかかわらず、「あらゆる国籍を超えたコスモポリタン、普遍的な世界市民」（上野）を希求している点で、民族や国籍といったアイデンティティと本質主義化の思考を乗り越え、世界の海を移動し移民するためのラディカルなコスモポリタニズムをともに志向している点で、ほとんど同一人物かと見違えるばかりである。第一世界と第三世界とでは、それぞれ別の思想的課題があるという捉え方がもはや有効ではないことを、具体的に示してくれるのだ。在日フィリピン人フェミニストと日本人フェミニストが見解を共有するとは、誰が予想し得ただろうか。これは、ポストコロニアリズムの時代のフェミニズムが、国家や民族を超えた素晴らしい事例であるとも言えなくはない。サイードも『文化と帝国主義2』の最後の部分で、こんな文章を書いている。「思想としての解放は、(中略)文化のもつ定住的で体制化し馴致化する特性に背を向け、故郷喪失的で脱中心的エネルギーにと合体したのだ。このエネルギーを今日血肉化したのが移民たちであり、この状況を意識化したのが、亡命知識人や亡命芸術家達であり、彼らこそ、複数の領域、複数の形態、複数の故郷、複数の言語のあいだをわたり歩く政治的形象なのである」(二三九頁)。

だが、私には、彼女らの脱民族主義とコスモポリタニズムの発想には、共通の問題点があるように見える。つまり、高学歴で国際的に移動・移民するインテリ・フェミニストたちを支える構図には、弱者の声にアクセスするための回路が断ち切られているかのように見えるのだ。鄭暎惠によれば、リサ・ゴウは日本の八〇年代フェミニストに、「あなた自身は、今どこの位置に立っているのか。その位置は、ある人々(女たち)を周縁化する構造の外だと言えるのか」(一七二頁)と問いかえした。だが、この問いは、問いを発したリサ・ゴウ本人にも、そして上野千鶴子や鄭暎惠にもはね返ってくるべきものだ。

彼女らのコスモポリタニズムは、他者を助けて「あげる」代弁者になることを拒もうとする。彼女らは、弱者に対して善意の権力を行使することを批判し(上野)、代弁者になることを拒もうとする(リサ)。あるいは、「リサは彼女自身のために語る。私[=鄭暎惠]は私自身のために語る。私は私自身のために聞く。それが、私たち［＝鄭とリサ］の対話。それが、私たちに最も必要な対話」（リサ＝鄭、一八一頁）。ここには、弱者を代弁することによって、彼（女）らを利用し、振り回すことに対する反省がある。また、上野によれば、民族主義は自民族中心主義に陥って他民族の連帯を不可能にする。かつ、民族主義的な言説によって、女性の利害を男性（＝民族）の利害に従属させてしまうという弱点を持つ（一三〇―一三一頁）。こういった議論には、それなりの一定の正当性があることは疑いえない。だが、彼女らが忘れていることがある。それは、自分では語ることの出来ない弱者がいて、彼ら・彼女らは誰かに代弁してもらわなければ表象されることはない存在だということだ。サバルタン（被抑圧者）は語りうるかという問いを安易に放棄してしまってよいのだろうか。

民族主義の理念は、人々を相互に敵対させるようなアイデンティティの論理ばかりではなかった。民族には、弱者と強者とを、エリートと大衆とを、なんらかの平等志向の理念とともに、互いに結びつけようとする接着剤の働きがあるのだ。たとえば、上野にあっては、日本人従軍慰安婦の声を聞き取り、彼女らとの絆を確認すること。あるいは、リサにあっては在日フィリピン人エンターテイナーに民族同胞として語りかける言葉をもつこと、故国の何千万という貧困層とつながる回路を持つこと。民族を放棄した、あるいは放棄せざるをえなかった代償として、弱者の声を聞くための回路、あるいは大衆とエリートを結びつける、批判的で実り豊かな文化的社会的創造の営みを彼女らは放棄しているようにも見えるのだ。上野などは安易にも、元慰安婦たちが個人として、日本や韓国の国家を相手どったかのように論じる。本当にそうなのだろうか。むしろ、彼女ら個々人の力だと言うよりは、韓国人の民族的紐帯による支援があったからではないのか。つまり、韓国の民族経済の飛躍的上昇を背景に、韓国の女性中産階級が民族同胞の「代弁」を買って出るようになったからではないのか。仮に韓国が今なお第三世界的な政治経済の低迷状態にあったならば、あるいは、韓国人女性中産階級の民族主義が「代弁」を買って出なかったならば、弱者は語り出すことは出来なかったと考えるべきではないのか。

また、もし安易なる代弁を警戒するのであれば、ポストコロニアルの文学や批評には民族主義とは別のアプローチがあることも述べておきたい。上野千鶴子は以下のような文章を書いている。「『慰安婦』との『交情』をなつかしげに語る元日本兵にとっての『現実』と、『慰安婦』経験を恐怖と抑圧として語る被害者の女性にとっての『現実』とのあいだには、埋めがたい落差がある。関係の当時者の一方が、他方とこれほど落差のある『経験』を持っているとき、両者が『一つの経験』を共有しているといえるだろうか」(一四三頁)。

上野は、このような和解することのない二元論を前にして、安易に立ち止まっている。しかしながら、ポストコロニアリズムにとっては、まさにこのような体験こそが、「東洋人と西洋人の重なり合う経験」(サイード)となりうるものである。上野のように、慰安婦(被支配者)と日本兵(支配者)とをどちらも他者化したうえで、彼らの体験を全く相容れることのない経験として総括してしまうのではないのだ。むしろ、「植民者と被植民者とを区別することができない心的外傷のニュアンスを呈示し」ており、「両者をいずれもトラウマ的変化の犠牲者」とみなす視点（サラ・スレーリ）を見いだすのである。こういったポストコロニアリズムの最良の成果の一つとして、アパルトヘイト下の南アフリカで生きてきた白人男性作家J・M・クッツェーの諸作品がある。クッツェーの作品では、しばしば作者の分身としての、帝国側の由緒正しいエロおやじが登場する。一八世紀南アフリカの植民地開拓民（『ダスクランド』）、架空の帝国辺境の良心的な民政官（『野蛮人を待ちながら』）、あるいはアパルトヘイト体制以降の現代の南アフリカ・ケープタウン大学の文学部教授（『恥辱』）等々。彼らは、植民地で女と交合したり、手込めにしたり、あるいは、女を買ったり、教え子の黒人女子学生をベッドに連れ込んだりする。こういった作品において、特権的白人男性と被抑圧階級男女との交流が描かれてきた。そこには、まともなコミュニケーションは存在しない。被抑圧者は、「文明」国の言葉をまともにしゃべれなかったり（『野蛮人』）、時には舌を抜かれていたりしているからだ（『敵あるいはフォー』）。物わかりの良い白人リベラルと黒人との間にも、亀裂が走っているからだ（『マイケル・K』）。あるいは、言葉なき暴力の応酬の歴史があり、そのシステムに組み込まれているからだ。こうしてクッツェーは、植民地世界における植民者と被植民者との歪められた意思疎通と歴史の有り様を語ってきたのだ。簡単に弱者を代弁したりするのではなく、上野千鶴子やリサ・ゴウのように、エロおやじと女をともに他者化してしまうのではなく、特権的な男や女の眼差しを批判的に引き受けることは、日本のアカデミズムやフェミニズムあるいは文学にとって、本当に不可能な課題なのだろうか。

アカデミズムやアカデミック・フェミニズムは、我が国の大衆向け小説やルポなどと比べても、きわめて鈍感である。たとえば、鄭暎恵と上野千鶴子がともに証言するところによれば、「在日フィリピン人」や「セックス産業」といった問題をはじめて日本のフェミニストに突きつけ「問題化」したのが、八〇年代末以降のリサ・ゴウであった(上野、一〇三—一〇四頁)(ゴウ=鄭、一七〇—一七三頁)。しかし、同時期には、在日フィリピン人女性が深刻な人権侵害を被っているということは、大衆の間では「公然の秘密」であった。たとえば、山谷哲夫の『じゃぱゆきさん』が情報出版センター局から出版されたのが一九八五年である。笹倉明『遠い国からの殺人者』は、偽コロンビア人の在日フィリピン人がストリッパーにさせられ、陰湿な迫害から殺人まで犯してしまうという社会派ミステリーであるが、直木賞を受賞し出版されたのは一九八九年なのである。大衆向けに読み物が在日フィリピン人女性の人権問題を描いたとき、日本のアカデミズムやフェミニズムは知らぬふりをすることができたのは何故か？　なぜ日本のアカデミック・フェミニストが目覚めるにはリサ・ゴウの告発が必要だったのか？しかも、九〇年代以降は、在日フィリピン人エンターテイナー女性をめぐる事情も相当変わっており、社会学専攻の日本人女子大生がフィリピン・パブで体験ルポできるような状況になっているのに、無神経に「セックス労働」という言葉を使い続けることの出来るというのは、いったいどういう業界の体質なのだろうか(12)。アカデミズムと大衆的読み物の不幸なる意識の分裂は、これだけではない。同じようなことは「従軍慰安婦」問題についても、当てはまるからだ。千田夏光がベストセラー『従軍慰安婦』を発表したのは一九七三年だ。保守派の論客とみなされる山本七平にせよ、一九七六年の著作(『一下級将校の見た帝国陸軍』)では、フィリピン・ネグロス島に日本人女性のいる慰安所が存在していたとはっきりと認めているではないか。だから戦後世代であっても、慰安婦や慰安所の存在を知らぬ者はいないはずである。ところが、一九九一年に元慰安婦の金学順が証言に立つまでのおよそ二〇年間、あるいは敗戦後四五年間にわたって、日本のアカデミズムやフェミニズムは完全に黙殺してきたのである。そして、千田や大衆的読み物を無視していたことに関する自己批判はほとんどなさそうである。アカデミズムやフェミニズムが大衆向け読み物は無視できるのだとすれば、当然のことながら、「無学な」植民地人の声を聞く耳は持ち合わせていないと考えるべきだろう。

結論的に言えば、日本のアカデミズムやフェミニズムは、植民地化された弱者や女に耳を傾けるような内在的動機付けが希薄なのである。つまり、この点において、民族主義的でも、ポストコロニアル的でもなく、問題意識の鋭い大衆作家とも大違いないのだ。実際、日本におけるポストコロニアリズムの主流が何であるかといえば、結局のところは、欧米の学問的流行の輸入にすぎないのである。英文学や仏文学でポストコロニアル研究が容易なのは、日本社会にとっては人畜無害な、西欧古典文学だとか、カリブ海やマグレブの作品を論じているからなのである。その中にあって、このエッセイで取り上げた、姜尚中や東アジア派の文化研究者、そしてリサ・ゴウなどは、日本社会の歴史的文化的諸問題を厳しくつくものとして、大いに評価に値しよう。もちろん我々は、彼女のようなエリート・ポストコロニアリストの語りは、故国の厳しい暮らしを強いられている貧困層のための発言ではないということをよく知っている。そればかりか、他の多くの在日フィリピン人を差別化する内容に満ちていることも分かっている。他方、姜尚中はアカデミックな業界の中で、経済的に潤うようになった東アジアの中産階級のために、「ポストコロニアリズム」を構想した。それは南アジアやアフリカなどの旧植民地の人々を切り捨てる歴史を捏造することを意味した。いずれにせよ、植民地主義や帝国主義からの癒しを受ける資格は、裕福で高い教育を受けた中流階級以上の特権だというわけだ。だが、そういったエリート主義の彼ら・彼女らであっても、日本社会でたやすく受け入れられたわけではないことも明記しておかなくては公平ではない。ましてやリサ・ゴウのような在日フィリピン人は、聴くに値する対抗言説を発話する人間としては、まだ認められていないのだ。リサ・ゴウの発言がまっとうに評価されたり、ましてや批判されたりすることは、ほとんどないのが現状だからだ。だとすれば、下層階級(「百姓やクズ拾ぃ」!)や被抑圧者(じゃぱゆき)を貶めることによって、ようやくポストコロニアルな発話主体となりえたということではなかろうか。かつての慰安婦問題のように、学者仲間や世間から嘲笑の対象とされたくなかったならば、じゃぱゆきや貧民を差別化せよということなのだ。

最後に我々は、欧米においても、旧植民地出身者の脱アイデンティティ的な対抗運動は、まずはハイカルチャーの文脈の中で、上流階級出身の対抗的エリートの声が通るようになることであったことを確認しておこうではないか。南アジア出身のラシュディ、スピヴァク、バーバ、オンダーチェ、あるいはアラブ出身のサイードなどを想起すれば、いずれもかなり裕福な家庭の出身なのだ。ナイポールのような中産階級出身者はむしろ例外なのである。まだまだアカデミズムや文学業界では「サバルタンは語ることは出来ない」のだ。姜尚中のように、弱者を排除することによって突破するやり口は、ある意味ではやむを得ない手法なのである。だが大急ぎで付け加えておきたいのは、我が国においては、むしろ大衆芸術家や漫画家によって、ポストコロニアル的なものと近接する文化表象が生まれてきたし、生まれつつあることである。たとえば、リサ・ゴウのじゃぱゆきに対する冷淡な差別発言と、新井英樹の漫画「愛しのアイリーン」の生々しく悲しい男女の描写とを比べてみれば、あまりにも歴然としているではないか。アカデミズムなどよりも、新しい可能性と危険性に満ちていて刺激的である。

現状では、ポストコロニアリズムは中上流階級の癒しのための理論でしかない。エリート文化と大衆文化を分け隔てている垣根を取り払って、グローバルまたはローカルなレベルで、新旧の植民地世界のなかで生きてきた大衆が発言権を持つようになるのは、ポストコロニアリズム以降に残された我々の課題なのだ。

注

(1)オンダーチェの最近作『アニルの亡霊』は民族戦争下にある現代スリランカを舞台とする小説である。この作品は、欧米で教育を受けたスリランカ人法医学者の女性が故国に帰ってくる物語で、またしても戦時下における多国籍の専門職の物語となっている。この作品の批判としては、LeClair, Tom "The Sri Lankan Patients" (the Nation, June 19, 2000) http://www.thenation.com/doc.mhtml?i=20000619&s=leclair&c=1)が明快である。また、同じように故郷への帰還をテーマにしたものに、ラシュディの『悪魔の詩』がある。これに対しては、訳者の五十嵐一自身によって詳細な解説がなされている。とりわけ「I『悪魔の詩』の全貌―英語文学としての解読(＝毒)」が興味深い。「たしかにインドを憎み、イングランドへ脱出したいとの渇望は激しく、それだけ純粋に〝先進文明の巷〟を希求していたはずである、サンディン［＝『悪魔の詩』の主役の一人にして作者の分身］も。しかしながら少し反省してみれば、かつての大英帝国のインドに対する悪業も完全に精算されたわけではないというのに、そのような純な憧憬をイングランドに抱いてよいものだろうか」(二八六頁)。

(2)J・M・クッツェーは、ここで、架空の女流作家エリザベス・コステロに託して持論を語っているというわけではなさそうである。というのは、彼自身も国内の読者はあまり多くなく、むしろ海外で知名度が高い作家だからである。しかも、二〇〇〇年に出版した『恥辱』は本国で厳しく批判され、「離婚するように」出国を余儀なくさせられ、オーストラリアでいわば亡命生活を送っている。

(3)いくつかの反論が予測される。一つは、クッツェーの小説(前掲)のなかにある次のような反論である。この小説では、アフリカの黒人英語作家にたいして、安部と同じような問いかけがなされる。外国語で物を書き、外国人読者のために出版されるような文学を執筆する人たちを、アフリカの作家と言えるのかというのである。これに応答して黒人作家は次のように答える。「私の語っている作家達は、真にアフリカ人です。なぜならば、アフリカで生まれ、アフリカに住み、感性はアフリカ人だからです。(中略)。イギリスやフランスの作家には何千年の書き物の伝統が背後にあります。他方、我々にはオーラルの伝統があるのです。(中略)アフリカの小説というのは、したがって、その存在自体において、西洋の小説に対する批判なのです」(四四—四五頁)。もう一つの反論は、アフリカ等では民族文学はなかなか生まれにくいかもしれないが、東南アジア諸国、たとえば、インドネシアなどでは、民族語による民族文学が可能性は十分に大きいという議論である。インドネシアのプラムディアの『人間の大地』シリーズを一冊でも読めば、彼が二〇世紀を代表するような偉大なストーリーテラーであり、ノーベル文学賞にノミネートされる理由も分かるであろう。(ただし同じ東南アジアの旧植民地でも、フィリピンの場合は事情が異なっている。フィリピン英語による新聞の読者層は存在するが、文学の読み手はほとんど存在しないからだ。フィリピン文学の将来は、むしろ、フィリピン系アメリカ人に託されているといっても過言ではないだろう)。

(4)サイードの「オリエンタリズム」論が一人歩きした結果、ポストコロニアリズムとは、文学や政治的言説において植民地主義的表象を批判する政治的正義の単純な営みだという誤解が、「ポストコロニアリズム」を支持する側にも非難する側にも、広まってしまった。しかし、ポストコロニアル小説だけでなく、サイードの議論もそれほど単純ではないのだ。まず、確認しておきたいのは、文学者サイードの研究は、歴史学者の「帝国意識」論とは異なって、植民地支配を正当化する粗野な意識やイデオロギーを見つけ出して批判する目的で書かれたのではないということだ。つまり、「冒険ダン吉」や映画「風と共に去りぬ」のなかに人種差別的意識や帝国意識があると見いだして指摘するような研究ではないのだ。その反対に、骨の髄まで英米の植民地教育を受けた植民地人が、自ら敬意の念をおぼえる西欧古典や、西欧の植民地体験をよく描いたようなすぐれた芸術作品のうちに、帝国主義やその文化との関係を見いだそうとしているのである。植民地人の血や肉となっている英語文化を批判するこの作業は、一種の自己批判だといって良いことなのである。

あまり読まれることのないサイードの主著『文化と帝国主義』を読んでみれば、彼の出発点であるコンラッドだけでなく、キプリングやナイポールといった、植民地主義や帝国主義と共生したような文学者に対しても、実は大いに惹かれたり評価していたりして事が分かるはずだ。キプリングについては、「彼ほど帝国主義的で反動的な人間はめったにおめにかかれない」(『文化と帝国主義 1』一八頁)とこきおろしながら、「偉大な芸術家」と呼んでいる。実際、批判に割いている頁数はびっくりするほど少ない。あれほど嫌っていたナイポールについても、「たぐい稀なる才能をもつ旅行家にして小説家であるナイポール」(『文化と帝国主義 2』一二七頁)と評価を惜しまない。サイードが本書で何度も強調してやまなかったのは、歴史や社会状況に左右されない超客観的な特権的視座は存在しないという論点である。つまり、作家や批評家自身も、帝国主義の諸制度や文化のなかに組み込まれている。植民者と被植民者との重なり合う体験、東洋人と西洋人との相互作用を、抽象的評論文ではなく文学的な描写で詳細に描き出そうとするならば、作家はますます白人や帝国の側の眼差しから自由ではあり得ないのである。書き手が特権階級なのに、被抑圧階級の生活と視点をダイレクトに描けないのは当然ではないか。サイード自身、イギリスかぶれした買弁アラブ人の家庭の出身だから、西欧の古典文学と古典音楽しか解そうとしないし、特権的階級の視点でしかパレスチナ人の物語を記述できない。要するに、サイードの文学批評は、文学を帝国主義的であると一方的に断罪して葬りさる作業では絶対にありえない。むしろ、すぐれた文学に内包する矛盾をも引き受ける文学論なのである。こういったデリケートで複雑な文学論が単純明快な政治的正義の視点からはほど遠いのは、自然の帰結であろう。

(5)ただし、旧満州や台湾のような土地は、中国の辺境に位置していたため、日本の支配は植民地的性格が強かった。これらの地域では、日本に対する反発も相対的に弱かっただけでなく、日本語を媒介とした文学がより一層重要なものであり続けた。とくに象徴的なのが、台湾民族主義運動が日本語を媒介としたり、日本を拠点としていたりした点であった。

(6)東アジアの経済大国化に関する取り組みについて、台湾の批判的文化研究者である陳光興は、きわめて特筆に価する例外者だ。彼はかつての植民地であった台湾が、いまでは東南アジアにおいて、帝国主義的勢力の側に加担していることをよく自覚している。「帝国の眼差し―『準』帝国とネイション―ステイトの文化的想像」(坂本ひろ子訳)(『思想』八五九号、一九九六年一月号、一六二―二二一頁)を参照のこと。

(7)安部公房、一九八四年、『笑う月』新潮社、所収、一四五頁より。なお、ポストコロニアル文学論の観点から、安部の作品でとくに注目されているのは、満州から日本(=虚構の故郷)への久木少年の逃亡をあつかった『けものたちは故郷をめざす』(一九五七年)であろう。しかし、ひとたび植民者の不安を主題化した帝国側の作家なのだと考えれば、この「公然の秘密」や「闖入者」といった短編などについても、新しい見方が開けてくるはずだ。つまり、話の通じない、乱暴者の「闖入者」によって、自宅を占有されてしまう主人公の恐怖と不条理は、実は暴力的に植民地支配していた植民地支配者が、被植民者に感じている恐怖なのである。私見では、南アフリカのセクハラ文学部教授が、解放された黒人たちに襲撃されてしまうクッツェー『恥辱』などとも比較されるべき作品だ。

(8)在日フィリピン人のように、日本社会の中でぐうの音もだせないほど徹底的に差別され追いつめられると、かなり教育を受けた人間でさえ、トンデモ的な土着主義的教義――「フィリピンはキリスト教だから日本と違って民主主義国家である」「フィリピン人のほうが日本人よりも背が高いので人類進化のより高次の段階にある」など――で対抗せざるを得なくなってくることがある。リサ・ゴウのように、対抗的語りによって偏見の文化を解体しようという方法論を自覚的に採用するのは、彼女が第一級の草の根知識人であり、まことに希有な存在であることの証である。

(9)本章では、リサ・ゴウの突きつけた難問について、十分な検討をしている余裕はない。ただし、次の二点だけは指摘しておきたい。まず、実証的モノグラフを淡々と書いていけば良いとする従来の地域研究者の姿勢はあまりにナイーブであり、オリエンタリズムの再生産に奉仕するだけの学問に陥る恐れがあるということである。しかし他方では、途上国知識人の理想主義――しばしば「オリエンタリズム」批判という名目で正当化しようとしている――に安易に与する学問になってはならないということである。

(10)リサ・ゴウは、セックス奴隷論として、「からゆき」や「従軍慰安婦」との比較論まで展開している。(Go, Liza,"An Unbroken History of Japan's Sex Slaves," http://www.sandiego.edu/-kelliej/unbrokenhistory.html)だが、もしその比較が本当に適切だというならば、彼女は、また我々も、即刻日本において「セックス奴隷解放運動」を開始しなくてはならないはずだ。しかし、本書で語られる人種差別の事例は、人身売買や売春強要といった深刻な問題とはほど遠いものばかりだ。リサは、文字通り〈他者〉として彼女らを分析しているにすぎないのである。

なお、水商売に従事する在日フィリピン人に対するリサの冷淡さは、ひとり彼女のエリート意識に帰せられるものではない。というのは、鄭暎惠(慶應女子高―慶應大出身)をふくむ日本のアカデミック・フェミニストがこういった表現を支持しているからである。二つの論点を述べておきたい。まず、日本のアカデミック・フェミニズムを支えている女性たちがかなり裕福な家庭の生まれで、東京大学や慶應大学といった、金持ち対象の一流大学の世界しか知らないためである。つまり、アカデミック・フェミニズムの人たちの生きてきた世界はかなり特殊で、スナックやクラブで水商売のアルバイトをしたことのある女友だちがまったくいないのが普通なのだ。そのために、水商売をセックス労働と呼ぶことに、何の疑問も感じないのではないか。(この点については、自戒もこめて、強調しておきたいと思う)。

次に、リサ・ゴウの発想は、スピヴァクなどが指摘しているエリート「ポストコロニアリズム」、すなわち、エリート移民がより下層の移民を差別化する戦略に陥っているということだ(Spivak, 1999: 358)。リサ・ゴウの「セックス労働者」発言が日本のアカデミック・フェミニズムで権威をもつにいたったのは、彼女が在日フィリピン人だからだと推測されるが、この事態をスピヴァクは『ポストコロニアル理性批判』の序文で次のように述べていることも注目されたい。「みずからを〈ネイティヴ・インフォーマント〉(原住民情報提供者)から分離しつつある植民地人(コロニアル・サブジェクト)の姿が浮かびあがってきた。一九八九年以降、ある種のポストコロニアル人が、逆に植民地人を記録し、〈ネイティヴ・インフォーマント〉の立場を占有しはじめたことに私は気づき始めた」(同書、ix)。
(11)これは、上野千鶴子『ナショナリズムとジェンダー』の一九七—一九九頁によるものである。同書に従って、簡単に発言の背景を説明しておく。一九九五年の北京女性会議における国際シンポにおいて、「慰安婦」問題が日韓の国益の取引道具に利用されるのではないかと懸念し、両国のフェミニズムは国境を越えるべきだと発言したのである。これに対して会場からは、日本人が侵略者であったという過去の歴史を忘却するものではないかと批判が返ってきたそうだ。上野の見解は、この批判を部分的には理解を示しながらも、一国フェミニズムではなく、国境を越えたフェミニズムであるというわけだ。

(12)筆者は、二〇〇三年に鄭暎恵さんに在日フィリピン人エンタテイナーを「セックス労働者」と表現することの問題性を指摘し、注釈を入れるなどの処置が必要である旨申し出た。しかし、鄭さんによれば、在日フィリピン人エンタテイナーを「セックス労働者」と呼ぶことには、今なお、何の問題もないそうです。

文献

安部公房、一九九一年、『死に急ぐ鯨たち』新潮文庫。

Ashcroft, Bill et al., 1989, *The Empire Writes Back: Theory and Practice in Post-Colonial Literatures*, Routledge ＝一九九八年、木村茂雄訳『ポストコロニアルの文学』青土社。

Bhabha, Homi,1994,"The Postcolonial And The Postmodern," in *The Location of Culture*, Routledge.

Coetzee, J.M., 2003, *Elizabeth Costello*, Viking.

Eagleton, Terry, 1995, *Heathcliff and the Great Hunger: Studies in Irish Culture*, Verso ＝一九九七年、鈴木聡訳『表象のアイルランド』紀伊国屋。

船戸与一、二〇〇〇年、『虹の谷の五月』集英社。

ゴウ、リサ(Liza Go)・鄭暎恵、一九九九年、『私という旅――ジェンダーとレイシズムを越えて』青土社。

久田恵『フィリピーナを愛した男たち』文藝春秋、一九八九年

Jameson, Fredric, 1986, "Third World Literature in the Era of Multinational Capitalism," *Social Text* 15.

姜尚中・岡真理「(対談)ポストコロニアルとは何か」『思想』一九九九年三月号、七五―九三頁。

姜尚中編、二〇〇一年、『ポストコロニアリズム』作品社。

Naipaul, V.S., 1979, *A Bend in the River*, Random House. ＝一九八五年、安引宏・大江原彌太郎訳『インド・闇の領域』人文書院。

———, 1979, *A Bend in the River*, Random House.

森本葉、一九九六年、『ハーフ・フィリピーナ』潮出版。

Okri, Ben, 1991, *The Famished Road*, Vintage. ＝一九九七年、金原瑞人訳『満たされぬ道』上・下、平凡社。

Ondaatje, Michael, 1992, *The English Patient*, Alfred a Knopf ＝一九九九年、土屋政雄訳『イギリス人の患者』新潮文庫。

Ryes, Jean , 1966, Wide Sargasso Sea, Andre Deutsch. ＝一九九八年、小沢瑞穂訳『サルガッソーの広い海』、みすず書房。

Rushdie, Salman, 1988, *The Satanic Verses*, Viking. ＝一九九〇年、五十嵐一訳『悪魔の詩』上、プロモーションズ・ジャパン。

———, 1991, *Imaginary Homelands*, London: Grants Books.

Rushdie, Salman & Elizabeth West (editors), 1997, *The Vintage Book of Indian Writing 1947-1999*, Vintage.

Said, Edward, 1994, Culture and Imperialism, Alfred a Knopf. ＝、一九九八年(1)・二〇〇一年(2)、大橋洋一訳『文化と帝国主義』みすず書房。

Spivak, Gayatri Chakravorty, 1999, *A Critique of Postcolonial Reason*, Harvard University Press.

Suleri, Sara, 1993, *The Rhetoric of English India*, University of Chicago Press. ＝二〇〇〇年、川端康雄・吉村玲子訳『修辞の政治学―植民地インドの表象をめぐって』平凡社。

上野千鶴子、一九九八年、『ナショナリズムとジェンダー』青土社。

第2章　アジアの都市化の新局面

新田目　夏実

1　はじめに

戦後の世界の都市化は著しい。一九五〇年に約三〇%であった世界の都市化率は、二〇〇〇年には四七%となり、二〇三〇年には六〇%に達すると予測されている。世界人口の二人に一人以上が都市に住む、まさに「世界都市化」の時代が到来したのである。しかし、世界都市化の実態は途上国の都市化であり、特にアジアの都市人口が急増したところにその特徴がある。このような急速な都市化に雇用機会の増加と社会的サービスの供給が追いつかないため生じた現象が、失業、不完全就業といった都市の雇用問題と、拡大し恒常化するスラム問題である。これがいわゆる「過剰都市化」といわれる現象である。過剰都市化的状態は、人口規模序列で第一位の都市(「首位都市」)で最も深刻な状態にあり、首位都市は近年その人口をさらに増大させ「メガ都市」化しつつある。首位都市は多くの場合首都であるため、過剰都市化の結果生じた都市問題は、当然のことながら大きな注目を集めることになった。

途上国のこのような過剰都市化状態は自明のこととして扱われる傾向があったが、実際のところ、何をもって「過剰」とするのか、その定義の客観性には疑問が多く、またその有無、程度を実証するのは容易ではない。また、過剰都市化、首位都市化、メガ都市概念は重複することが多いとはいうものの、一体どのような関係にあるのか、十分に整理することなく議論されてきたように思われる。さらに、近年の特にアジアにおける目覚しい経済発展の結果、従来の過剰都市化論だけではもはや途上国の都市化、アジアの都市化の実態を理解することは困難になりつつある。そこで、本章では、近年変貌著しいアジアの都市について、従来の議論を整理するとともに、最新のデータを用いてアジア諸都市の現在と将来を人口社会学的観点から展望してみたい(1)。

2　世界都市化の進展とアジアの過剰都市化

(1)世界都市化、アジアの都市化、メガ都市化

国連人口推計によると、一九五〇年に約二五億人であった世界人口は、二〇〇〇年には二・四倍の六〇億人となった。この間都市人口も急激に増加し、一九五〇年に約七・五億人(世界人口の約三〇%)であった都市人口は、二〇〇〇年には三・六倍の二八・六億人(世界人口の約四七%)となった。都市化はさらに進行し、二〇三〇年には世界の都市人口は四九・八億人、世界人口の約六〇%が都市に居住すると予測されているのである。このように世界は急速に都市化しつつあるが、戦後の都市化の最も重要な特徴は、途上国の都市人口が大きく増加したことである(**表1**)。途上国の都市人口は一九五〇年の三億人から一九七五年に八・一億人、二〇〇〇年には一九・六億人へと爆発的な増加を記録した。その結果、一九五〇年には世界の都市人口の四〇%が途上国に居住していたが、一九七五には五二%となり、二〇〇〇には六一%、そして二〇三〇年には八〇%が途上国都市に居住すると予測されているのである。このように、一九七五年は世界の都市人口の過半数が途上国都市居住に転じたという意味で、世界都市化の転換点ということもできよう。途上国を地域別にみると、特に中国、インドといった人口大国をかかえるアジアの貢献が大きい。一九七五年には世界の都市人口の三八%が、また二〇〇〇年には四八%がアジア途上国に居住しているのである。

都市人口の増加率に注目すると、先進国の増加率は低下の一方をたどっており、二〇〇〇年以降実質ゼロ成長といってよい。一方途上国についてみると徐々に減速しつつあるとはいうものの、二〇〇

表1　世界の人口、都市人口、都市化率

総人口(100万人)	1950	1975	2000	2030
世界	2,519	4,066	6,057	8,270
先進国	814	1,048	1,191	1,217
途上国	1,706	3,017	4,865	7,054
アジア	1,399	2,397	3,672	4,950
東アジア	672	1,097	1,481	1,698
南・中央アジア	498	880	1,481	2,203
東南アジア	178	321	522	720
西アジア	50	99	188	328
都市人口(100万人)	**1950**	**1975**	**2000**	**2030**
世界	751	1,543	2,862	4,981
先進国	447	734	898	1,005
途上国	304	809	1,964	3,976
アジア	244	592	1,376	2,679
東アジア	121	277	617	1,065
南・中央アジア	83	196	441	969
東南アジア	26	72	196	407
西アジア	13	48	122	238
都市化率 (%)				
世界	29.8	37.9	47.2	60.2
先進国	54.9	70.0	75.4	82.6
途上国	17.8	26.8	40.4	56.4
アジア	17.4	24.7	37.5	54.1
東アジア	18.0	25.2	41.6	62.7
南・中央アジア	16.6	22.2	29.8	44.0
東南アジア	14.8	22.3	37.5	56.5
西アジア	26.7	48.4	64.7	72.4

都市人口の増加率 (%)	1950/1975	1975/2000	2000/2030
世界	2.9	2.5	1.86
先進国	2.0	0.8	0.38
途上国	4.0	3.6	2.38
アジア	3.6	3.4	2.25
東アジア	3.4	3.3	1.84
南・中央アジア	3.5	3.3	2.66
東南アジア	4.1	4.1	2.47
西アジア	5.2	3.8	2.26

出所) Population Division, Department of Economic and Social Affairs, United Nations Secretariat, *World Urbanization Prospects The 2001 Revision*, New York, 2002.

〇年以降も年率二・四％近いスピードで増加すると予測されている。ただし、アジアの都市化率は依然として世界で最低レベルにあり、二〇〇〇年には三七％、二〇三〇年になっても五四％にとどまっている。その意味で、アジアの都市人口は急速に増加しつつあるが、「過少都市化」状態はいましばらく続く点に注意する必要がある(2)。

アジアにおける都市人口の増加は、その国土の中で均一に分布しているわけではなく、特定地点、特に首都を中心とする大都市圏に集中的に現れる傾向が強い。そのような過程で生じてきたのが人口一、〇〇〇万人以上のいわゆる「メガ都市」である(3)。一九五〇年の世界のメガ都市はニューヨークただ一つであったが、一九七五年には五地域、二〇〇〇年には一七地域、そして二〇一五年には二一地域になると予測されている。注目すべきは、その中で途上国のメガ都市の増加と、とりわけアジアに位置するメガ都市の増加である。二〇〇〇年には世界の一七のメガ都市のうち一一都市が、また二〇一五年には二一のメガ都市のうち一三都市がアジアに位置すると予測されているのである(表2)。

人口動態に関する以上の要約からも明らかなように、「世界都市化」の時代の到来は、「途上国の都市化」の時代の到来である。それはまた「アジアの都市化」の時代であり、「アジアのメガ都市」の時代でもある。このような大都市にあって必要な行政サービスを供給するのは難しい。しかし以上のような爆発的な人口増加を考えるとき、雇用、居住環境の整備が追いつかないのは無理からぬ状況といえなくもない。しかし増大する人口に対して必要十分な行政サービスを提供することを職分とする都市

表2　メガ都市人口　1975-2015

(100万人)

都市	1975	都市	2000	都市	2015
東京	19.8	東京	26.4	東京	27.2
ニューヨーク	15.9	メキシコシティ	18.1	ダッカ	22.8
上海	11.4	サンパウロ	18.0	ボンベイ	22.6
メキシコシティ	10.7	ニューヨーク	16.7	サンパウロ	21.2
サンパウロ	10.3	ボンベイ	16.1	デリー	20.9
		ロサンジェルス	13.2	メキシコシティ	20.4
		カルカッタ	13.1	ニューヨーク	17.9
		上海	12.9	ジャカルタ	17.3
		ダッカ	12.5	カルカッタ	16.7
		デリー	12.4	カラチ	16.2
		ブエノスアイレス	12.0	ラゴス	16.0
		ジャカルタ	11.0	ロサンジェルス	14.5
		大阪	11.0	上海	13.6
		北京	10.8	ブエノスアイレス	13.2
		リオデジャネイロ	10.7	マニラ	12.6
		カラチ	10.0	北京	11.7
		マニラ	10.0	リオデジャネイロ	11.5
				カイロ	11.5
				イスタンブール	11.4
				大阪	11.0
				天津	10.3

注)　▒▒▒　アジア地域
出所) 表1に同じ

の行政担当者にとっては、近年その姿を見せるようになったメガ都市の姿はまさしく悪夢といっても過言ではない。

(2)「過剰都市化」の問題点

アジアの大都市には多くの呼び売り、露天商、屋台、小雑貨商その他の「雑業」的職種が存在し、失業・不完全就業者やスラム地域が恒常化している。このような点をふまえ、アジアの大都市は「過剰都市化」状態にあると指摘されてきたわけであるが、実は途上国、特にアジアの都市化が「過剰」であることを厳密に論証した研究は少なく、また実際に検証するのは意外に困難である。

まず、何をもって「過剰」とするのか、その理論的根拠は薄弱であり基準は恣意的である。たとえば、現在の先進国と今日の途上国では発展の初期条件が大きく異なっているにもかかわらず、先進国の経験が途上国で繰り返されなければならない必然性はあるだろうか。かりに先進国の経験を基準にするにしても、果たして先進国の経験からどの程度逸脱した場合「過剰」もしくは「過少」とみなしたらよいのだろうか。また過剰都市化を測定する場合に、具体的にはどのような指標を用いるべきだろうか(4)。さらに途上国の都市化の実態は多様である。たとえば過剰都市化に関する初期の論客であるK・デービスとH・ゴールデンは、都市化と経済発展の間に一般的な関係が存在することを認めた上で、途上国の中には歴史的、自然的条件の違いに応じて先進国のパターンよりも過剰に都市化が進んでいる国、予想通りのパターンを示している国と、それより過少都市化状態にある国の三パターンが存在することを指摘したのである(Davis and Golden, 1954)。初期の過剰都市化論にはこのような多様性に対する認識が存在していたが、今日このような視点は看過されがちである。

過剰都市化を論じる場合注意しなければいけないのは、途上国の都市化が歴史上始まって以来という異常な人口増加を背景として生じていることである。そのため、先進国と比べ、都市化の初期に生じる雇用問題や貧困人口の滞積がより激しく、また長期化する可能性のあることである。しかし、その状況が徐々に改善されているならば、必ずしも先進国型都市化の経験則が否定されることにはならない。他方、問題が依然として解決されずむしろ悪化傾向にあるならば、理論的には途上国の都市化は「独特」の傾向を示していることを意味しており、政策的にも今後の対応がまったく異なるものとなろう。戦後五〇年経った今日、このような評価をするために必要な歴史的時間がようやく経過したといえるかもしれない。本節では、以上のような問題があることを念頭に置きつつ、まず「過剰都市化」問題について以下実証的に検討してみたい。

(3) 過剰都市化——計測と比較

ここでは過剰都市化を国連(United Nations, 1980)および大淵宏による分析(大淵、一九八四)で用いられた方法に従って計測してみたい。ただし国連推計は一九五〇～七〇年、大淵推計は一九五〇～八〇年であるので、ここではデータの得られる一九九〇年まで分析期間を延長する。

まず都市化率を総人口に占める都市人口の比率として定義し、工業化率を経済活動人口にしめる工業部門就業者比率として定義する。さらに両者の比(工業化率／都市化率×一〇〇)を「ＩＵ比率」として定義する。このようにして定義されたＩＵ比率は、比率が高いほど都市化に比べ工業化の割合が高いこと、また低いほど都市化に対する工業化の割合の低いこと、すなわち「過剰都市化」傾向にあることを示すことになる。また二時点間のＩＵ比率の比を取ることによって、「過剰都市化」傾向が悪化しつつあるのか、緩和傾向にあるかを明らかにすることができる。ＩＵ比率を国別地域別に比較することにより、都市化と工業化の一般的パターンと同時に、どの地域が相対的に過剰都市化傾向にあるかどうか明らかにすることができる。

なお、都市人口については国連による二〇〇一年都市人口推計 (United Nations, 2002) を、労働力人口についてはＩＬＯによる長期経済活動人口推計 (ILO, 1996) を用いる。工業化率の定義は就業者比率ではなく工業部門生産高比率を用いて定義することも可能であるが、通常まず生産高にしめる工業部門比率が高まり、次いで工業部門就業者比率が増加するため、生産高を用いると「過剰都市化」率は低く現れることが多い。また、途上国都市における都市問題は失業・不完全就業と強く関連しているため、ここでは工業部門就業者比率を用いることにする。シンガポールは一〇〇％都市地域であるので以下の分析からは除いた(以下表３)。

まず都市化についてみると、上述のように、アジアの都市化率は徐々に上昇しているとはいうものの、依然低レベル（三二％）にとどまっている。それに対し先進国の都市化率は一九五〇年以降さらに上昇し、一九九〇年には七四％、人口の四人のうちの三人が都市に居住する段階に到達したことを示している。工業化率についてみると、北アメリカのような先進国の工業化率は一九五〇年以降、継続的に減少している。表中からは明らかでないが、ヨーロッパの中でも特に北・西ヨーロッパのほとんどの国の工業部門比率も近年減少している(5)。それに対し、途上国の工業化率は七％から一六％へと徐々にではあるが着実に上昇している。アジア諸国の中では近年特に韓国、バングラデシュ、スリランカ、マレーシア、タイ、ベトナムといった諸国の工業化率の上昇が著しい。

以上のような都市化と工業化の動向にもとづきＩＵ比率およびＩＵ比率の変化率を計算すると、先進国と途上国、また途上地域の相互のパターンの中に著しい相違のあることが明らかになる。先進地域のＩＵ比率は一九五〇〜九〇年期に五九から四五へと大きく低下し、特に一九七〇年以降の低下は著しい。一方、途上国のＩＵ比率は一九五〇〜七〇年についてみると四一から四七へと増加し、アジア平均では四二から五四へと大きく増加した。東アジア、南・中央アジア、東南アジア別にみても同様な傾向を示している。ＩＵ比率の変化率でみるとアジアの各地域とも大きく一・〇を上回っており、アフリカ、南米・中米などと比べると、その違いは歴然としている。ただし、一九七〇年以降、各地域ともＩＵ比率の変化率は低下傾向にある。また、アジアの中でも国別にみると、かなりの差がある

表3　ＩＵ比率

	都市化率			工業化率			IU 比率			IU 比率の変化率	
	1950	1970	1990	1950	1970	1990	1950	1970	1990	1970/1950	1990/1970
世　界	29.8	36.6	43.6	14.9	19.2	20.0	49.9	52.5	45.9	1.05	0.87
先進国	54.9	67.5	73.7	32.1	38.1	33.2	58.5	56.5	45.1	0.96	0.80
途上国	17.8	25.1	35.1	7.3	11.9	16.1	40.9	47.4	45.9	1.16	0.97
アフリカ	14.7	23.1	32.3	6.2	8.9	11.1	42.2	38.5	34.3	0.91	0.89
ヨーロッパ	52.4	64.2	72.1	32.0	40.6	36.2	61.0	63.3	50.2	1.04	0.79
南米・中米	41.9	57.6	71.1	19.2	22.2	23.6	45.8	38.5	33.2	0.84	0.86
北米	63.9	73.8	75.3	36.7	32.3	25.9	57.3	43.8	34.4	0.76	0.79
オセアニア	61.8	71.6	71.2	31.1	30.2	22.3	50.3	42.2	31.4	0.84	0.74
アジア	17.4	23.4	32.3	7.3	12.6	16.9	41.9	53.9	52.3	1.28	0.97
東アジア	18.0	24.7	34.3	6.8	13.3	17.5	37.9	53.8	51.0	1.42	0.95
中国	12.5	17.4	27.4	4.6	10.1	15.1	36.8	58.2	55.1	1.58	0.95
香港	82.5	87.7	99.9	55.7	54.9	36.8	67.5	62.6	36.9	0.93	0.59
日本	50.3	71.2	77.4	23.6	34.5	34.2	47.0	48.5	44.2	1.03	0.91
モンゴル	19.0	45.1	57.0	17.0	21.0	22.5	89.5	46.6	39.5	0.52	0.85
韓国	21.4	40.7	73.8	6.4	19.8	35.4	29.9	48.7	47.9	1.63	0.98
南・中央アジア	16.7	20.6	27.3	8.3	12.4	16.7	50.0	60.2	61.3	1.20	1.02
アフガニスタン	5.8	11.0	18.2	6.7	8.5	10.7	115.7	77.0	58.5	0.67	0.76
バングラデシュ	4.2	7.6	19.8	5.2	6.9	16.4	123.3	90.9	82.8	0.74	0.91
ブータン	2.1	3.1	5.2	2.5	1.7	0.9	120.5	55.8	17.5	0.46	0.31
インド	17.3	19.8	25.5	8.0	11.8	16.0	46.1	59.7	62.8	1.30	1.05
ネパール	2.3	3.9	8.9	2.6	1.3	0.3	111.7	33.6	2.8	0.30	0.08
パキスタン	17.5	24.9	30.6	12.1	16.2	18.6	68.9	64.9	60.7	0.94	0.94
スリランカ	14.4	21.9	21.3	12.3	14.5	20.8	85.7	66.0	97.7	0.77	1.48
東南アジア	14.8	20.4	30.2	5.4	9.2	13.9	36.8	45.1	45.8	1.22	1.02
タイ	10.5	13.3	18.7	2.8	6.0	14.0	26.5	45.3	74.7	1.71	1.65
インドネシア	12.4	17.0	30.5	6.3	10.2	13.6	51.0	60.0	44.5	1.18	0.74
マレーシア	20.4	33.5	49.8	10.1	14.3	23.1	49.7	42.6	46.5	0.86	1.09
フィリピン	27.1	33.0	48.8	11.7	14.8	15.4	43.1	44.9	31.5	1.04	0.70
ブルネイ	26.8	61.7	65.8	35.9	33.9	24.3	134.0	54.9	37.0	0.41	0.67
カンボジア	10.2	11.7	12.6	1.7	4.0	7.5	16.9	34.2	59.5	2.03	1.74
ラオス	7.2	9.6	15.4	3.1	4.7	6.3	43.1	49.1	40.8	1.14	0.83
ミャンマー	16.2	22.8	24.6	3.4	6.6	9.8	21.2	29.1	40.0	1.37	1.37
ベトナム	11.6	18.3	20.3	3.3	7.1	14.1	28.6	38.6	69.5	1.35	1.80
西アジア	26.4	44.2	62.0	11.0	17.0	21.8	41.7	38.4	35.1	0.92	0.91

注）工業化率は工業部門就業者比率／ＩＵ比率＝ $\frac{\text{工業化率}}{\text{都市化率}} \times 100$

出所）Population Division, Department of Economic and Social Affairs, United Nations Secretariat, *World Urbanization Prospects The 2001 Revision*, New York, 2002; International Labour Office, Bureau of Statistics, *Economically Active Population 1950-2010*, Vol. I Asia, Geneva, 1997.

ことに注意をはらう必要がある。以上の傾向は、アジアの「過剰都市化」論華やかなりし一九五〇～七〇年代に、統計的にみるとアジア全体では過剰都市化は解消傾向にあったこと、また一九七〇年以降過剰都市化はあまり進んでいないこと、その一方でむしろ先進国の「過剰都市化」が進んでいたようにみえることを示している。以上のような傾向は、次のような状況を背景として生じているものである。

まず先進国においてＩＵ比率が長期継続的に低下したのは、産業化がその第三段階にはいり、産業構造が工業からサービス業へとシフトし工業部門就業者比率が低下する一方、都市化率が上昇し続けたためである。それに対して一九五〇～七〇年代にアジアのＩＵ比率が上昇したのは、工業化の進展に比べ、都市化の進行が相対的にゆっくり進行したためである。前述のごとく、都市人口自体は急激に増加しているにもかかわらずこの時期都市化率が上昇しなかったのは、アジアの農村人口の増加率が依然として大きなものであったためである。一九七〇年以降についてみると、スリランカ、タイ、マレーシア、ベトナムなどでは工業化が継続もしくは加速し、ＩＵ比率がさらに上昇することとなった。

一九七〇年代にはいると、ＩＵ比率の上昇が減速し、むしろ低下を始める国も現れてきた。ただしその解釈については、先進国同様産業化の第三局面にはいった国と、工業化の速度が減速もしくは停滞し都市化の速度が追いついてきた国に分かれるように思われる。たとえば韓国、香港、ブルネイなどもともと工業化率の高い国や、近年急速に工業化が進んだ国は前者であり、インドネシア、フィリピン、ラオスなどが後者であるように思われる。

表4　都市化率と工業化率の回帰分析

	1950	1960	1970	1980	1990	N
世界	1.40	1.40	1.35	1.34	1.29	176
先進国	1.45	1.31	1.13	0.57	-0.29	42
途上国	1.32	1.46	1.40	1.36	1.42	133
アフリカ	0.36	0.32	0.36	0.38	0.49	50
中南米	1.16	1.51	1.17	1.20	1.04	30
アジア	1.36	1.73	1.77	1.86	2.09	48
東・東南アジア	1.41	1.78	1.96	1.97	2.54	16
南・中央アジア	2.07	1.87	1.54	1.32	1.29	13
西アジア	1.25	1.55	1.33	1.20	0.59	17

出所）表3の元データより筆者計算。表中の数字は、Y(都市化率)=a+bX(工業化率)のbを示す。

南亮進はかつて日本の都市化と工業化の長期的変化について、都市化率を被説明変数(Y)、工業化率を説明変数(X)とする回帰分析(Y ＝ a ＋ bX)を用いて分析した。それによると、一八八五年から一九二〇年については一％の工業化率の増加により都市化率が〇・三％しか上昇しなかったのに対し、一九二〇年から一九六〇年については二・三％上昇していること、すなわち、日本の都市化は特に一九二〇年以降の工業化の結果加速したことを示した(南、一九六八)。**表4**は一九五〇年以降の都市化にたいする工業化の影響を同様な手法で推計し、その回帰係数(b)の値を地域別、年代別に整理したものである。ただし東アジアと東南アジアは国数が少ないので分析にあたって一緒に推計した。

回帰分析の結果は、世界的には工業化の都市化に対する影響は徐々に減少しており、特に先進国では、一九五〇年には工業化が一％増加すると都市化が一・四五％上昇していたが、一九九〇にはむしろ〇・二九％減少することを示している。それに対し、途上国、特にアジアにおける工業化の影響は著しい。なかでも東・東南アジア諸国では、一%の工業化率の増加がもたらす都市化の上昇率は一・四一%(一九五〇年)から二・五四%(一九九〇年)へと大きく増大し、「工業化による都市化」が急進していることを示している。この時期の都市化の増加率が前述の一九二〇〜六〇年期の日本の増加率を上回っていることは興味深い。東・東南アジアは、まさに日本が途上国型から先進国型へと産業構造をシフトしつつあった時代のパターンを繰り返しているかに思われる。それに対し、南・中央アジアの工業化の寄与率はむしろ継続的に減少しており、過剰都市化が問題であるとするなら、特に南・中央アジアにおいて深刻な状態にあることをここに推察することができる。

以上の知見は、従来の過剰都市化論は途上国における都市化と産業化の特殊性に目を奪われ、「工業化なき都市化」を「過剰」に強調するあまり、「工業化による都市化」の可能性や、先進国に観察されるような「工業化の後の都市化」との連続性ついて十分に議論を深めてこなかったのでないかという点を示唆している。たとえば大淵宏が指摘するように、先進国において工業化比率の低下およびIU比率の低下が進んだのは、産業発展が第三段階にはいり、都市化と工業化の関連よりも都市化と近代サービス部門との関係が強くなったことを示している(大淵、一九八四)。アジアにおいても、特に東アジア、東南アジア諸都市の多くが次第にこの局面にはいりつつあると推察される。ただし、繰り返しになるが、南アジアおよびインドネシア、フィリピン等については過剰都市化が依然として深刻な状況にあるように思われる。なぜならこれら諸国においても農業就業者の比率は低下しており(6)、そのような状況化でＩＵ比率が低下したということは、近代工業部門が農業から転出した労働力を吸収したのではなく、「インフォーマル」部門、特にインフォーマルサービス部門が増大する労働力人口を吸収したことを示唆しているからである。

しかし、「過剰都市化」概念は一国レベルにおける工業化と都市化の関係を示す一般的統計的指標であっても、国内諸都市の発達過程を十分に反映することができない。したがって、一国レベルでは過剰都市化が緩和していても、国内の特定都市について見ると、人口が集中し失業人口が増大するなど、むしろ生活環境が悪化しているかもしれない。またその逆のケースもあろう。そのような目的のために依然として有効であり、新たな手がかりを与えるのが「順位規模法則」や「首位都市」概念、さらには「メガ都市」概念である。そこで、次に以上のような概念を手がかりに、アジア都市の変化の様子をさらに探ってみたい。ここでは、特にフィリピンを事例に検討する。

３　都市システムの変化とメガ都市化――フィリピンを事例として

(1)順位規模序列の変化

一般に工業化の進展とともに都市化率が上昇するが、その際都市を人口規模にもとづき並べると、その序列の中にある一定の傾向が生じることが多い。アウエルバッハにより提唱されジフにより一般化された「順位規模法則」は順位規模の序列に関する経験則をモデル化したものであり、人口と規模序列の間に直線的関係(対数線形関係)のあることを示したものである(Auerbach,1913; Zipf, 1941)。ジェファーソンによる「首位都市の法則」(Jefferson, 1939)は、特に序列第一位と第二位の都市の人口規模がしばしば極端に開いていることに注目したものであった(7)。ジフによるモデルは、

$$R^{n}SR = M \text{ もしくは } SR = MR^{-n}$$

と定式化される。**S** は都市人口、**R** は順位、**M**、**n** は実際のデータから推計されるパラメータであり、両辺の対数をとると、

$$\log SR = \log M - n \log R$$

という対数線形モデルとなる。ここで **logM** を **a**、**n** を **b** とおけば、**log SR = a-blogR** となり、通常の直線回帰モデルとの関連が明瞭になる。このモデルの適合度が高ければ、国内都市システムは直線的に(ただし対数線形に)並んでいることを示すことになる。ここで、回帰係数 **a** は人口量第1位の都市の人口の推定値を現し、**b** は回帰直線の傾き、すなわち順位規模にもとづく都市の分布パターンを示している。**b** の値の絶対値が大きいほど直線の傾きが大きいこと、すなわち序列が高くなるほど都市人口が急速に大きくなる首位都市型であることを示すことになる。ジェファーソンによる首位都市の法則は特にこのような場合に当てはまるといってよい。例外はあるものの、先進国に順位規模型都市シ

ステムが多く、首位都市型システムは発展途上国に多い(8)。そのため経済発展の指標として、また特に都市・地域間の格差是正を目指す国土計画の簡便な指標として用いられるようになった。ここでフィリピンを中心に順位規模序列について計測すると以下のようになる。

図1は一九六〇年、一九八〇年と二〇〇〇年について都市の規模別順位を両対数グラフに描いたものである。順位規模法則に従うならば右下がりの直線になるはずであるが、実際には緩やかな右下がりのS字型曲線である。グラフの左端にあるのがマニラ首都圏であり、マニラを除くその他中小都市の分布は傾きの小さい直線的分布をしていることが明らかである。都市規模と順位の関係について人口を従属変数とする回帰分析をしたものが**表5**である。なお、参考までにインドネシアの回帰分析もフィリピンと同様な手法で行った。

まず首位都市の理論値・予測値を示す回帰係数 a が増加傾向にあることは、マニラ首都圏のインパクトが絶対的意味においても相対的意味においても増加基調にあることを示している。ただし、いずれの時点でも実測値は予測値を大きく上回っている。例えば、一九六〇年のマニラ首都圏の人口は二四六万人であるが、予測値は八一万人(exp(13.6))に過ぎない。同様に、二〇〇〇年のマニラ人口は九九三万人であるが、予測値は三二七万人に過ぎない。このように、マニラの人口がモデルによる予測よりはるかに大きいことには変わりなく、首都圏の「首位性」がこの四〇年間不動であることは明らかである。ただし、以下の三点については注目する必要がある。

図1　フィリピンの都市規模分布

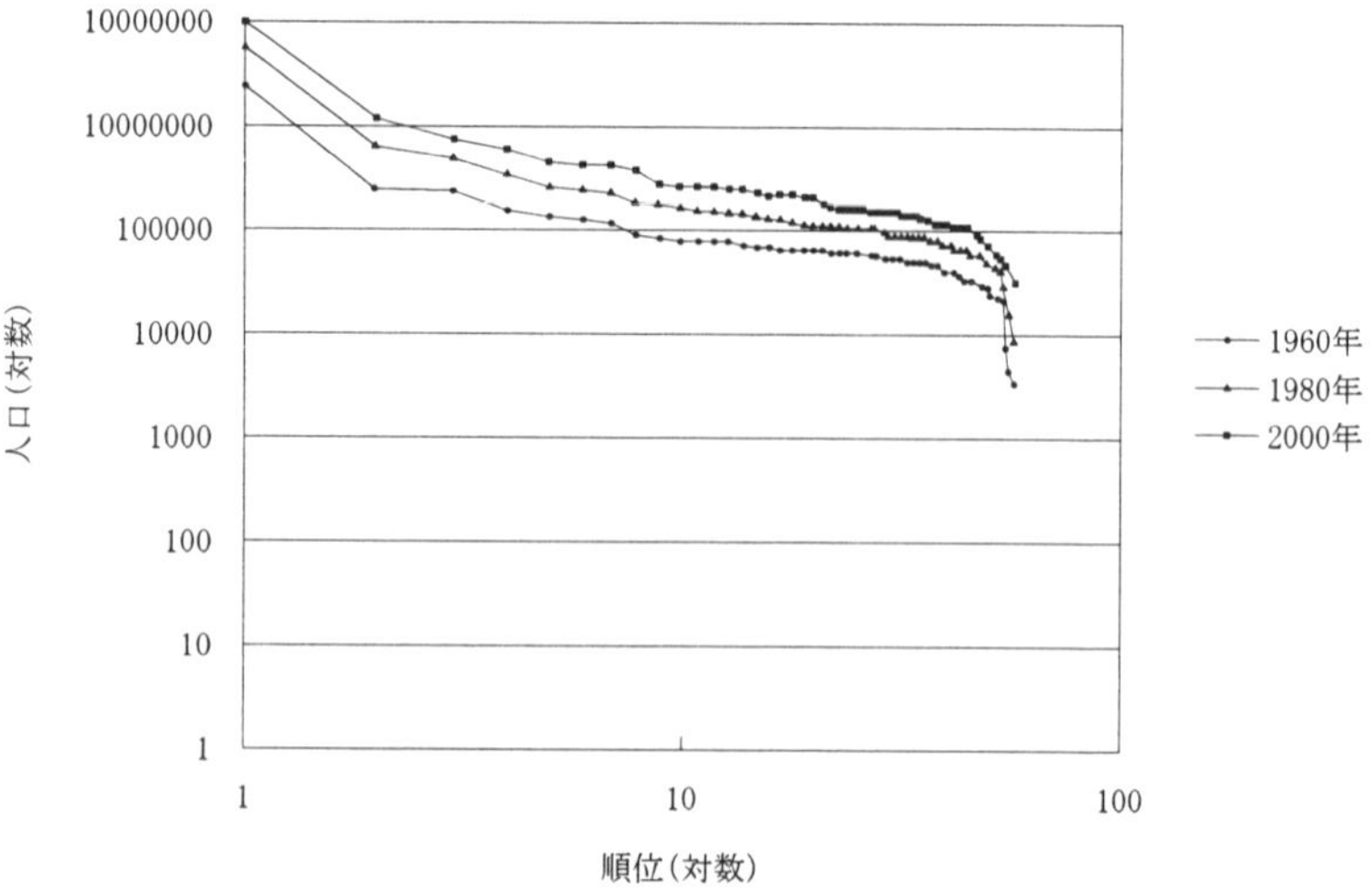

出所) National Statistical Coordination Board , *1997 Philippine Statistical Yearbook*, Manila: 1997 および National Statistics Office, *2000 Census of Population and Housing: Population by Province, City/Municipality & Barangay*, 2001 より作成。

表5　都市人口と人口順位の回帰分析:フィリピンとインドネシア

	全都市			首位都市を除く			人口第1位／人口第2位
フィリピン	a	b	R^2	a	b	R^2	
1960	13.6	-0.897	0.750	12.9	-0.706	0.665	9.8
1970	14.0	-0.897	0.785	13.3	-0.699	0.718	10.1
1980	14.4	-0.946	0.833	13.7	-0.745	0.786	9.7
1990	14.7	-0.969	0.872	14.0	-0.768	0.840	9.4
2000	15.0	-0.968	0.916	14.3	-0.767	0.905	8.7
インドネシア							
1961	6.0	-1.248	0.930	5.5	-1.115	0.891	2.9
1971	6.3	-1.289	0.936	5.8	-1.150	0.897	3.0
1980	6.7	-1.305	0.925	6.2	-1.167	0.885	3.2
1990	7.0	-1.281	0.922	6.5	-1.145	0.882	3.3
1995	7.1	-1.210	0.930	6.6	-1.087	0.892	3.4

出所) フィリピンについては図1資料より筆者計算。
インドネシアについては、宮本謙介・小長谷一之編『アジアの大都市　ジャカルタ』、1999年、表7-1より筆者計算。それぞれ lnY(人口)=lna+blnX(順位)より計算。

第一は、直線の傾きを示すbの値の絶対値はそもそも1より小さく、比較的なだらかな分布を示していたが、近年1に近づき、それとともに決定係数が上昇している。一九六〇年の決定係数は〇・七五、すなわちこのモデルの説明力は七五％であったが、二〇〇〇年には九二％となり、順位を説明変数とする対数線形モデルの適合度が近年大きく上昇したことを示している。

第二は、人口第一位の都市と第二位の都市との比を示すプライマシー指数（首位性指数）の変化である。プライマシー指数は一九七〇年に最大となり、その後低下している。首都圏の成長は依然として続いているものの、過去四〇年の間、フィリピンにおける人口第二位及び三位の都市は常にマニラから遠く離れたセブもしくはダバオであり、地方中核都市の成長が着実に進展していることを示している。たしかに後述するように首都圏の成長率の鈍化は人口のスプロール化のためであることも事実であるが、フィリピンの場合、マニラの地位低下は地方都市の成長とも関係しているのである(9)。

第三に、回帰係数bは極端に大きな値や小さな値によって影響されるため、マニラ首都圏のようにとびぬけて大きな都市が存在すると、直線の傾き(b)はかなり大きく下向きに引っ張られることになる。そこで、首都圏を除いて推計し直したものを同表に示した。それによるとbの値はさらに小さくなり、フィリピンの都市システムは首都圏を除くとかなりなめらかな分布をしていることが明らかになる。フィリピンの過剰都市化は前節で示したように依然として進行中であるが、フィリピンの都市規模分布はもともとかなり平準的なものであり、しかも近年地方中核都市の成長により若干ではあるが首都圏への一極集中型都市化が緩和する兆しがみられるのである(10)。

参考までにインドネシアと比較してみた。インドネシアにおける都市システムは戦前比較的なだらかな分布をしていたが、独立後ジャカルタを中心とする政治・経済圏の急速な成長にともない首位都市型都市化が進展した。特に第一次五ヵ年計画(一九六九年)以降経済成長が始まり、それとともにジャカルタが急成長した。インドネシアの都市システムは、首都ジャカルタを中心に、同じジャワのスラバヤ、バンドンと、スマトラのメダン、パレンバンの四都市を中心としている(11)。東南アジアの首位都市型国家としてしばしば比較される両国であるが、回帰分析の結果にも明らかなように、実際にはインドネシアの都市規模分布はフィリピンよりもかなり急である。この傾向は首位都市ジャカルタを除いて計算しても変わらず、傾きbの値は一を大きく上回っている。ただし、bの値にみられるように、インドネシアの都市規模分布は一九七〇年以降いったん急になったが一九八〇年以降緩やかになりつつある。

(2) 拡大首都圏の成立

以上の順位規模法則は確かに経済発展と都市システムの変容の様相に関する手がかりを与えるものであるが、非空間的指標であるため誤解を招きやすい指標でもある。例えば順位規模法則は空間的秩序を示すものではないので、首位都市・メガ都市の内部構造(人口密度、社会・経済構造)の変化も、また隣接する都市との機能的連担関係も知ることができない。そこに都市の相対的分布パターンを示す順位規模法則の限界がある。

例えば、前述のようにインドネシアの都市システムは一九八〇年以降平準化傾向にあるようにみえるが、ジャカルタにボゴール、タンゲラン、ブカシという周辺県を含めた地域（ジャボタベック首都圏）の人口成長率は、一九八〇〜九〇年は五・一％（ジャカルタは二・四％）、一九九〇〜九五年については四・五％（ジャカルタは二・一％）である。また、ジャボタベック首都圏と他の都市の比を計算すると、ジャカルタ単独でみたときのような減速傾向はみられない。このように、一旦首都圏が成立すると、さらにその範囲を超えた地域に対して経済的影響を及ぼし始めることが多い。マニラ首都圏の場合もまさにこのような視点が必要である。

上述のように、首都圏の首位性は徐々に低下しつつあるようにみえるが、首都圏の実質的境界は拡大の一途をたどっている。首都圏の人口増加率は一九八〇〜九〇年には三・〇％、一九九〇〜二〇〇〇年には二・三％であるのに対し、首都圏東部のリサール州の人口増加率は、一九八〇〜九〇年には五・八％、一九九〇〜二〇〇〇年には五・七％であり、首都圏南部のカビテ、ラグナ両州の人口増加率は一九八〇〜九〇年にはカビテ州が四・一％、ラグナ州が三・五％、また一九九〇〜二〇〇〇年にはカビテ州が六・〇％、ラグナ州が三・七％であった[12]。マニラ首都圏の境界が定められたのが一九七五年であるが、人口増加の渦が首都圏に隣接する州にまで及んでいるのが近年の実態である。このようなマニラ首都圏を越えた経済的範囲がいわゆるカラバルソン地域（CALABARZON）である。

カラバルソンの名称は、マニラ首都圏に隣接するカビテ(Cavite)州、ラグナ州(Laguna)、バタンガス(Batangas)、リサール州(Rizal)およびケソン州(Quezon)の五州の頭文字に由来するものである。首都圏を越えた地域を対象とするという点で、インドネシアのジャボタベック首都圏に相当するものといってよいが、フィリピンの場合、当初から工業団地の建設が非常に明瞭に意識されている点で異なっている(**地図1**)。

時期的に見ると、フィリピンの工業団地の育成は一九七二年の「輸出加工区法」(Export Processing Zone Act)以降盛んになったものであり、特にカビテ州の工業団地は政府系工業団地の草分けとなった。工業団地の建設は当初工業製品の生産・輸出を目的とした輸出加工区の振興が目的であったが、一九九五年の「経済特別区法」(Philippine Economic Zone Act)の制定以降、自由港、観光・レクリエーションを目的とした企業進出も可能になったため、「工業団地」や「輸出加工区」という表現はもはや正確なものではない。経済特別区には政府系と民間資本のものがあるが、現在操業中、計画中の特別区のほとんどは民間資本によるものといってよい。カラバルソンには上記五州が含まれているわけであるが、現在操業中の特別区のほとんどはカビテ・ラグナ両州に集中しており、バタンガス州への進出はようやく端緒についたばかりである。この両州に属する特別区には現在約四〇〇の企業が進出しており、一四万一千人を雇用している(13)。

以上のような意味で、拡大首都圏の外延は、境界を州単位でみるなら現在のところリサール州、カ

地図１　中部ルソンの輸出加工区

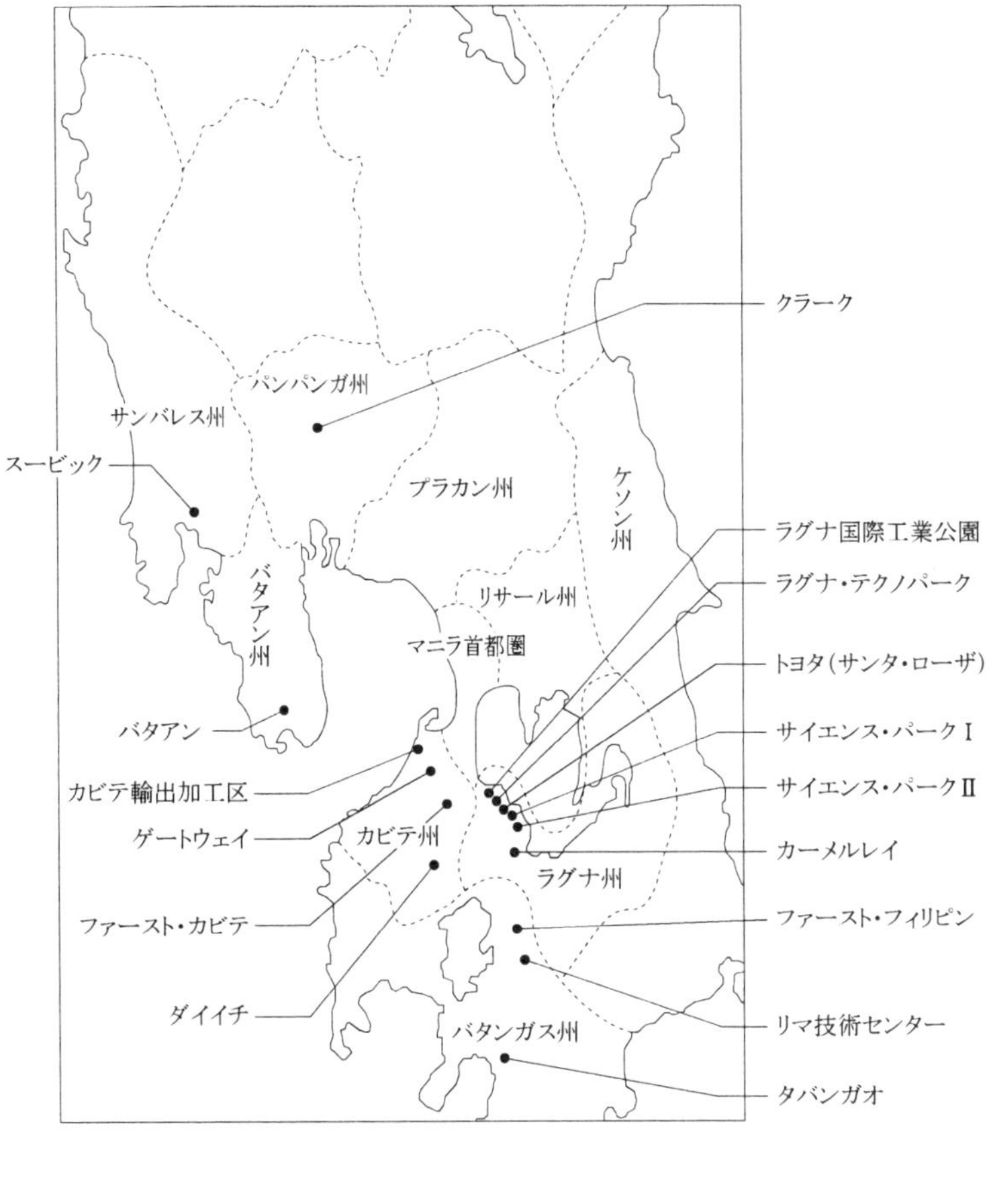

出所）秀島敬一郎「マニラ首都圏周辺の工業団地」中西徹・児玉徹・新津晃一編『アジアの大都市４　マニラ』日本評論社、2001年、121頁。

ビテ州、ラグナ州あたりまでといってよい。このように「マニラ首都圏」ではなく隣接諸州も含めて考えるならば、首位性は現在もなお増加過程にあり、経済特別区を加えた「拡大首都圏」への一極集中型都市化は、継続中であるだけでなくさらに強化される可能性がある。

(3) メガ都市化の空間構造

メガ都市化は通常単なる人口増大にとどまらず、その内部の空間的構造の変化と社会・経済的構造の変化をともなうのが普通である。一般的には、都市人口が増大し中心部の密集化が進むにつれ、経済活動と都市住人の居住地域は地価を反映した最適な立地を求めて移動する。交通網の変化・発達はこのような都市構造の変化に大きな影響をあたえることが多い。このようにしてできあがった都市の空間構造は、しばしば都市社会の階層分化、人種・民族分布を反映している。

このような都市構造および都市構造の変化に関する研究は先進国では数多く行われてきたが、データ入手上の問題もあり、途上国では従来あまり盛んではなかった[14]。しかし、途上国都市の変貌が著しい今日、まさに都市の内部構造の変化を具体的に跡付け、そのパターンを抽出し、もって従来の都市の社会学的研究との関連を明らかにする努力が必要であるように思われる。以下、マニラ首都圏を取り上げ、首都圏を構成する五町一二市のレベルで、人口分布の変化と社会・経済構造の変化を中心に試論的に検討してみたい[15]。なお、ここでは、都市構造一般の把握というより、「過剰都市化」

の象徴である人口、雇用、所得と居住環境にかかわる変数の空間分布を中心に検討したい。

まず、一九六〇年に二四六万人であったマニラ首都圏の人口は一九八〇年に五九二万人となり、二〇〇〇年に九九三万人となり、実質的にメガ都市の仲間入りをはたした(National Statistical Coordination Board, 1977)。この間、一九六〇～七〇年の人口増加率は四・九%、一九八〇～一九九〇年の増加率が三・〇%、そして一九九〇～二〇〇〇年の増加率が二・三%であるので、首都圏全体としてみると、増加率はかなり急速に減少しつつあることになる。ただし、マニラを構成する五町一二市の人口増加率が一様に低下したというわけではない。**表6**は五町一二市の人口増加率および人口密度をほぼ首都圏北部、中部、南部の順に示したものである。**図2**は一九六〇～七〇年と一九九〇～二〇〇〇年の相対成長率を地域別に図示したものである。相対成長率は首都圏の成長率を基準とした場合の各地域の成長率であり、もし各地域の成長率がマニラ首都圏平均より高ければ一・〇より大きく、また低ければ一・〇を下回る。

年代別に見ると、マニラ市の人口成長率は一九六〇年代既に首都圏で最低であった。マニラ市についで成長率の低いのがマニラ市に隣接しマニラ湾に面するパサイ、パラニャケ両市である。それに対し、マニラ市を取り巻く地域と、さらに郊外地域の成長率は高い。特にこの時期マニラに隣接し新しい商業・金融センターとなったマカティ市、マカティ市に隣接するマンダルヨン市、さらに郊外のマリキナ市、パシグ市、タギグ市、モンテンルパ市、ラスピーニャス市の成長率は、首都圏人口の増加

表6　マニラ首都圏の人口増加率、人口密度

地名	人口増加率(%)				人口密度(人/km²)		人口密度(2000/1960)	人口密度(NCR 2000年=1.0)
	1960-70	1970-80	1980-90	1990-2000	1960	2000		
マニラ首都圏(NCR)	4.9	4.1	3.0	2.3	3,872	15,617	4.0	1.0
カロオカン市	6.6	5.5	5.0	4.4	2,608	21,104	8.1	1.4
バレンズエラ市	9.0	8.0	4.8	3.6	882	10,328	11.7	0.7
ナボタス	5.4	4.2	4.0	2.1	18,947	88,617	4.7	5.7
マラボン	6.4	3.0	3.9	1.9	3,267	14,481	4.4	0.9
ケソン市	6.6	4.4	3.7	2.7	2,395	13,080	5.5	0.8
マリキナ市	10.9	6.4	3.9	2.3	1,040	10,056	9.7	0.6
マニラ市	1.6	2.1	-0.2	-0.1	29,729	41,282	1.4	2.6
サンファン	6.3	2.2	-0.3	-0.7	5,467	11,315	2.1	0.7
マンダルヨン市	7.6	3.2	1.9	1.2	2,755	10,711	3.9	0.7
パシグ市	9.7	5.5	4.0	2.4	4,779	38,851	8.1	2.5
マカティ市	8.7	3.5	2.0	-0.2	3,831	14,878	3.9	1.0
パテロス	6.8	4.7	2.5	1.1	1,267	5,520	4.4	0.4
パサイ市	4.5	3.4	2.5	-0.4	9,545	25,533	2.7	1.6
タギグ	9.7	9.3	7.1	5.8	649	13,869	21.4	0.9
パラニャケ市	4.6	7.9	4.0	3.9	1,616	11,744	7.3	0.8
ラスピーニャス市	11.0	11.6	8.1	4.8	388	11,392	29.4	0.7
モンテンルパ市	11.5	7.7	7.4	3.1	469	8,122	17.3	0.5

出所) National Statistical Coordination Board, *1997 Philippine Statistical Yearbook*, Manila: 1997; National Statistics Office, *2000 Census of Population and Housing: Population by Province, City/Municipality & Barangay*, 2001.

図2 マニラ首都圏の人口成長率（首都圏平均＝1.0）

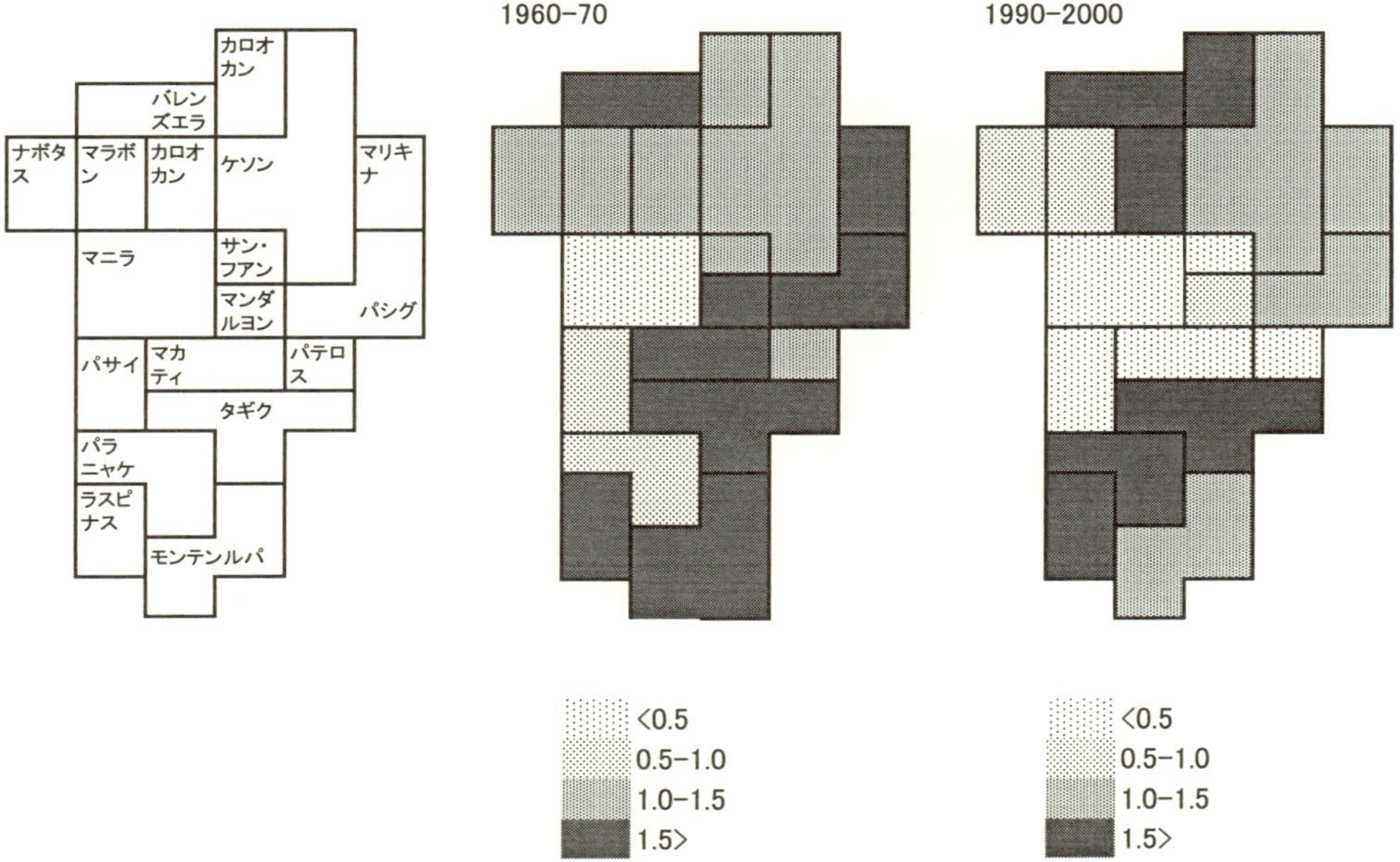

出所）図1に同じ

率の一・五倍をゆうに越えるものであった。その意味で首都圏への人口集中が取りざたされ始めたこの時期に、首都圏の郊外化現象はすでに始まっていたのである。

一九七〇年代にはいると首都圏の成長率は四・一%と依然としてきわめて高い水準にあるが、都市中心部における人口成長率は減速の度を早めることになる。一九六〇年代には人口急増地域であったマカティ市や、マンダルヨン市およびサンファアン町といった都心部の成長率が首都圏平均を下回ることになった。一九八〇年代以降もこの傾向は継続し、一九九〇年以降、マカティ市、サンファアン町に加え、マニラ市に隣接するパサイ市や、マカティ市に隣接するパテロス町の増加率も首都圏平均を大きく下回るようになった。特にマニラ市及びサンファアン町の成長率は一九八〇年代以降マイナスとなった。またマカティ市とパサイ市の成長率も一九九〇年以降マイナスとなり、都心地域はいよいよ人口減少局面を迎えることになった(図2参照)。

以上の結果は首都圏の成長の中心が確かに中心から郊外に移動したことを物語っているが、必ずしも同心円状に重心が移動したというわけではない。近年特に成長率の高いのが首都圏北部のバレンズエラ市、カロオカン市と、南部のタギグ町、パラニャケ市、ラスピーニャス市であり、首都圏の都市構造はどちらかといえば南北に伸びるように発展しつつあるように思われる。その要因のひとつは、前節で述べたように工業団地が首都圏南部に建設中であることに加え、これらの地域をとおって北から南へ抜ける高速道路の建設が進んだことがあげられる。今後北ルソン高速道路と南スーパー高速道路を結びメトロマニラ・スカイウエイが完成すると、この傾向はいっそう著しくなるのではないかと推察される。

以上の人口成長率の変化にともない人口密度の状況にもかなりの変化が生じている。首都圏の二〇〇〇年の人口密度は一九六〇年の四倍、一五、六一七人／km²である。ちなみにマニラ首都圏の人口密度はASEAN五カ国の首都の中では最大である(16)。郊外化傾向を反映し、首都圏周辺地域の密度の増加傾向は殊に著しい。ただし首都圏の人口密度を基準とすると、近年の周辺地域の人口増にもかかわらず、都心部の人口密度は依然として高い。マニラ市、ナボタス町、パサイ市というマニラ湾岸沿いの地域は古くからの高密度地域であるが、特にナボタス町の人口密度(八八、六一七人／km²)はもはや「恐るべき」水準にあるといってよい。また早くから都市化が進んだパサイ市、パシグ市、ケソン市、マラボン町の人口密度もかなり高い。それに対し、首都圏南部のパラニャケ市、ラスピーニャス市、モンテンルパ市、首都圏北部のバレンズエラ市、マリキナ市の人口密度は近年急速に上昇しつつあるが首都圏平均をまだだいぶ下回っており、その意味でまだまだ高密度化が進む「余地」を残しているといえる。さて、以上のような人口分布・密度の変化と首都圏各地の社会的・経済的生活環境とはどのように関連しているだろうか。所得・雇用・居住環境データを用いて検討してみたい(**表7**)。

マニラ首都圏はフィリピン諸州のなかで最も豊かな地域である。二〇〇〇年家計調査によると、マニラ首都圏の平均所得(三〇万ペソ)は所得水準第2位の南タガログ(一六万二千ペソ)の一・九倍であり、

表7　地域別住環境および従業員４人以下企業従事者比率

地域項目	人口密度(km2)	所得	スラム的家屋				不法占拠世帯		製造業		卸・小売業		サービス	
	2000年	2000年	1980年	%	1990年	%	1990年	%	1994年		1994年		1994年	
マニラ首都圏(NCR)	15,617	NCR=1.0	49,159	4.6	54,927	3.8	106,693	11.1	45.2	1.00	70.1	1.00	71.6	1.00
カロオカン市	21,104	0.77	3,106	3.6	6,506	4.7	8,563	8.8	47.8	1.06	77.8	1.11	84.0	1.17
バレンズエラ市	10,328	0.70	1,462	3.7	1,278	1.9	1,666	4.2	26.5	0.59	70.6	1.01	81.6	1.14
ナボタス	88,617	0.52	1,437	6.3	2,313	6.8	6,652	23.7	45.4	1.01	80.2	1.14	89.4	1.25
マラボン	14,481	0.69	1,446	4.4	1,765	3.3	7,197	19.0	39.1	0.87	85.6	1.22	85.4	1.19
ケソン市	13,080	1.31	16,887	8.0	14,698	4.8	41,834	18.2	48.2	1.07	67.0	0.96	71.9	1.00
マリキナ市	10,056	0.78	1,621	4.2	1,485	2.6	1,072	2.7	37.4	0.83	80.1	1.14	85.0	1.19
マニラ市	41,282	0.85	10,246	3.6	10,287	3.8	19,721	12.2	51.0	1.13	70.4	1.01	64.7	0.90
サンファン	11,315	1.20	537	2.3	362	1.7	772	6.8	43.5	0.96	77.9	1.11	66.7	0.93
マンダルヨン市	10,711	0.92	842	3.6	949	2.1	4,792	18.4	39.3	0.87	63.3	0.90	65.0	0.91
パシグ市	38,851	1.06	106	1.5	1,801	2.5	1,378	2.9	45.5	1.01	66.9	0.95	74.1	1.03
マカティ市	14,878	1.78	2,229	3.4	1,942	2.3	1,047	2.5	41.8	0.93	49.8	0.71	58.8	0.82
パテロス	5,520	0.77	106	1.5	301	3.2	22	0.3	72.9	1.61	75.3	1.07	85.0	1.19
パサイ市	25,533	0.82	1,278	2.6	2,666	4.4	2,470	6.9	54.1	1.20	69.4	0.99	67.8	0.95
タギグ	13,869	0.77	939	3.9	1,619	3.2	1,186	2.9	44.2	0.98	75.2	1.07	86.4	1.21
パラニャケ市	11,744	1.18	2,482	6.7	3,043	5.2	2,455	5.7	41.9	0.93	80.2	1.14	71.4	1.00
ラスピーニャス市	11,392	1.28	838	3.5	2,462	4.5	2,068	4.9	66.1	1.46	83.7	1.19	82.1	1.15
モンティンルパ市	8,122	0.79	842	3.6	1,450	2.8	3,798	11.0	52.6	1.16	73.4	1.05	74.1	1.04

注)　（網掛け）平均よりかなり大きく乖離し注意すべきと思われる地域

出所) National Statistics Office, *NCR Profile National Capital Region*, Manila, 1996 および National Statistics Office, *1997 Family Income and Expenditure Survey* (*Integrated Survey of Households bulletin Series No. 98*) Vol. II, Provincial /Key City Final Report, Manila, 1999.

しかもこの格差は一九八五年家計調査以来ほとんど変化がない(17)。しかし、首都圏を構成する一七市町の間にはきわめて大きな所得格差が存在している。今首都圏平均を基準とすると、最も所得の高いマカティ市は平均の一・七八倍、第二位のケソン市が一・三一倍であるのに対し、首都圏北部に位置するカロオカン市、バレンズエラ市、ナボタス町、マラボン市とマリキナ市や首都圏南部のタギク町やモンテンルパ市の所得は首都圏平均の八〇％に満たないレベルである。ナボタス町にいたっては、首都圏平均の五二％に過ぎない。首都圏の中央部に位置するマニラ市の所得もかなり低い。この理由としては、マニラ市トンドにかつて東南アジアで最大といわれたスラム地域が存在したことも関係していると思われる。そこではかつてスモーキー・マウンテンと呼ばれる巨大なごみ集積場を生活の糧とし多くの廃品回収業者が生活していた。このような地域から港湾沿いにナボタス町に至る地域および同地域に隣接するマラボン町は、前述のごとく人口密集地域であり、今でも多数の貧困な住民が公私有地を不法に占拠しながら生活している。このような首都圏に従来からある貧困スポットに対し、首都圏北部のカロオカン市、バレンズエラ市や南部辺境のタギク町やモンテンルパ市は、近年急速に人口密集が進む過程で貧困層の堆積が進んだことが推察される。

次に「スラム的家屋」(make-shift)(18)と不法占拠(squatter)世帯についてみると、一九八〇年にはケソン市とパラニャケ市という高所得地域にスラム的家屋が多く、貧困とスラムの関連が予想通りであるのはナボタス町だけであった。ケソン市の状況は予想に反するようだが、ケソン市郊外にもやはりごみ集積場があり、多数の住人が廃品回収などを仕事として生活していることと関連しているように思われる。パラニャケ市は人口密集が急速に進んでいる地域であり、その意味ではやはり単なる平均所得には現れないプロセスが進行している可能性がある。一九九〇年には以上の地域に加え、ラスピーニャス市とカロオカン市という近年人口増の著しい地域にスラム的家屋が現れている。不法占拠地域はスラム分布よりも地域的分布が明瞭であり、ほぼナボタス町、マラボン町、ケソン市、マンダルヨン市に集中している。ナボタス町、マラボン町などの人口密度が高く貧困な地域との相関は予想通りであるが、ケソン市についてはやはり上述の特殊地域的事情のあることが明らかである。

このような地域にはインフォーマルな経済活動が多いといわれる。インフォーマル部門を定義するのは容易ではないが、ここでは操作的に従業員規模五人以下の小企業を「インフォーマル企業」と定義し、製造業、商業、サービス業について、各産業の事業所総数に占めるインフォーマル企業の割合を地域別に示してみた。その結果をみると、インフォーマルな製造業は、ほぼパテロス町、ラスピーニャス市、マニラ市とモンテンルパ市の四地域に集中しており、特にパテロス町、ラスピーニャス市への集中傾向には著しいものがある。それに対し、商業・サービス業の分布は前述の北部貧困スポットと北部・南部の人口急増地域に集中する傾向が強い。スラム的家屋、不法占拠世帯に関して集中傾向がみられたケソン市であるが、インフォーマル部門企業については目立った集中傾向を示していない。

最後に人口密度、家計所得と地域の生活・雇用環境の相関係数を計算したものが**表8**である。人口

表８　人口密度、所得と地域環境の相関

	人口密度 (km2) (2000年)	所得 (2000年)	スラム比率 (1980年)	スラム比率 (1990年)	不法占拠率 (1990年)
人口密度(km2)	1.00	−0.33	0.21	0.59*	0.49*
所得(2000年)	−0.33	1.00	0.06	−0.19	−0.28
スラム比率(1980年)	0.21	0.06	1.00	0.62	0.57
スラム比率(1990年)	0.59*	−0.19	0.62*	1.00	0.44
不法占拠比率(1990年)	0.49*	−0.28	0.57*	0.44	1.00
インフォーマル製造業比率(1994年)	−0.03	0.06	−0.28	0.30	−0.18
インフォーマル商業比率(1994年)	0.07	−0.54*	0.15	0.37	0.13
インフォーマルサービス業比率(1994)	0.17	−0.65	0.11	0.32	0.03

注）＊５％両側測定で有意。
出所）表７のパーセントにもとづき計算。

密度についてみると、高密度化と所得の相関はあまり高くない。インフォーマル部門企業比率との相関も低い。相関が高いのは、スラム的家屋と不法占拠世帯比率であって、スラム的家屋との関係については近年相関が強まりつつある。所得についてみると、最も相関が高いのはインフォーマルな商業・サービス業比率であって、人口密度、スラム的家屋、不法占拠世帯比率などの地域の生活環境や、インフォーマル製造業比率との相関は低い。最後にスラム的家屋比率（一九八〇年、一九九〇年）についてみると、最も相関が高いのは人口密度であり、所得、経済活動との相関は低い（**表8**）。

以上の結果は、市町レベルでみると、人口密集、居住地域の環境、所得とインフォーマルな職種の関係はしばしば想定されるほど明瞭なものでないこと、特に（１）人口密集化とスラム地域・不法占拠地域の空間的拡大と、

（２）インフォーマル部門と貧困層の空間的分布は、関

連がないわけではないが、フィリピンでは区別して考える必要のあることを示している。この問題は、スラム対策は必ずしも都市貧困対策でないこと、また、都市の雇用問題への一般的対応だけでは都市スラムを解消できないことを示唆しており、政策的含意の観点からも重要である。

4　結論

世界的にみればアジアの都市化はまだ低レベルにあるが、アジア諸国の都市人口は急速に増加し、都市化率は徐々に上昇しつつある。問題は都市化一般ではなく、首都を擁する大都市圏に人口が集中する傾向が強いことである。このような急速な人口増大に経済発展が追いつかないため、途上国の都市化は「過剰都市化」であるといわれ、多くの社会学的都市研究が「首位都市」における「過剰都市化」の象徴ともいえる貧困や雇用問題の分析に集中してきた。しかし『発展途上国の都市化』(林武編、一九七六年)以来今日に至るまで、「過剰都市化」や「首位都市化」といった概念の妥当性について厳密に数量的に検証した社会学的研究は意外に少ない。その一方で、近年大都市の機能を世界都市システムのサブシステムもしくはアジア地域の都市システムとの関連で捉えようとする試みが目覚しい(19)。アジアの大都市を国際関係の一部として理解する試みは重要な視点であるが、同時に従来の理論の検証と国内大都市と地方都市との関係、すなわち国内都市システムの変化や、国内大都市の社会経済構造と空間構造といったテーマについて、もっと実証的研究の蓄積が必要ではないだろうか。途上国の都市化の普遍性と特異性を明らかにするためには、このような研究がもっと必要であるように思われる。本章はそのような問題意識にもとづき、過去の研究を理論的・実証的に検証し、同時に近年のアジア都市に生じつつある変化の性質を明らかにしようとしたものである。なお、都市の貧困層・中間層等に関する詳細かつ具体的分析は他章で展開されているので、本章では一国レベルの都市化傾向の検証ならびに拡大都市圏の成立と、大都市全体としての空間的・社会経済的構造に関する少し「マクロ」な鳥瞰図を描くことを主たる目的とした。本章で示した知見は以下の三点にまとめられる。

①「過剰都市化」を実証してみると、南アジアを除く多くのアジア諸国では工業化の進展が都市化の速度を上回っており、徐々に過剰都市化が緩和されつつある。この結果は、「過剰都市化」と同時に「工業化による都市化」や先進国にみられる「工業化なき（第三次産業による）都市化」をアジアの都市化論の視野に入れる必要が生じていることを示唆している。

②首位都市型都市化傾向は存在するが、都市システム全体としてみるとフィリピンの場合はもともとなめらかな分布をしており、近年さらに対数線形型（順位規模型）に変化しつつある。ただし、空間的にその実態をみると、実際には拡大首都圏の発展と地域中核都市の発展といういわば相反する傾向がその背後に存在している(20)。拡大首都圏の成立および発展の空間的方向についてみ

ると、工業団地の立地のような産業政策がかなり大きなインパクトを与えていることに注意しなければいけない。

③都市の人口学的、社会学的、経済学的構造はかつてのシカゴ学派が示したように、都市の空間構造にかなり明瞭に体現されていることが多い。マニラ首都圏の場合、「過剰都市化」の象徴ともみなされる「人口密集」、「スラム地域」、「貧困」、「インフォーマル部門」は異なる分布パターンを示しており、特に、「人口―生活環境」要因と、「所得―雇用」要因の間にあまり緊密な関係はない。

最後の点について補足すると、本章で用いた市、町は、社会経済的特長の空間分布を分析する場合、単位としていささか大きすぎる。フィリピンの場合、できればバランガイを単位として分析することが望ましい。今回の結論は、その意味で今後の研究のための予備的分析である。

今後の「メガ都市問題」をどのように展望したらよいであろうか。メガ都市の存在は都市の行政担当者にとっては確かに悪夢に近いものであろうが、経済発展を至上の目的とするアジア途上国にとって、特定都市への人口集中が常に不経済であるとは限らない。これは実は都市の最適規模という古くて新しい命題と関連する問題であるが、どのくらいの都市人口ならば許容範囲とするか、また人口規模がどの点を越えたところで過剰であると判断するか、いままで多大な議論があるが、必ずしも意見の一致をみているとはいえない(21)。例えばかつて新津晃一が都市スラムの機能について指摘したように、スラム的社会は単なる貧困地域、社会病理の巣窟ではなく、都市全体とスラム住民に対して「逆機能」と同時に「順機能」を提供しており、しかも時間の経過とともにその重要性の変化する可能性がある（新津、一九八九）。そのような指摘を踏まえて考えると、近年の議論の中で、そもそもメガ都市の何が問題であるのかという点についてもう一度議論する必要があるのではないだろうか。

たとえば、世界第一のメガ都市である東京の人口は約一二〇〇万人であるが、経済発展とともに貧困人口および劣悪な居住地域は姿を消していった。かつてその居住環境はウサギ小屋といわれたものであるが、現在の一住宅当たり延べ床面積は着実に増加し、建売住宅・マンションの内部設備も多様な需要にこたえるべくデザインされるようになった(22)。また、東京の人口は一九五〇年から二〇〇〇年の五〇年間の間にほぼ倍増し、その間自動車保有台数は七〇倍となった。しかし、同期間の交通事故による死亡者数はほぼ横ばいである(23)。これは明らかに、信号の設置、車道・歩道の分離、横断歩道・陸橋等の整備、車検にみられるような、先進国でもまれにみるような厳しい自動車整備基準や、事故の際の救命システムの発達といった様々なハードウエア・ソフトウエアが開発され適用されてきた結果である。リチャードソンによる「単なる人口規模ではなく都市経営の巧拙がより重大な問題である」（Richardson, 1993）という主張は、その意味できわめて重要である。以上の視点の示唆するところは、今後の途上国の都市研究は単なるメガ都市の功罪の指摘に終わることなく、何を目的として、誰のために、どのように運営すべきか、という観点から、もう一度原点に戻って議論を深める必要があるように思われる。

注

(1)なお、特に都市化と人口移動、都市貧困人口を支える社会経済的メカニズムについても重要な課題であるが、この点については新田目夏実、二〇〇〇年参照。本章における地域別人口推計はPopulation Division, 2002によるものである。以下特に断らない限り本章で用いる人口データは同資料の推計にもとづくものである。

(2)途上国のなかでも二〇〇〇年の時点でラテンアメリカの都市化率は七五%と先進国並みであった。アジアの都市化率が五〇%を越えるのは二〇二五年と予測されている(Population Diviosn, 2002)。

(3)メガ都市という表現は国連人口推計の中で一九七〇年代から使われていたが、当時は人口八〇〇万人以上の地域を指して使われていたのに対し、現在では人口一、〇〇〇万人以上の地域に対して用いられている。ただし「メガ都市」の境界を定義するにあたって、都市化地域がしばしば行政的境界と一致しないため、国連人口部は中核都市に隣接し、機能的にリンクした都市的地域を加えた地域(urban agglomeration)の中で人口一、〇〇〇万人以上の地域を便宜上メガ都市(mega-city)と呼んだのである。表2はそのようにして国連により推計された人口であるため、各国の都市の定義に一致しない。この点については、Brockerhoff, 2000参照。

(4)過剰都市化論を含む途上国都市化論の最も優れたレビューとして、Kasarda and Crenshaw, 1991および

Williamson, 1988 年等参照。

(5) International Labour Office, 1996 による。

(6) International Labour Office, 1996 による。

(7) 以下の諸法則および関連理論については、中村・田淵、一九九七年、第3章および舘稔、一九六八年等参照。また、都市空間の組織化に関する体系だった入門書として、高橋・菅野・村山・伊藤、二〇〇一年。

(8) 一般的には確かに経済発展とともに都市システムがよりなだらかな分布パターンに移行する傾向は強いが、より詳細にみると、経済発展のレベルとは別に歴史的・自然的条件等の違いにより首位都市型、対数正規型に加え、多極型都市システムが存在するため、都市システムの変容過程はたんなる首位都市型から対数正規型へという単純なものではないことに注意する必要がある。このような都市システムの多様性およびその変化の方向性に関しては、松原編著、一九九八年が詳しい。

(9) セブ市には昔からの良港があり、ビサヤ経済圏の中心地である。また、セブ市郊外、国際空港に隣接して立地しているのがマクタン輸出加工区（一九七九年操業開始）であり、州政府の積極的な誘致・環境作りもあり、労働集約的産業を中心として二〇〇社以上が操業し六万人近い雇用を生み出している。セブ市を中心とした経済成長については、榊原、一九九四年、第六章および秀島、二〇〇一年、一一九―一四五頁等参照。

(10) さらに注目すべきは、一九六〇～二〇〇〇年期の人口成長率を都市規模別に計算すると、一九六〇年に人口五万人以下の小都市の人口の成長率は一九八〇年以降マニラ首都圏を上回っていることである。

(11) インドネシアの都市化の歴史および人口データについては、小長谷、一九九九年、二〇三―二二八頁にまとまっている。

(12) National Statistical Coordination Board, 1997; National Statistics Office, 2001.

(13) 以下の記述については、秀島、二〇〇一年および小池、二〇〇一年参照。

(14) 先進国の都市の空間的構造と社会経済的性格の関係に関する研究はいわゆるシカゴ学派の研究に端を発するものである。シカゴ学派の研究とその後の展開については、松本康、一九九五年、また東京の社会地区分析については、倉沢、一九八六年、倉沢・浅川、二〇〇四年等参照。

(15) このような分析は本来バランガイレベルで行うことが望ましいのであるが、データの入手が困難であるため、ここではその第一歩として市町レベルで分析をする。市町レベルでの分析を試みた例として、フィリピンでは中西、二〇〇一年と青木、二〇〇一年参照。

(16) その他諸国の人口密度は次の通りであった。ジャカルタ(13,780 人/km^2、1995 年)、バンコク(3,560 人/km^2、1995 年)、クアラルンプル(5,723 人/km^2、1998 年)、シンガポール(5,965 人/km^2、1998 年)。なお、東京二三区の人口密度(2004 年)は 13,501 人/km^2 であり、その中で最も密度が高かったのが中野区の 20,068 人/km^2 であった(生田・松澤編、二〇〇〇年、宮本・小長谷編、一九九九年、田坂編、一九九八年、東京都総務局統計部調整課、二〇〇六年)。

(17) フィリピンの場合は定期的に家計調査が行われ、州レベルの所得分布および平均所得が報告されていたが、一九九七年調査以降マニラ首都圏を構成する市・町に関する個別データも初めて利用可能となった。

(18) 原語は make shift もしくはタガログ後の barong-barong であり、「間に合わせの材料を使って建てた、いかにもみすぼらしい家屋」といったような意味である。

(19) 松原編著、一九九六年、McGee and Robinson, 1985 年等参照。

(20) 途上国における中小都市の成長は二〇〇一年国連都市人口推計によっても指摘されている(Population

Division, 2002年)ので、フィリピンのみの特殊事例とは言い切れない。

(21)例えば、Richardson, 1993年およびWilliamson, 1988年等参照。

(22)総務省統計局、二〇〇五年。

(23)警視庁総務部文書課、二〇〇四年。

文献

青木秀男、二〇〇一年、「都市貧困層の変容 労働、居住、政治」中西徹・児玉徹・新津晃一編『アジアの大都市4 マニラ』日本評論社、九三—一一五頁。

新田目夏実、二〇〇〇年、「人口爆発と過剰都市化」渡辺利夫編『国際開発学Ⅱ』東洋経済新報社、一一一—一三五頁。

Auerbach, F., 1913, "Das Gesetz der Bevölkerungskonzentration," *Petermann's Geographische Mitteilungen*, 59:74-77.

生田真人・松澤俊雄編、二〇〇〇年、『アジアの大都市3 クアラルンプール/シンガポール』日本評論社。

Brockerhoff, M. P., 2000, "An Urbanizing World," *Population Bulletin*, Vol. 55, No.3.

Davis, Kingsley and Hilda Hertz Golden, 1954, "Urbanization and the Development of Pre-Industrial Areas," *Economic Development and Cultural Change* 3: 6-24.

林武、一九七六年、『発展途上国の都市化』アジア経済研究所。

秀島敬一郎、二〇〇一年、「マニラ首都圏周辺の工業団地」中西徹・児玉徹・新津晃一編『アジアの大都市[4]マニラ』日本評論社、一一九—一四五頁。

International Labour Office, Bureau of Statistics, 1996, *Economically Active Population 1950-2010*, Vol. I Asia,

Geneva.

Jefferson, M., 1939, "The Law of the Primate City," *Geographical Review* 29 (2) : 226-232.

Kasarda, John D. and Edward M. Crenshaw, 1991, "Third World Urbanization: Dimensions, Theories, and Determinants", *Annual Review of Sociology*, Vol.17.

警視庁総務部文書課、二〇〇四年、『警視庁の統計』。

小池賢治、二〇〇一年、「首都圏・カラバルソンの開発と財閥」中西徹・児玉徹・新津晃一編『アジアの大都市4　マニラ』日本評論社、一四七—一七一頁。

小長谷一之、一九九九年、「都市システムと企業ネットワーク」宮本謙介・小長谷一之編、『アジアの大都市　ジャカルタ』、日本評論社、二〇三—二二八頁。

倉沢進編、一九八六年、『東京の社会地図』東京大学出版会。

倉沢進・浅川達人編、二〇〇四年、『新東京の社会地図一九七五—一九九〇』東京大学出版会。

松原宏編著、一九九八年、『アジアの都市システム』九州大学出版会。

松本康、一九九五年、「第一章　現代都市の変容とコミュニティ、ネットワーク」松本康編『増殖するネットワーク　二一世紀の都市社会学』勁草書房。

McGee, T.G and Ira M. Robinson,1985, *The Mega-urban Region of Southeast Asia*, Vancouver : UBC Press.

宮本謙介・小長谷一之編、一九九九年、『アジアの大都市　ジャカルタ』日本評論社。

中村良平・田淵隆俊、一九九六年、『都市と地域の経済学』有斐閣。

中西徹、二〇〇一年、「都市化と貧困　マニラの人口と雇用」中西徹・児玉徹・新津晃一編『アジアの大都市4　マニラ』日本評論社、七一—九一頁。

新津晃一、一九八九年、「序章　現代アジアにおけるスラム問題の所在」新津晃一編『現代アジアのスラム 発展途上国都市の研究』明石書店、一三―九一頁。

National Statistical Coordination Board,1997, *1997 Philippine Statistical Yearbook*, Manila.

National Statistics Office, *NCR Profile National Capital Region*, Manila, 1996.

――――,2000, *2000 Family Income and Expenditure Survey*（*Integrated Survey of Households bulletin Series No. 108*）Vol. II Provincial /Key City Final Report, Manila.

――――,2001, *2000 Census of Population and Housing: Population by Province, City/Municipality & Barangay*.

大淵寛、一九八四年、「人口都市化と経済発展」大友篤・嵯峨座晴夫編『アジア諸国の人口都市化』アジア経済研究所、三七―五六頁。

Population Division, Department of Economic and Social Affairs, United Nations Secretariat,2002, *World Urbanization Prospects The 2001 Revision*, New York.

Richardson, Harry W.,1993,"Efficiency and Welfare in LDC Mega-Cities," Kasarda, John D. and Allan M. Parnell eds, *Third World Cities Problems, Policies, and Prospects*, London: Sage Publicationsm, pp. 32-57.

榊原芳雄、一九九四年、『フィリピン経済入門』日本評論社。

Sinclair, Stuart W.,1978, *Urbanization and Labor Markets in Developing Countries*, New York: St. Martin's Press.

総務省統計局、二〇〇五年、『平成一五年住宅・土地統計調査報告〈第１巻〉全国編』日本統計協会。

舘稔、一九六八年、「人口都市化に関する人口法則」南亮三郎・舘稔編『人口都市化の理論と分析』勁草書房、四〇―六五頁。

高橋伸夫・菅野峰明・村山祐司・伊藤悟、二〇〇一年、『新しい都市地理学』東洋書林。

田坂敏雄編、一九九八年、『アジアの大都市1　バンコク』日本評論社。

東京都総務局統計部調整課、二〇〇六年、『東京都統計年鑑(平成一六年)』。

United Nations,1980, *Patterns of Urban and Rural Population Growth*, New York: United Nations, Department of International and Social Affairs.

Williamson, Jeffrey G., 1988, "Migration and Urbanization", H.Chenery and T. N. Srinivasan eds, *Handbook of Development Economics*, Vol.I, New York: Elsevier Science Publishers B.V..

Zipf, G.K., 1941, *National Unity and Disunity. the Nation as a Bio-Social Organism*, Bloomington: Principia Press.

第3章　アジアの都市 - 農村関係の変貌
――インドネシアを中心に

池田　寛二

1　はじめに――本章の課題

あらためて言うまでもなく、どんな社会においても、都市と農村は別々の世界ではない。だが、社会学においては従来、両者の間に見られる住民の生活様式の差異と、その根底にある住民間の社会関係の差異に注目し、そのような差異を前提にして、都市と農村を別々に研究する傾向があった。しかし、都市であろうと農村であろうと、経験的な調査研究にいささかなりとも踏み込んでみれば、両者を別々に研究することの限界を知ることになる。いずれを研究対象とするにしても、最も根源的な研究課題は両者の差異の解明にあるのではなく、両者相互の関係性の解明にあることに気づかされるからである。

アジア社会を研究する場合、都市と農村の差異よりも相互の関係性にこそ主たる関心を向ける必要性がとりわけ大きいと思われる。それは、一〇年あまりインドネシアの社会を対象として調査研究を続けてきた筆者自身の経験から導き出された率直な印象にほかならない。実際、たとえば、ジャカルタの中心部で暮らしている人々と立ち話をするだけでも、その当人や家族が、いかに濃密に農村との関係を維持し、いかに頻繁に両者の間を移動しているかがよくわかる。反対に、一見鄙びた農村で暮らしている農民と立ち話をしただけでも、その当人や家族が、いかに濃密に都市との関係を維持し、いかに頻繁に両者の間を移動しているかが手にとるようにわかる。

西ジャワ州のある村で出会った農民に、ほどなくしてジャカルタの独立記念塔間近というまさに都心の路上で出会ったことがある。そのとき、彼はれっきとした露天商として働いていた。彼はほぼ二ヶ月毎に、村で農民として暮らす生活と、ジャカルタという大都市の真中で露天商として暮らす生活を交互に営んでいる。彼はジャカルタでは単身で暮らしているが、家族や同じ村の仲間と完全に切り離されているわけではない。露天商の仲間もほとんどが同じ村か周辺地域の出身者であり、彼が村に帰った後には、息子が村から出て来て露天商を引き継ぐことになっている。妻が村から出て来て露天商をつとめることもある。要するに、家族員が交代でジャカルタに出て来て露店を経営しているのである。

都市のいわゆる「インフォーマル・セクター」(それが理論的にも経験的な分析の道具立てとしてもいかに問題の多い概念であるかは後述する)やスラムにおいて、農村の社会関係がほとんどそのまま持ち込まれていることは古くから知られている。しかし、家族関係さえもそのまま持ち込まれていることは、注目に値すると思われる。都市と農村の間に見られるこのような労働力の循環移動(circular migration)現象は、必ずしも、家族・親族関係や地縁的な社会関係を分断しないのである。むしろ、家族・親族関係や地縁的な関係が、労働力の循環移動の原動力として作用していると見る方が実態に近いと言うべきであろう。

労働力の日常的な循環移動は、就学など労働以外の目的を持つ多くの人々の循環移動をともない、それらはさらに、モノ、カネ、情報、文化の循環を促している。その結果、インドネシアの村(desa)には都市(kota)が、都市(kota)には村(desa)が日常的に混在しているのである。その意味で、インドネシアの地域社会の変動過程は、desakota 化と kotadesa 化の同時進行過程として捉えるのが最も適切だと思われる(1)。

ところで、インドネシアに限らず、世界中の地域社会は、二〇世紀の終わりごろから、いわゆる「グローバル化(globalization、インドネシア語では globalizasi)」の影響を免れなくなっている。「グローバル化」という用語もまた、「インフォーマル・セクター」と同じように、しばしば素人を煙に巻く徒らに多義的な専門用語(buzzword)として用いられる傾向があるので慎重な定義を要する。だが、それは後に譲るとして、ここでは、人々、モノ、カネ、情報、文化が国境を超えて文字通り地球規模のスケールで交流するように社会が変化すること、しかし、それが直接国民国家の消滅や世界社会の統合を約束しないばかりか、むしろ世界をさらに分断もしくは分極化する可能性を胚胎しているという、グローバル化をめぐる今日の議論における最大公約数的な定義を踏襲しておく。すでに八〇年代以降、本格的には九〇年代以降、このような意味のグローバル化が、世界中の諸地域に様々に異なる社会変動をひき起こしてきたことは、論を俟たないと言ってよいだろう。

そこで本章では、九〇年代以降のインドネシアにおいて、都市 - 農村関係がグローバル化によっていかに変貌を遂げてきたかを、筆者のこれまでの調査研究によって得られた知見に主として依拠しながら明らかにし、グローバル化がアジアの諸地域の社会に及ぼしつつある影響を考えるための一助としてみたい。

そのためにまず2では、東南アジア、とりわけインドネシアにおいては、都市 - 農村関係を共時的複合化という視座から捉えることが社会学的に有効であることを示す。

次に、3では、都市 - 農村関係の変動要因としてのグローバル化の意味を、九七年にインドネシアで起こった通貨危機（krisis moneter（krismon））からその後に続いた社会・経済の全体的危機（krisis total（kristal））の前後を貫く時間軸の中で検証する。

そして4では、都市 - 農村関係の共時的複合化が九〇年代のグローバル化によって急激に促進され、農村から都市への人口の吸引力として機能してきたいわゆる「インフォーマル・セクター」が、従来にも増して複雑な様相を呈しつつあること、しかも、「インフォーマル・セクター」はもはや都市内部の労働部門にとどまるものではなく、農村内部の労働部門としても極めて重大な機能を果たしていることを明らかにし、そうすることによって、従来の「インフォーマル・セクター」論を再考する。

以上の議論を踏まえて、最後に5では、グローバル化による都市‐農村関係の変貌を総括するとともに、これからの方向性を展望してみたい。そこでは、グローバル化とそれによる社会・経済や環境の危機が、インドネシアの国家と地域社会の関係を分権化の方向にシフトさせる大きな契機となりつつあること、それにともなって、都市‐農村関係も、相互に交流を深めながら社会的にも経済的にも政治的にも文化的にも地域としての自律性を保障し合えると同時に、グローバル化のネガティブなインパクトを抑制し得る地域社会形成の可能性が内発的に模索されねばならないことが当面の結論として示されるであろう。そして、インドネシア社会には、そのような可能性が溢れていることを最後に強調したい。

2　都市‐農村の共時的複合化

アジアや他の諸地域とくらべても、インドネシアの社会は、「都市と農村の間の区別がはっきりしていない」という点で、とりわけ顕著な特徴を示している(Gugler, 1995: viii)。東南アジアは、二〇世紀に入るまで全体として都市の少ない疎人口社会を維持してきた。一九世紀の半ばには、一平方キロメートル当たりの人口密度は、中国では一〇〇人、インドでは五〇人、ヨーロッパでは四五人、日本でも九〇人ほどの水準に達していたにもかかわらず、東南アジアではわずか一〇人程度だったという(坪内、一九九三：一二)。オランダの植民地支配下に置かれていたインドネシア(オランダ領東インド)の場合には、二〇世紀に入った一九二〇年の段階ですら、都市人口率はわずかに五・八%にすぎなかったことを示すデータもある(Sukamdi, 1996: 54)。独立を経て、スハルトの「新秩序」体制のもとで本格的な開発政策が始動する直前の一九六五年においても、インドネシアの都市人口率は一六%にとどまっていて、マレーシア(二二%)、フィリピン(三一%)など周辺諸国とくらべても都市への人口集中が遅々としてしか進んでいなかったことがわかる(McGee and Robinson (eds.), 1995: 8)。このような人口データは、インドネシアがごく最近まで、都市と農村という二つの際立って異質な社会をつくりだしていなかったこと、したがって、都市と農村の区別がはっきりしていなかったことを示唆していると言えよう。九〇年代以降、インドネシアの都市人口率は漸く三〇%を超えたが、その後は急速に上昇し、二〇〇五年には四〇%を超え、二〇二〇年には五五%を超えると推定されている(McGee and Robinson (eds.), 1995: 3)。インドネシアにとって、急激な都市人口の増加は、まさに現在進行中の出来事にほかならないのである。

だが、現在インドネシアで進行しているこのような都市人口率の急上昇は、単に農村から都市への人口集中を意味しているだけではない。私たちはそこから、都市‐農村双方の社会変動を、さらには、都市‐農村関係の変化の様相を読み取らなければならないのである。

これまで東南アジアの都市を研究してきた社会学者やその隣接分野の専門家たちは、東南アジアにおける都市化の特徴を、一方で「過剰都市化(over urbanization)」「産業化なき都市化(urbanization without industrialization)」「都市インヴォリューション(urban involution)」といった観点から捉えるとともに、他方では、「再部族化(retribalization)」として、すなわち部族社会や村落社会の伝統的組織原理が都市に持ち込まれる現象としても捉えてきた(北原編、一九八九：五六—五七)。

前者の捉え方は、今日も基本的には支持されている。たとえば、インドネシアのスカムディは、「都市人口の急増は労働者に適切な雇用の機会と所得を保障することに結びついていない。これこそ、インドネシアの都市の鍵を握る問題(the key problem)である」と主張している(Sukamdi, 1995: 73)。しかし、スカムディは、近代的産業部門の雇用機会が少ないために多くの労働力が都市の雑業部門すなわち「インフォーマル・セクター」に吸収されざるを得ない状況を批判してこのように主張しているわけではない。近代的産業部門いわゆる「フォーマル・セクター」に雇用されても、「インフォーマル・セクター」より高い所得が得られない実情を批判してこのように言っているのである。実際、彼はすでに九〇年代に入ってからの五年間に労働争議が頻発し始めていたことに配慮しながら、このような結論を提示している(Sukamdi, 1995: 71)。要するに、従来の多くの研究者のように「インフォーマル・セクター」が肥大しているのではなく、「フォーマル・セクター」への参入が決して「インフォーマル・セクター」より高い所得を保障しないという現実を批判しているのである。確かに、当時労働争議が頻発した背後にそのような現実があったことは明らかであり、それは、九七年に始まる通貨・経済危機がスハルト体制の崩壊を導く大衆運動に発展してゆくうえで一つの重要な伏線となったと言ってもよいと思われる。

以上のスカムディの議論は、現代のインドネシアの都市において問題とされねばならないのは、「インフォーマル・セクター」と「フォーマル・セクター」のどちらか一方ではなく、双方の社会的・経済的機能の比較と相互の関連性だということを示唆している。おそらく両者の間では、通常考えられる以上に労働力が相互に移動しているであろう。そのことを統計的に示すデータは残念ながら見当たらないため経験的な印象として言うことしかできないが、ふたつのセクターは、特に九〇年代以降、都市の時間と空間のなかで複合化する傾向が強まっているように思われる。

たとえば、九〇年代のジャカルタでは、「インフォーマル・セクター」を代表する雑業である露天商すなわち「カキリマ(kaki lima)」が路上で営業することに対する規制が強化されたが、その一部は、国立銀行、国営放送局、国立博物館、教育文化省などといった公共施設や官公庁、さらには民間のオフィスビルの内部で営業することを許されている。しかも、「カキリマ」当人がその公共施設や官公庁やオフィスで職員として働いた経験を持っているケースも、必ずしも珍しいとは言えない。ふたつのセクターは、このようにかなり複合的に共存していると見るべきであろう(2)。

さらに言えば、従来、「インフォーマル・セクター」は都市においてもっぱら問題にされる傾向があったが、農村社会においても厳然たる労働部門として機能していることを看過してはならない。インドネシアの農家収入のおよそ三分の一は農業以外の就労から得られているという調査結果は、すでに一九七八年に実施された全国調査(ナショナル・ソシオエコノミック・サーヴェイ)によって明らかにされている。また、八〇年代の終わりに中部ジャワのジャティノームの農村で一、〇〇〇人近い商人を調査したエヴァースは、その三分の一が農民であることを報告している(Evers, 1991)。農民もまた、農村における「インフォーマル・セクター」の担い手にほかならないのである。

一方、「再部族化」というもう一つの従来の見方についても、現在では微妙な修正を必要とすると思われる。出身地の部族社会や村落社会の伝統的な組織原理が都市における社会関係形成のひとつのモデルとして機能することがあり得るとしても、そもそもの伝統的な組織原理が変化している可能性も考慮すべきであろう。しかし、さらに重要なことは、都市の社会関係と農村の社会関係は実は別々に成立しているわけではなく、むしろ、一人の個人をめぐる同一の社会関係が都市と農村を媒介し結合させ、そのうえで、多くの人々が両者の間を循環的に流動していると見る方が適切ではないかということである。換言すれば、農村の社会関係が都市に持ち込まれているのではなく、同一の社会関係のネットワークが人々の都市・農村移動を促進しているということであり、その過程において、都市と農村の社会関係が共時的に複合化しつつ変化を遂げているということなのである。言うまでもなく、社会関係が急激に変化しているのはもはや都市だけではない。都市と農村の双方で同時に変化しているのである。そういう視点に立たなければ、今日のインドネシアの社会変動を的確に捉えることはできないと思われる。

以上のように、今日のインドネシアにおける都市‐農村関係を社会学的に解明するには、社会関係の共時的複合化という視点が重要になる。その要諦を示せば、①都市と農村は同一の社会関係のネットワークに媒介されて結合し、それが双方の間の人々、モノ、カネ、情報、文化の循環移動を促進している。②都市においても農村においても、「フォーマル・セクター」と「インフォーマル・セクター」は同時に存在し、相互に深く関与し合うとともに、労働力も双方の間で日常的に流動し、ますます複雑な様相を呈している。③その結果、都市と農村を結びつけている社会関係のネットワークも、ますます複合化しつつある。④それを反映して、都市においても農村においても、社会関係の中に生ずる緊張関係や摩擦が増幅されつつある。

このような都市と農村を貫く社会関係の共時的複合化は、明らかに九〇年代以降急速に進んだものである。八〇年代までは、労働争議も総じて少なく、それが暴動に発展することもあまりなかった。雑業部門においても、たとえばジャカルタのように行政権力が本格的にベチャを排除するようになったのは九〇年代に入ってからであり、それに抵抗するベチャ引きのデモや警官との衝突が頻発するようになったのもその頃である。ジャカルタ以外の地方都市では、ベチャがジャカルタほど徹底的に排除されることはなかったが、バス・ドライバーとベチャ引きの間など雑業層内部の異業種間対立が暴行事件に発展するといった事件が、特に目立つようになっていた。農村でも、農地を買い上げて進出した工場からの排水や悪臭による環境汚染に周辺住民が抗議し、工場を襲撃するといった事件も多発するようになっていた。市街地の廃棄物の最終処分場が周辺の農村に建設され、その近辺の住民が健康被害を訴えるケースも散見された(池田、二〇〇二：二七〇―二七三)。九〇年代はこのように、社会の中の緊張や摩擦が都市、農村を問わず増幅された時代だったのである。それは、フォーマル、インフォーマルを問わず、いずれのセクターにおいても、競争原理が強く働くようになったことを示唆していると思われる。そして、その少なくとも一つの大きな要因が、スハルト体制のもとで進行したグローバル化にあったことは論を俟たないであろう。

3　グローバル化による危機と都市-農村関係

グローバル化とはきわめて多義的な用語であり、焦点の当て方次第でさまざまに異なって定義されてしまうとても厄介な概念である。だが、それを単なるジャーゴンあるいは buzzword として無視することができないのは、それが現代社会に特有の社会変動の趨勢を理解するための鍵を握っているからにほかならない。おそらく、グローバル化という概念をより的確に理解するためには、①その変動要因は何か、②変動の趨勢そのものをどう捉えるか、③それが現実の社会にどのような影響や変化をひき起こしつつあるか、を区別して考える必要があるだろう。グローバル化をめぐる従来の議論の混乱は、この三つの次元の異なる問題をしばしば混同してきたことによると思われる。

①まず、グローバル化の変動要因は、資本主義市場システムの世界化にあったと考えてよいだろう。だが、注意を要するのは、資本主義市場システムの世界化は、国家の機能を弱めることにつながったと見るべきではないということである。むしろ、資本主義市場システムは、国家の機能の強化によって拡大し世界化することができたと考える方が的確だと思われる(池田、二〇〇一:四六―五四)。

②現代に特有の社会変動の趨勢という意味でのグローバル化とは、ヘルドによれば、社会の時間的・空間的編成の規模、密度、速度、衝撃力の四つの次元に認められる変化の総体を意味している。すなわち、国境や地域の地理的境界を超えて社会関係が空間的に規模を拡大すること(規模の次元)、空間的に拡大した社会関係の密度や重要度が増すこと(密度の次元)、それにともなって人々の考え方(思想)や資本や商品や情報の移動・交流・流通・拡散が高速化すること(速度の次元)、そして、特定の場所で起こる出来事に対して遠く離れた場所で起こる出来事がおよぼす影響力や衝撃力が強まること(衝撃力の次元)、それらが同時に進行する重層的な社会変動過程を意味している

(Held et al., 1999: 16-17)。

③だが、サーボーンが言うように、「グローバル化は、世界の様々に異なる部分において、異なる外的および内的意味を生み出す異なる空間的 - 歴史的コンテクストの中で生起している」から、そこにあらわれた影響や変化の実相を直接グローバルなスケールで捉えることは不可能である。要するに、「グローバル化は」、地域によって「様々に異なってグローバル化されている」のである(Therborn, 2000: 169)。したがって、グローバル化によってあらわれた影響や変化は、地域の中で検証されるしかない。

では、東南アジアという地域、特にインドネシアにおいて、グローバル化とはいかなる社会変動を意味するのだろうか。それが、資本主義市場システムの世界化によって、八〇年代から九〇年代にかけて急速に進行した社会変動であったことは明らかである。だが、東南アジアの多くの国々では、そのような意味でのグローバル化は、「開発主義(developmentalism)」を標榜する権威主義的な政治体制によって積極的に導入されるという地域的な特徴を示した。インドネシアにおいて一九七〇年代から本格的に始動したスハルト体制には、そのような特徴がとりわけ顕著に認められた。

マコーマックが指摘しているように、「開発(pembangunan)」は、独立当初のスカルノ時代からすでに一つの国是になっていたが、スカルノとスハルトでは、その意味がほとんど反転している。スカルノが世界市場から国民経済を切り離して独自の経済発展をめざすことを「開発」と考えたのとはまったく反対に、スハルトは国民経済を世界市場に統合して経済発展をめざすことを「開発」と考えたのである(McCormack, 1999: 48-73)。

そのような「開発」政策を推進したスハルト体制のもとで、日本をはじめ欧米先進諸国からの投資や企業進出が急速に進み、インドネシアは、少なくともマクロな経済指標に示されるかぎりにおいては、八〇年代から九〇年代に、未曾有の経済成長を謳歌することになったのである。かつてののどかな農村には、工業団地が続々と建設され、農民の多くは工場労働者に転じた。都市への人口集中も加速したが、単に一極に集中するという従来のパターンに代わって、経済活動や都市機能およびそれらを担う人口分布が脱中心化し、かなり広域にわたって多極分散的に人口を吸収することによって都市人口が急増してゆくという新しいパターン、すなわち、「メガ・アーバニゼーション」とマッギーらが呼ぶような新たなパターンの都市化が進行した(McGee and Robinson, 1995: 50-51)。

だが、ジャカルタやバンドンやスラバヤといった大都市が多極分散的に拡大を遂げてメガ・アーバン・リージョンを形成し、その内部や周辺農村において主に外資による工業開発が急激に進み、その結果としてマクロ経済が順調に成長しているように見えた九〇年代半ばの段階で、すでに失業率の急上昇と所得格差の拡大が問題になっていた。当時の政府さえ、九〇年から九五年にかけてのわずか五年間に、失業率が二倍に増えたことを認めていたほどである(*Jakarta Post*, November 7, 1996)。それは、そもそもインドネシアの工業開発とそれによる経済成長が、海外からの投資や援助と政府や軍の権力者や官僚との癒着の構造の中で直接ないし間接的に利益を享受できるごく少数の人々に恩恵をもたらしただけで、国民経済全体に利益をシェアするものではまったくなかったこと、しかも、九〇年代の前半にはＩＭＦの構造調整政策の強化によって市場経済の自由化への外圧が急速に高まり、それによって階層間の所得格差がますます拡大しつつあったことを物語っているのである。したがって、九七年の通貨危機以前に、インドネシア経済は深刻なリスク要因をすでに胚胎していたことになる。それが、スハルトの権威主義的な開発体制によって導入されたグローバル化の帰結にほかならなかったことは言うまでもない。インドネシアが九〇年代前半に高度経済成長を遂げたように見えたのも、その根底で失業率の上昇や所得格差の拡大というリスクが増幅されたのも、そして、九七年の通貨危機を引き金にして一瞬にして深刻な経済危機に陥ったのも、グローバル化という同一の社会変動過程にこの国が組み込まれた結果だったのである。

では、グローバル化によるメガ・アーバン・リージョンの形成過程において、都市‐農村関係はどのように変容したのだろうか。まず第一に指摘しなければならないのは、工業化が急速に進んだからといって、農村から都市への人口流出が起こり、農村人口や農業人口が減少するという事態は、インドネシアでは認められなかったということである。通貨危機の二年前に当たる一九九五年のデータによれば、工業部門のＧＤＰに対する寄与率は四〇％を超える水準に達していた。だが、それにもかかわらず、工業部門に雇用されている労働力は、全就業人口の一二・六％でしかなかった。反対に、農業部門はその当時すでにＧＤＰに対する寄与率が一七％まで下がっていたにもかかわらず、全就業人口のおよそ四四％が農業部門に、したがって主に農村に滞留していたのである(池田、一九九七：一八)。しかし、このような量的データは、必ずしも都市と農村の労働力の内実が変化しなかったことを意味しているわけではない。農村の労働力も都市の労働力も、それまで以上に、より稼ぎのよい仕事を奪い合う傾向、すなわち労働力市場をめぐる競争に身を委ねざるを得なくなったのである。また、工場進出ブームによって、農業の生産基盤としての農地がそれまで以上に激烈な市場競争にさらされるようになったことも見逃してはならないだろう。

だが、二つ目に指摘したいのは、メガ・アーバン・リージョンでは、農民のかなりの部分が日雇いのような不安定な就労形態のもとで工業部門に組み込まれたと見なし得るということである。メガ・アーバン・リージョンにおいては、工業部門で正式の雇用の恩恵に浴することのできた人々の数は決して多くはなかったが、多くの農民は不安定な日雇い労働力として工業部門に参入するようになったと推定できるからである。むしろ、安価な日雇い労働力として農民を大量に雇用できたからこそ、外国資本や国内のごく少数の経済的・政治的エリートが支配するコングロマリットが経営する工場が、農村地域に多極分散的に進出してきたと言う方が、実態に近いかもしれない。いずれにしても、主に農民出身の日雇い労働者は少数の正社員にくらべてかなり劣悪な待遇を受けていたため、九七年の通貨危機以前から、彼らの不満はしばしば爆発していた。たとえば、通貨危機が始まった一九九七年七月のわずか半年前の一月に、バンドンのメガ・アーバン・リージョンの一画に位置するスメダンのある繊維工場で、五、〇〇〇人の日雇い労働者が参加する大規模な暴動が発生し、軍隊によって鎮圧されるという事件に発展したことがある。この暴動の直接の原因は、イドル・フィトリ(イスラム教の断食明けの祝祭日)のための特別手当(THR=Tunjangan Hari Raya)の支給額が、正社員と日雇い工員との間で大幅に差別されていることに、半数以上を占める日雇い工員(全従業員九、〇〇〇人のうちの五、〇〇〇人)が強い不満を抱いたことにあったと伝えられている(*Suara Pembaruan*, February 1, 1997)。

さらに三つ目に指摘しなければならないのは、工場で働く人々を中心に都市－農村間の流動性が高まるのにともなって、主としてインフォーマルな労働部門に参入する人々が急増したことも、メガ・アーバン・リージョン拡大の促進要因として看過できないということである。実際、工場ができれば、工員の通勤手段となるバスやオジェック(オートバイの後ろに客を乗せて運ぶ商売)やベチャが急増し、彼らが客待ちをする工場のゲート付近には、さまざまな屋台や露店がたちまち蝟集する。メガ・アーバニゼーションの段階に入っても、インフォーマル・セクターは多極分散型の都市化の促進要因であることに変わりはなかったのである。

だが、四つ目に指摘したいのは、メガ・アーバニゼーションの段階では、フォーマル・セクターが成長した分だけ、インフォーマル・セクターが圧迫される傾向が強まったということであり、そこに都市化の新しい局面を見出す必要があるということである。九〇年にジャカルタの都心部からベチャが排除されたという事実が象徴しているように、九〇年代以降、インフォーマル・セクターに対する行政当局の規制は急速に強化された。そのため、すでに通貨危機以前からインフォーマル・セクターをめぐる紛争は頻発していた。たとえば、ジャカルタでは、九七年の一月に、市当局から営業停止を命じられた「カキリマ」と呼ばれる露天商のグループが、それを不服として当局のオフィスを襲撃するという事件が起こっている。

このように、インドネシアでは、権威主義的開発体制が導入したグローバル化による高度経済成長の過程で、九〇年代をピークにメガ・アーバニゼーションが進行するのにともなって、都市、農村を問わず土地や労働力をめぐる市場競争が過熱し、階層間格差の拡大とインフォーマル・セクター内部の摩擦や緊張がかなりの程度まで高まっていたのである。通貨危機は、そのような火種に外から点火する契機にほかならなかったのだと言えよう。

九七年の通貨危機を発端にして起こった一連の経済危機が、それまでの成長期に顕在化していなかった傾向を顕在化させたとすれば、その少なくとも一つは、インフォーマル・セクターだけが不安定な労働部門なのではなく、フォーマル・セクターも基本的には同様に脆弱で不安定な労働部門にほかならないという潜在的傾向だったのではないかと思われる。実際、西ジャワ農村における詳細な調査にもとづいて通貨危機の社会的影響を検証したブレマンとウィラディは、通貨危機が暴き出した「単純明快な真実とは、フォーマル、インフォーマルいずれのセクターにおいても、多くの人々が所得源としていた仕事から排除され、新しい仕事を見つけ出すことができなかったということだ」と言う(Breman and Wiradi, 2002:16-17)。

だとすれば、私たちは、少なくとも通貨危機以後の現在においては、フォーマル・セクターとインフォーマル・セクターの区別に過剰な意味を付与する必要がない、あるいはかえって区別しない方がよい、ということになるのではあるまいか。むしろ社会学的には、二つのセクターの共通性、あるいは相互の重層性や流動性をこそ解明しなければならないのではないだろうか。ブレマンとウィラディが言うように、たとえば「失業というのはフォーマル・セクターにおいてのみ見られる現象だという考え方は誤りである。」失業という現象は、都市にも農村にも、フォーマル・セクターにもインフォーマル・セクターにも共通に認められる現象にほかならず、現実社会の詳細な観察にもとづいてインフォーマル・セクターの「複雑さ(intricacies)」を十分に理解できないエコノミストには、それがわからないだけなのである(Breman and Wiradi, 2002:15)。

だが、エコノミストばかりでなく社会学者も、都市対農村とか、フォーマル・セクター対インフォーマル・セクターといった二元論的思考様式から完全に自由になっているとは言い難いと思われる。そのような思考様式は、ブレマンとウィラディに言わせれば、植民地時代の二元論的思考様式(その典型が、ブーケの「二重経済」論)の焼き直しでしかなく、それではグローバル化によるポスト・コロニアルな社会変動(たとえば、通貨危機前後の社会変動)の複雑な真相を解明することはできないであろう(Breman and Wiradi, 2002: 308)。では、こうした二元論的思考様式を相対化し、複雑な真相により接近するために、フォーマル・セクターとインフォーマル・セクター間の相互の共通性・重層性・流動性を私たちはどのように捉えればよいのだろうか。

4 都市-農村関係を媒介するインフォーマル・セクターの変容

長年にわたってインドネシアやタイを中心に東南アジアの都市社会研究をリードしてきたエヴァースは、「これまでのところ、「インフォーマル・セクター」という概念を用いようとする試みは、単なる記述のための道具立てとしてのみならず、分析トゥールとしても、理論的文脈に当てはめることにも、ことごとく失敗してきた」と批判したうえで、現実の社会、特に大都市では、経済活動はフォーマル、インフォーマルという概念による区別が示す以上にはるかに「異種混交的(heterogeneous)」な様相を呈していて、「二つのセクターを単純に区別することは、大都市の経済の分析や記述の道具立てとしては明らかに役立たない」と断言している(Evers and Korff, 2000: 135-136)。

だが、前節で述べたように、グローバル化の負のインパクトを東南アジアのほとんどの地域が経験した今の時点では、このことは都市だけでなく、農村にもほぼそのまま当てはまると考えるべきであろう。農村においては、本来経済活動は多様性に富んでいて、もともとフォーマル、インフォーマルの区別が曖昧だったと言えるが、グローバル化とそれによるメガ・アーバニゼーションにともなって、経済活動は単なる多様性を超えて異種混交化の方向に急激に進んでいると思われるからである。しかも、それにともなって、都市と農村の関係も質的に大きく変化しつつあると思われる。一言で言えば、都市と農村も異種混交化し、同一の社会関係のネットワークによってますます緊密に結びつけられるようになっているのではないだろうか。そして、両者の異種混交化を媒介している社会関係のネットワークの構造と機能を理解するためには、まずは、これまでインフォーマル・セクターと呼ばれてきた経済活動領域を、社会学的に再検討してみる必要があるのではないだろうか。

インフォーマル・セクターとは、政府の公式統計に計上されず、したがって、政府による規制や課税を多かれ少なかれ免れているという意味で、エヴァースの言う「影の経済（shadow economy）」の中核部分に相当する領域である。だが、「影の経済」を構成しているのは、インフォーマル・セクターばかりではない。それは、市場の外部において、全面的に自己消費のために行われる経済活動であり、「自給生産（subsistence production）」と呼ぶことのできる部分である。それが、「影の経済」の最も基層にあって、その上で零細なスケールで雑多な財やサービスを小規模な市場を媒介して取引することによって成立しているのが、「インフォーマル・セクター」にほかならない。このように二つの部分から成る「影の経済」の上から、唯一日の目を当てられて影をつくりだしているのが、「フォーマル・エコノミー」の領域なのである(Evers and Korff, 2000: 131-141)。光が当たるものがなければ影もできないように、フォーマル・エコノミーとインフォーマル・エコノミーは互いを不可欠としているのである。

したがってエヴァースによれば、このような経済活動の三層構造は、それぞれに別々に存在しているわけではない。経済活動の基本的な単位は世帯(household)であり、世帯においてこれら三つの経済活動は異種混交していると見るべきだというのである。そこで、エヴァースは、三層間の混交の様式によって、五つの経済活動を類型化している。

まず第一は、「Fタイプ」、すなわち、もっぱらフォーマル・セクターから得られる所得によって世帯の生計を立てるというタイプである。

第二は、「FSタイプ」、すなわち、主たる所得はフォーマル・セクターから得るが、ある程度の消費は自給生産(subsistence)によって賄うというタイプである。

第三は、「FISタイプ」、すなわち、フォーマル・セクターから得られる賃金、インフォーマル・セクターから得られる収入、そして自給生産をいずれも重要な生計の手段として結びつけているタイプである。

第四は、「FIタイプ」、すなわち、フォーマル・セクターとインフォーマル・セクターを結びつけているタイプである。

最後の五つ目は、「ISタイプ」、すなわち、インフォーマル・セクターから主たる収入を得ながら、自給生産も行うタイプであり、フォーマル・セクターにアクセスできないタイプである。

　これらは、すでに述べたように、生計の単位である世帯の経済活動類型であるから、例えば、「FＩSタイプ」の場合、世帯構成員のうちの誰かが会社勤めや工場勤務といったフォーマル・セクターから賃金を得ていて、別の誰かが行商や露天商といったインフォーマル・セクターから収入を得ていて、別の誰かが農業など自給生産に従事しているというような、いわば役割分担型と、世帯構成員の特定の一人か二人が、二つないし三つの経済活動を兼業しているというような、いわば個人兼業型とが考えられる。したがって、エヴァースの五類型を実態にさらに近づけるためには、世帯構成と役割分担型か個人兼業型のいずれかであるかというファクターも、分析に組み込む必要があると思われる。

　だが、それは今後の課題としてとどめることにして、ここでは、以上の類型論からインドネシアにおける人々の経済活動の実態がどのように概観できるかということだけ指摘しておきたい。まず、九〇年代前半にピークに達したインドネシアの経済成長は、「Fタイプ」の経済活動人口を育成し、ひとつの確固たる階層の形成を促した。それは、高学歴を取得し、都市に住むことによってフォーマル・セクターにアクセスでき、そこから得られる賃金のみによって、十分に余裕のある消費生活が営めるようになった階層である。

　一方、「ＩSタイプ」は、フォーマル・セクターにアクセスできないという意味において、相対的に不安定で、都市、農村いずれにおいても、おしなべて低い階層を形成していると言えよう。ただし、それはあくまで一般的な傾向であって、「ISタイプ」と言えども、高い収入を得て裕福な生活をしている例がないわけではない。また、インフォーマル・セクターと言っても、それが指し示しているすべての経済活動が、「インフォーマル」という言葉からイメージされがちな未組織で無秩序な経済活動だというわけでもない。むしろ、インフォーマル・セクターというカテゴリーに含まれる経済活動の多く（露天商、行商、ベチャ引きなど）は、かなり組織化されていて、行政当局から営業許可を得ている場合が少なくない。

したがって、「Fタイプ」を最上層、「ISタイプ」を最下層というように、単純に垂直的な階層構造が形成されていると考えるべきではない。しかし、この二つのタイプが対照をなしていることは明らかであり、少なくとも九〇年代前半、すなわち、九七年の通貨危機発生前までの経済成長期には、この二つの間に位置する三つのタイプ（「FSタイプ」「FISタイプ」「FIタイプ」）の経済活動人口が急速に増加し、その三つの層の厚みが増幅するのにともなって、「Fタイプ」と「ISタイプ」の階層間格差が拡大したと見ることができるのではないかと思われる。

ところで、これら三つの中間タイプは、いずれも部分的にフォーマル・セクターへのアクセスを確保しているが、それは多くの場合、世帯構成員のうちの誰かが農村から都市へ、あるいは農村からメガ・アーバニゼーションに組み込まれた地域へと移動することによって可能になったものと思われる。また、地理的な移動をともなわなくても、農村に工場が進出することによって、かつては大半が「I

Sタイプ」に属していた農民が工場に労働力として雇用されることによっても、三つの中間タイプが増えたと考えることができる。

いずれにしても、通貨危機以前のバブル的な経済成長によって、全面的(「Fタイプ」)にせよ、部分的(「FSタイプ」「FISタイプ」「FIタイプ」)にせよ、フォーマル・セクターにアクセスできる人々が増加しつつあったことは明らかだったと言ってよいだろう。そして、九七年七月に起こった通貨危機は、まず初めに、これら多かれ少なかれフォーマル・セクターに組み込まれていた人々の経済生活を直撃したのである。多くの企業が倒産や人員削減もしくは操業時間短縮を余儀なくされ、失業者が急増した。筆者が当時毎年訪れていたバンドン市郊外の農村でも、工場を馘になって村に戻り細々と自給的な農業に勤しんでいる人々に多数出会った。

だが、通貨危機の衝撃は、決して都市のみに、そして特にフォーマル・セクターのみに及んだというわけではない。衝撃は、農村にも、インフォーマル・セクターにも、ほぼ同様に及んだと見るべきである。ブレマンとウィラディが言うように、「通貨危機によってフォーマル・セクターの方がインフォーマル・セクターよりも苦痛を強いられたという結論を支持する両セクター間の経験的研究や比較研究はほとんどない」のであり、そのような見方が前提としている「インフォーマルな経済活動の最も顕著な特徴のひとつは、その融通性にあるという仮定」も必ずしも現実を正しく反映しているとは言えないのである(Breman and Wiradi, 2002: 300)。実際、農村でも、圧倒的に多数を占める「ISタイプ」

の人々も、生活必需品(特に、コメ、砂糖、食用油、灯油など全部で9品目の生活必需品を意味する「スンバコ(sembiran bahan pokok)」の価格急騰に苦しめられたのである。

では、通貨危機は、なぜ都市、農村を問わず、またフォーマル・セクター、インフォーマル・セクターを問わず、人々の生活を直撃したのだろうか。それは、グローバル化による通貨危機以前までの経済成長によって、都市も農村も、フォーマル・セクターもインフォーマル・セクターも、急激に異種混交化していたからにほかならないと思われる。

5　危機を超えて――分権化と都市 - 農村関係

周知のように、インドネシアでは一九九七年に起こった通貨危機とその後に続いた深刻な社会・経済および政治の全体的危機は、磐石を誇ったスハルトの長期開発独裁体制を崩壊に導く契機となった。二一世紀に入った今も、インドネシアは、スハルト体制を終わらせた「改革(Reformasi)」の途上にある。「改革」は、経済の低迷や社会不安を一挙に克服し得たわけではないが、改革闘争の同時代的な分析を試みた社会学者であるセロ・スマルジャンが言うように、「いくつかの肯定的な変化をもたらした」ことは、明らかである(Soemardjan (ed.), 1999 =二〇〇三：四〇三)。特に、都市 - 農村関係に直接関連する改革としては、中央集権体制から地方自治(Otonomi Daerah)権の拡大強化、すなわち地方分権への移行が進みつつあることに注目する必要があるだろう。

地方分権は、インドネシアにかぎらず、たとえば現在の日本でも、大きな政治課題となっているが、その概念的理解は必ずしも十分に共有されていない。そこで、ここではまず、インドネシアにおいて現在行われている地方分権の特質を理解するために、その概念的検討を手短に行っておきたい。

地方分権とは、社会的・経済的・政治的諸制度の「脱中心化(decentralization)」の一つのタイプである。「脱中心化」は、その目的により、政治的脱中心化、空間的脱中心化、市場の脱中心化、行政的脱中心化の四つのタイプに大別され得る。政治的脱中心化とは、意思決定権力をかぎられたエリート階層から国民一般もしくは地域住民に移行させることであり、空間的脱中心化とは、都市への一極集中的な空間構造を分散的な空間構造へと計画的に移行させることであり、市場の脱中心化とは財やサービスの交換システムを一部のステークホルダー(たとえば、一握りの大企業)による統制から可能なかぎり多様なステークホルダー(中小企業、協同組合、消費者団体、NGO、個人消費者など)による多元的な制御へと移行させることであり、行政的脱中心化とは、中央政府に集中している行政権力を様々なより下位の地方政府へと移行させることを意味している(Cohen and Peterson, 1999: 22-23)。

「地方分権」と言うと、ともすれば政治的・行政的な脱中心化としてのみ理解されがちだが、国境との距離や隣接関係(陸で隣接しているか海で隔てられているか)とか大都市、とりわけ前述したメガ・アーバン・リージョンとの距離関係とか自然生態系の特質といった空間的条件によって、脱中心化の様相は異なってくるであろう。また、地域社会が潜在的に有している自然資源や人的資源、特に労働力の質と量、それらによって創出され消費される経済価値によっても、脱中心化の様相は異なってくるにちがいない。したがって、政治的・行政的な地方分権の要因も結果も、ともに、空間的脱中心化、市場の脱中心化と一体の社会変動として捉えなければ、本質的な理解に至らないと言わなければならない。都市・農村関係の変容も、上記四つのタイプの脱中心化が複合的に進行している過程として捉える必要があるだろう。

現在、「地方分権化」の名のもとでインドネシアや日本で試みられつつある脱中心化は、いずれも行政的な脱中心化から着手されている。したがって、地方分権化は、厳密に言えば、四つのタイプの脱中心化の一つである「行政的脱中心化」に相当するものと理解できよう。重要なことは、行政的な脱中心化という意味での地方分権化は、政治権力の布置連関やすでに述べたような空間的および市場的布置連関と不可分の変動過程として検討されねばならないということである。

さらに重要なことは、「行政的脱中心化」を当面の手がかりとして地方分権化を捉える場合にも、それはさらに三つのカテゴリーに分けて考えねばならないということである。すなわち、行政の「脱集中化（deconcentration）」「権限委譲（devolution）」「代表権移行（delegation）」の三つである。脱集中化とは、中央政府に集中していた行財政機能と政策決定権を様々なレベルの地方行政単位に分散させることを意味している。権限委譲とは、中央政府および相対的に上位の行政単位から、地方のより下位の行政単位へと行財政権限が委譲されることを意味している。代表権移行とは、政策決定権と責任を中央政府から地方政府(自治体)に移行させることを意味している(Cohen and Peterson, 1999: 24-29)。

インドネシアでは、すでにスハルト体制下でも、見せかけの地方分権化は行われていた。その実態は、中央政府の権限を地方政府に委譲したわけではなく、業務の実施のみを地方政府に委託するものでしかなかった。その意味で、スハルト時代の「地方自治」は中央集権体制を巧に隠蔽するための見せかけにほかならなかったと言えよう。ポスト・スハルト時代の「改革」がもたらした地方分権は、その意味で画期的であり、上記の三つのカテゴリーをすべて実質的にカバーしている。

具体的には、一九九九年にハビビ政権のもとで策定され、二〇〇一年にアブドゥラフマン・ワヒド政権のもとで施行された「地方行政法」と「中央地方財政均衡法」によって、現在、全国的に地方分権化が推進されている。これら地方分権化二法のもとでは、地方政府は単に中央政府の代理機能を果たす存在から、自ら実質的な政策決定権と行政権限と独自の財政基盤を有する存在に変わった(=「分散」から「分権」へ。その意味での、行政権力の実質的「脱集中化」)。中央政府の行政権限の多くは、第二級地方政府(県(**kabupaten**)および市(**walikota**))レベルに委譲された(=「権限委譲」)。そして、地方政府の首長は、中央政府を代理し中央政府に責任を負う立場から、地方議会に対して代表権と責任を負う立場に変わった(=代表権移行)のである。その実施には、なお多くの混乱が見られるとはいえ、地域社会に大きな変化が起こっていることだけは明らかである。

目に見える変化の最たるものは、地方政府のテリトリーの変化である。スハルト時代には二七あった州(propinsi)は、二〇〇三年の時点では三三に増えている。同じく県の数は二四五から三三四へ、市の数は五九から九一へと著しく増加している。日本の「地方分権化」が、地方自治体の合併による数の減少に向かっているのとは、きわめて対照的な変化を見せているのである。インドネシアでは、日本とちがって、行政的脱中心化と空間的脱中心化とが整合的に進行しているといえよう。

インドネシアの地方分権化に対しては、狭隘な地域エゴが剥き出しになり、他地域からの移住者やマイノリティを排除し差別する動きが強まることへの懸念を表明する向きもないわけではない。また、地方の一握りの権力エリートに利権が独占され搾取される可能性があるという見方もないわけではない。地方にいくら行財政の権限を委譲しても、それを有効に活用できるだけの人的資源が欠落しているという批判的な見方もある。さらには、地方自治体だけでは外資とわたり合って地域経済を独自に発展させる能力はないから、地方分権化はグローバル経済からインドネシア経済をますます引き離す結果にしかならないのではないかという疑念もある。だが、これら一見すると冷静だが悲観的な評価は、単に、地方分権化が緒についたばかりで、なお、様々な混乱に直面していることを反映しているにすぎないと受けとめるべきであろう。結論を出すには、あまりにも早すぎるのである(インドネシアの地方分権化については、松井編、二〇〇三および佐藤編、二〇〇二、第五章を参照されたい)。

今はっきり言えることは、地方分権化によって、インドネシアの都市 - 農村関係は大きく変容を遂げようとしているということである。最後にその一端を、ごく最近の事例研究を通して紹介し、そこからどのような変化の可能性を読み取ることができるか考えてみたい。

現在のインドネシアにおいて地方分権化にともなう地域社会の変化が最もダイナミックに見出せるのはどのような地域かといえば、資源とそれによる経済発展のポテンシャルに恵まれている地域である。スハルト体制下では、地域内に豊かな資源があっても、それを地方政府がインフラ整備や経済発展に活かすことはできず、中央政府とそこに巣食う一握りの権力エリートに収奪されてきた。地方分権化は、そのような状況を変えて、地域社会が自らの手で地域資源の恩恵を享受することを可能にした。そのような意味で、地方分権化の成果を最も早く、かつ目に見える形で示しつつあるのが、スマトラ島のリアウ州やボルネオ島の東カリマンタン州のような、もともと資源に恵まれた地域だというのは、必然的な帰結だといえよう。

特に、東カリマンタン州は、地方分権化が進んだことによって、一九九九年から二〇〇二年までのわずか三年間で州政府の予算規模が実質三倍に跳ね上がるようなめざましい経済発展を遂げている。また、同州のなかでもとりわけ資源に恵まれているクタイ・カルタヌガラ県は、地方分権化によって現在では全国一豊かな県となっている（*GATRA*, September 20, 2003: 7）。

東カリマンタン州は、もともと豊かな森林資源と石油、石炭、天然ガスなどの地下資源に恵まれていた。しかし、スハルト体制下では、それらの資源は中央政府とスハルト・ファミリーを含めてそこに結託しているごく一握りのジャカルタに住む権力エリートによって支配され、地域の経済発展にはほとんど結びついていなかった。地方分権は、資源に恵まれている地域が自らの地域に豊かさをもたらすことを初めて可能にしたわけである。

東カリマンタン州の経済機能の中心を担っているのはバリクパパン市だが、同市の人口はこの数年の地方分権化による経済発展とともに急激に増加している。地方分権化二法が施行された二〇〇一年から二〇〇三年までのわずか二年の間に四六万人から五六万人へと一〇万人も増加したのである。だが、それは周辺の農村地域からの人口流入による増加ではない。それは、ほぼインドネシア全土からの急激な人口流入によるものである。その結果、バリクパパン市は、およそ六〇のエスニック・グループを擁する大都市として成長をつづけているが、そのことは必ずしも地域社会としての秩序維持を脅かす要因になっているわけではない。今では、同市はインドネシアで最も治安のよい都市として知られているのである(3)。

カリマンタンの場合、農村もまたスラウェシ島出身のブギス人を筆頭に、中央政府による移住政策の影響もともなって、エスニシティは多様であり、その点では、都市と農村の間に本質的な差異はない。豊かな資源をめぐって全国から多様なエスニック・グループが殺到し、ときには先住民であるダヤック人との間で深刻な紛争を経験しながらも、地域社会の秩序形成に取り組んできた歴史は、カリマンタンの都市にも農村にもあまねく息づいている。ただ、少なくともスハルト時代までは、ジャワ島に出自をもつ最大規模のエスニック・グループであると同時に最も有力な政治的エリート集団でもあったジャワ人が、突出して大きな支配権力を保持していたことは明らかであった。その意味で、カリマンタンは最も典型的なポスト・コロニアルな複合社会だったと言えよう。現在進行中の地方分権化は、ジャワ人支配というポスト・コロニアル状況に大きな変化を引き起こしつつある。それは、地方分権化以降東カリマンタン州では二つの県で先住民ダヤック出身の県知事が誕生したという事実が端的にものがたっている(4)。

バリクパパン市でも、地方分権二法の施行を受けて、行政システムの大胆な改革を断行している。特に、これまでインドネシア全土に適用されていた地域の末端自治組織の一つであった日本の町内会・自治会に相当するエルウェー(RW=Rukun Warga)を廃止し、隣組に相当するエルテー(RT=Rukun Tetangga)を直接行政村長すなわちルラー(lurah)の下に置いて、RTの末端自治機能の強化をはかろうとしていることは、全国的に見ても特筆に値すると思われる。RTの機能を強化するために、市はRTの活動費用の支出も予算化している。学校経営も、これまで市が経営管理を行ってきた小学校は、今ではルラーの管轄となっている。中学校も郡長すなわちチャマット(camat)の管轄となり、市は高校の経営管理を行うのみとなっている。それにともなって、地域の教育支援委員会への住民参加も促進されている。このように、バリクパパン市では、少なくとも制度的には草の根的な地方分権が推進されつつある(5)。

もちろん末端の行政システムだけでなく、ほかにも様々な変化が見られる。これまで、中央政府を介してしか受け入れることができなかった海外からの援助や民間投資も、基本的にはバリクパパン市が直接受け入れることができるようになった。また、様々な開発計画も市のイニシアティブのもとで、地域の内外の企業や地元のＮＧＯや住民など多種多様なステークホルダーを縦横に組織して展開することが可能になったのである。

たとえば、バリクパパン市の地域環境影響評価庁(BAPEDALDA=Badan Pengendalian Dampak Lingkungan Daerah)は、二〇〇二年から同市西バリクパパン郡マルガサリ村でワイン川河口海岸地域の環境保全プロジェクトを実施しているが、それは、水上集落住区における生活廃水管理施設の建設とマングローブ林の植林による環境再生を同時に推進することによって住民の生活改善と海岸の環境改善を一挙に実現しようとする試みである。このプロジェクトには、地元の企業や「バリクパパン湾保護協会」をはじめとする地元ＮＧＯも関与しているが、最大の特徴は、末端の四つのＲＴ(RT27・28・29・30)を草の根から組織しているという点に見出すことができる。行政システムにおけるＲＴの末端機能強化は、このように具体的な開発プロジェクトの推進過程においてすでに認められるようになっているのである(6)。

すでに述べたように、インドネシアの中でもバリクパパン市は、豊かな自然と資源をめぐるポスト・コロニアルな複合社会状況を特に顕著に示す都市の一つの典型と見なすことができると思われるが、そこに、地方分権化という行政システムの大きな変動要因が加わったことにより、同市の地域社会はさらにダイナミックに変容しつつあるといえよう。周辺の農村との関係は、全国からますます多様なエスニシティをもつ人々が流入することによって二つの方向に変化する可能性があると考えられる。一つは、人口分布やビジネスセンターの分散化＝脱中心化によるメガ・アーバニゼーションの進行という方向である。それは、ジャワの大都市がすでに経験しつつある変化にほかならない。その場合には、都市も農村も同時に多極分散的に都市化を遂げることになるであろう。もう一つは、都市機能の空間的集中が一方的に進むことによって都市と周辺地域との差異化がさらに著しくなるという方向である。目下のところ、バリクパパン市は転入の時点から六ヶ月以内に定職に就けない流入者には永住権を与えないという人口管理を実施している。それがメガ・アーバニゼーションの促進要因となるか、それとも周辺地域からの差異化の促進要因となるかはわからない。

しかし、はっきり言えることは、カリマンタン全島がそうであるように、バリクパパン市も、豊かな自然と資源を保全することによってしか、グローバルにもリージョナルにもローカルにも社会として存続をはかることはできないということである。都市・農村関係も人口政策も、それらを行政的に制御する地方分権化も、自然環境と資源の持続可能な管理という一点に照らして推進されねばならないであろう。

地方分権化には、すでに述べたように、否定的な見方も根強くある。スハルト体制下で横行した「汚職・腐敗・縁故主義（KKN=Kolusi・Korupusi・Nepotism）」の地方分散を促しただけという批判もある。地方のボス支配に結びつけば、利権に巣食う腐敗構造が地方で再生産されるだけの結果になる可能性は確かに大いにあるといわねばならない。特に、森林資源をめぐっては、この種の腐敗は地域社会に根深く浸透しており、違法伐採は地方分権化の後もほとんど変わらず横行しているのが実情である。

したがって、バリクパパン市の事例を一面的に称揚することはできないだろう。何と言っても、分権化にともなう様々な改革はまだ緒に就いたばかりであり、結果を評価するには時期尚早である。だが、何ほどかの否定的要素を胚胎しながらも、スハルト時代には考えられなかった新たな地域社会の秩序化と自然資源管理システムの構築が試みられようとしていることは明らかであり、当面はそのゆくえを先入見をまじえずに見守ってゆくべきであろう。

6　結びにかえて

以上のように、インドネシアの都市・農村関係は、スハルト体制のもとで進行したグローバル化によって、共時的複合化の様相を深めてきた。その過程で、都市も農村も、フォーマル・セクターもインフォーマル・セクターも、同時に相互浸透し、重層化しながらメガ・アーバン・リージョンを形成した。スハルト体制崩壊が直接的な契機となって起こった経済と社会の全体的危機は、地方分権化を促進することによって、メガ・アーバン・リージョンのみならず全国の地域社会に新しい秩序の創出を本質的な課題として突きつけることになった。その結果、今インドネシアの至るところで、様々な大胆な「改革」が試みられている。そこでは、もはや中央政府のテクノクラートに下駄を預けるような政策手法は通用しない。都市・農村、フォーマル・セクター・インフォーマル・セクターといった旧来の二項対立的思考様式ももはや通用しなくなっている。グローバル・リージョナル・ローカルを串刺しにするような新たな時空の認識枠組みのもとで、地域社会の物質的(経済的)・人的(社会関係的)・文化的諸資源を持続的に管理してゆかねばならないのである。

インドネシアは、あらためていうまでもなく、自然環境と文化の多様性に満ちた国である。そのような特質をそなえた国であるからこそ、国民国家としての政治的統合と地域社会の自治権をつねにバランスよく調和させることが、とりわけ重要な課題とされねばならないであろう。スハルト開発独裁体制までが「多様性の中の統一」を標榜する国であったのと対置していうなら、これからのインドネシアは、「統一の中の多様性」を目指すべきだと言えるのではないだろうか。だとすれば、地域社会の変容は、まさにこの国のゆくえを見定める鍵を握っているということになる。

注

(1) "desakota regions" という概念をメガ・アーバニゼーションを説明するために最初に用いたのは都市地理

学者のマッギーである。詳細は、(McGee, 1991)を参照のこと。
(2)"kaki lima" の原義は文字通り「五本足」。行商人の二本足と屋台の二本の車輪にそれを留めるためのつっかい棒一本を足して五本足ということになる。今では、「行商人」という意味で行政手続き(たとえば、警察による営業許可書など)にも用いられている。
(3)エスニシティの多様性が社会秩序の不安定や混乱につながらず、全国的にも安全な都市と言われるようになった要因は、まず第一に、エスニック・グループごとの組織が流入民の定住と就業を助ける機能をよく果たしていること、第二に、それを可能にするほど、少なくとも今のところは経済的に安定していて、他の地域にくらべれば就労機会もかなり多いということに求められると思われる。
(4)「ポスト・コロニアル」という概念も多分に buzzword であるが、ここでは、オランダによる植民地支配の後(ポスト)に、独立した国民国家をジャワ人という最大のエスニック・グループが政治的に支配し、カリマンタンなどのいわゆる「外島」をあたかも植民地のように移民を送り込んで開発した(コロニアリズムの擬制)という歴史的に具体的な意味で用いている。それ以上にも以下にも、何ら思弁的ないし思想的意味はない。
(5)市の中に「村」があるというのは日本人の感覚からは理解しにくいかもしれないが、desa つまり村との実質的な差異はない。単に集落が市という行政区域に組み込まれているために lurah および彼が統治している地域という意味で kelurahan と呼ばれている。住民の感覚では、農村の村長とほとんど違いがないのであえてこのように表記した。地方分権化以前には、kepala desa(kades)は村民による選挙によって選ばれ、lurah は市長によって指名されるという大きな違いがあったが、地方分権化以降は、いずれの決定も地域の独自のルールに委ねられることになっている。市の場合、郡(kecamatan)が「区」に、kelurahan が「地区」「街区」に相当すると考えてよい。

（6）バリクパパン市地域環境影響評価庁発行の資料（"KEGIATAN IDENTIFIKASI WILAYAH PESISIR PANTAI DAN SUNGAI DI KELURAHAN MARGASARI KECAMATAN BALIKPAPAN BARAT : PROYEK PEMBINAAN DAN PENGELOLAAN LINGKUNGAN HIDUP TAHUN 2002"（『西バリクパパン郡マルガサリ村における河口海岸地域の（住民）集約化活動：二〇〇二年度生活環境の建設・管理プロジェクト』）による。

文献

Breman.J. and G.Wiradi, 2002, *Good Times and Bad Times in Rural Java*, KITLV Press.

Cohen, J. M. and S.T.Peterson, 1999, *Administrative Decentralization:Strategies for Developing Countries*, KUMARIAN Press.

Evers, H-D., 1991, "Trade as Off-Farm Employment in Central Java," in *SOJOURN:Journal of Social Issues in Southeast Asia*. Vol.6, No.1:1-21.

Evers, H-D. and R. Korff, 2000, *Southeast Asian Urbanism:The Meaning and Power of Social Space*, LIT Verlag.

Gugler, J. (ed.), 1995,*The Urban Transformation of the Developing World*, Oxford Univ.Press.

Held, D. et. al., 1999,*Global Transformations:Politics, Economics and Culture*, Polity Press.

池田寛二、一九九七年、「インドネシアの人口動態と社会変動」日本大学総合科学研究所編『アジアのダイナミズムと世界』一七―二九、日本大学総合科学研究所。

――――、二〇〇一年、「環境問題をめぐる南北関係と国家の機能」飯島伸子編『講座・環境社会学・第五巻・アジアと世界―地域社会からの視点』第二章、有斐閣。

――――、二〇〇二年、「開発主義と環境問題―インドネシアを中心として―」東アジア地域研究会・北原淳編『講座・東アジア近現代史・第六巻・変動する東アジア社会』第九章、青木書店。
北原淳編、一九八九年、『東南アジアの社会学』世界思想社。
松井和久編、二〇〇三年、『インドネシアの地方分権化』アジア経済研究所。
McCormack, B., 1999,"Fifty Years of Indonesian Development:'One Nation' under Capitalism," in *Journal of World-Systems Research*,Vol. 5, No. 1:48-73.
McGee,T.G., 1991,"The Emergence of Desakota Regions in Asia: Expanding a Hypothesis," in Ginsburg B., Koppel, T. and G. McGee (eds.), *The Extended Metropolis: Settlement Transition in Asia*, 3-25, University of Hawaii Press.
McGee,T.G.and I.M.Robinson (eds.), 1995,*The Mega-Urban Regions of Southeast Asia*, UBC Press.
佐藤百合編、二〇〇二年、『民主化時代のインドネシア』アジア経済研究所。
Soemardjan, S. (ed.), 1999, *Kisah Perjuangan Reformasi*. ＝中村光男監訳、青木武信ほか訳、二〇〇三年『インドネシア・改革闘争記』明石書店。
Sukamdi,1996, " Urbanization and the Structure of Urban Employment in Indonesia," in *SOJOURN: Journal of Social Issues in Southeast Asia*,Vol.11, No.1:52-75.
Therborn,G.,2000, "Globalizations: Dimensions, Historical Waves, Regional Effects, Normative Governance," in *International Sociology*, Vol.15 (2):151-179.
坪内良博、一九九三年、「地域性の形成論理」『総合的地域研究』創刊準備号：一一—一三、京都大学東南アジア研究センター。

第4章　都市中間層の動向

今野　裕昭

1　はじめに

東南アジア地域は、戦後、植民地支配から脱し近代化を進めてきたが、多くの国は外国援助と国家主導の開発という枠組みの下で、一九九〇年代半ばまでに、急速な産業化(工業化)、経済成長を遂げてきた。マレーシア、シンガポール、フィリピン、インドネシア、そして、植民地支配を受けなかったタイが、これにあたる。

これらの国では、特に一九八五年のプラザ合意以後、グローバルな経済との接点を急速に深め、海外直接投資が急増する経済成長の中で、社会の階層構成の面で「都市中間層」と呼ばれる層の厚みが、急速に増してきた。同様の現象は、東アジアの韓国、台湾、香港でも、東南アジア地域に先行して生じており、注目されてきた。さらに現在は中国で、都市中間層が注目を集めている。

東南アジアの大都市では、経済発展初期の一九六〇年代・七〇年代には、工場・企業等の近代的な雇用部門が不十分なため、周辺から流入する膨大な人口が、インフォーマル・セクター(都市雑業層)と呼ばれる部門に吸収され、スラムが形成されるという「過剰都市化」の現象が注目された。しかし、八〇年代後半には、グローバルな工業化・金融自由化に巻き込まれ、新興工業団地と大規模ニュータウンを郊外に配した巨大な首都圏が形成され、中心部には多国籍企業本社が立地するビジネス街や欧風のショッピング・モールが出現し、首都圏・地方都市を問わず大型ショッピング・センターが開発された。こうして、八〇年代後半以降の大都市では、「過剰都市化」論では説明のつかない状況が生じた。

「中間層」は、社会の支配エリート層である上層と、下層の労働者層との間に位置する階層で、現代社会では、企業のトップや中間の管理職・専門・技術職のホワイトカラー層にあたる「新中間層」と、大資本家でない中小の実業家・自営業主である「旧中間層」とに分けて考えられている。前述の八〇年代後半の経済のグローバル化の中で、アジア地域に急速に発生あるいは成長し、注目されてきた「都市中間層」と呼ばれるものは、主にこの「新中間層」に相当する語として使われる場合が多い。この新たに台頭してきた富裕層は、「ニューリッチ」と呼ばれ、彼らの職業特性、欧米的な大衆消費主義的生活スタイルが、八〇年代後半以降のグローバル化の所産としてアジアに共通に普及している点が注目されている。

他方、「中間層」は、韓国、台湾、タイ、インドネシアなどにおいて、社会の近代化に伴う政治的な「民主化」の動きの担い手たり得るかという面でも注目されてきた。とくに、東南アジアの社会は、少数の支配エリート層と国民の大多数を占める庶民大衆との間のギャップが経済的にも社会生活の面でも大きいと言われ、労働者の運動が未発達あるいは制限されてきた中で、社会改革への「中間層」への期待が戦後一貫して持たれてきた。しかし、支配エリート層と庶民大衆との両極を媒介している「中間層」にどのような人々がくくられるのか、この人々が社会の中でどのような社会経済的位置を占めているか、社会の中でどのような役割を果たしているかは、国によって多様で一律に捉えることは容易でない。

東南アジア地域の「中間層」をめぐる、現時点での議論の主要なテーマは、中間層の定義の問題、中間層の形成に関する問題、中間層の性格・価値観をめぐる問題、中間層と「民主化」に関する問題の四つに設定できるように思われる。

本章では、東南アジアの「中間層」をめぐる議論を、この四つのテーマに沿って概観することを通して、一九八〇年代以降の「中間層」の動向を描き出す。ここで、論述にあらかじめ二つほどの限定を加えておきたい。一口に東南アジアといっても、国によって歴史も文化も政治体制も多様である。そこで、筆者がこの間たどってきたインドネシアの「中間層」を念頭に置きながら、周辺諸国も含めて考察を進めていく。また、「中間層」といった場合、都市部と農村部ではその実態が異なる面も大きく、一国だけをとり上げても一様に論じられない。東南アジア諸国の「中間層」は、東アジアの国々に比しても層が薄いが[1]、八〇年代後半以降増大した「都市中間層」の供給基盤である近代的工業部門が都市部に集中していることからも予測されるように、「中間層」の大半が都市部に集中している。さらに、「民主化」との関連で言えば、東南アジアの国々では、これまで、一国の政治が都市部の動向で決定されることが大きかった。それゆえここでは、都市部の、「新中間層」と「旧中間層」からなる「中間層」の形成と動向に注目していく。

2 多様な都市の中間層

(1) 中間層の規定の仕方

東南アジア都市部の中間層が国によって多様であることを検討する前に、まず、中間層のカテゴリーを本章ではどう捉えるかを確認しておこう。

社会の階層構造を分析するとき、中間層を操作的にどう捉えるかには、大きく分けて二つのやり方が研究者の間でとられてきた。一つは、西欧的な中間層概念に基づき、生産関係を基軸にして、資本家階級と労働者階級の中間に位置するものとして中間層を定義する捉え方で、職業カテゴリーで階層区分がされる。もう一つは、より包括的に職業と同時に収入や生活様式を重視して階層を区分するやり方である。

収入や生活様式を重視する階層区分は、職業、所得、住宅などの資産、費目別の家計支出や耐久消費財の所有状況などの生活水準、学歴程度、主観的階級帰属意識などの項目によって、操作的に下層とは区別される階層として中間層を捉える。この方法で東南アジアの中間層の動向をとりあげると、近代的・西欧的な消費生活のライフスタイル、消費文化に移行していく過程ということになる。しかし、既存の統計資料ではなかなかデータが揃わず、新たに社会調査を組むか、事例的研究になる場合が多い。このやり方からのものとして、たとえばインドネシアでは、ハワード・ディックが一九八五年に、収入・家計支出を基軸に、ラジカセ、テレビ、オートバイといった近代的な耐久消費財の所有状況を加味して、七〇年代後半のジャカルタの中間層を分析している(Dick, 1985)。八六年には日刊紙『コンパス』が新中間層にあたる専門職の若年層七〇人を対象に、また、九〇年には月刊誌『エディトール』が若年層の企業幹部七五人を対象にアンケート調査をしている。また、韓国では、韓完相たちが一九八七年に、二〇坪以上六〇坪の住宅に住み、さらに、生産職勤労者や単純サービス職業従事者の場合は月収四〇万ウォン以上で高卒以上の学歴を持つ者を、「中産層(中間層)」と操作的に定義し、全国調査によって、この定義による「中産層」の意識を分析している(服部・鳥居・船津編、二〇〇〇：四一)。

このアプローチからディックは、庶民大衆の間では、ラジカセやテレビ、オートバイといった消費財は貸し借りされ、ある程度共有されるが、中間層の世帯では家族だけで享受される点に着目し、「消費の手段の私化」という概念を提示している。消費の手段の私化こそが、大衆と区別される階級意識の表れであるから、富裕エリートと中間層の間はライフスタイルの程度の差(種類は同じ)にすぎないとし、生活様式から見て資本家階級と中間層を区別する必要はないとしている(Tanter and Young (eds.), 1990: 64-66)。

これに対して、リチャード・ロビソンは、ジャカルタの銀行の行員とその所有者であるチュコン(華人大資本家)、さらにまた、給料の安い村の教員と村に住む退職将軍を一緒にするのは無意味だとして、資本家階級と中間層を区別すべきと主張し(Tanter and Young (eds.), 1990: 127-128)、消費の様式でなく職業カテゴリーを指標にとる方法をとっている。職業に基づく社会階層を、マルクス的な意味での階級の副次的なものと捉える見方である。

職業カテゴリーで階層区分する際によくとられるのは、職業とその従業上の地位とを掛け合わせる形で、大資本家・実業家を資本家階級、ノンマニュアル・ホワイトカラー層を新中間層、小資本家・自営業者を旧中間層、マニュアル労働・ブルーカラー層を労働者階級に区分する方法である。**表1**は、労働力統計の表を使って資本家層、新中間層、旧中間層、労働者層、農民を規定する場合、それぞれどこの部分とみなすかを例示している。この方法は、社会階層・社会移動調査の分析に使われるだけでなく、東南アジア諸国の労働力統計をある程度過去にまで遡って使い、階層構成の歴史的な変動を

表1　本章で使う階層区分（職業カテゴリーによる）

従業上の地位＼職業の種類	管理・経営職	専門・技術職	事務	販売	サービス労働	製造・運輸通信	農民・農業労働者
雇用主	大小資本家・実業家層						農民
自営業（家族従事者・臨時も含む）	旧中間層						
被雇用者	新中間層			労働者層			

捉えることができるというメリットがある。しかし、職業の威信ランクの体系が社会によって異なり、所得・資産の点では国によってきわめて多様性に富むので、事務職、販売職、サービス労働、生産工程・運輸労務の雇用主を、資本家・実業家層に含めるのか旧中間層に含めるか、また、新中間層と労働者の境を事務職、販売職、サービス労働のいずれのところでとるかに関して、必ずしも一致を見ない。本章では、次節でインドネシアの都市中間層の形成を検討するとき、**表1**のこの区分に依拠する。

(2) 中間層イメージの多様性

東南アジアの社会の中で、中間層に実際はどんな人々が相当しているかに関しては、一律のイメージが持てない。中間層の内実のイメージは、二重の意味で一様でないと言える。一つには、研究者の問題関心いかんで、中間層の内実イメージが違ってくる部分があり、もう一つには、国によって中間層そのものの実態が違うところからくる、ズレの部分があるからである。

前者の、研究者の問題関心の違いからくるズレの点で見ると、もっぱら新中間層に焦点をあてて中間層を狭くとる立場のものと、旧中間層も含めて中間層を広くとる立場のものとの、二つの立場がある。

オーストラリアのモナシュ大学で一九八六年と八八年に行われたシンポジウムの成果である『インドネシア中間層の政治』(一九九〇年)に寄稿しているインドネシア研究者で言えば、ハワード・ディックやマッキーが新中間層に焦点をあてる立場に入る。マッキーは、職業カテゴリーの「専門・技術職」労働者と「管理・行政」のかなりの部分、そして「サービス業」のほんの一部を中間層と捉えている。次節以下で見ていくように、この層は、開発政策下の急速な経済成長に伴って生まれ、特に一九八〇年代後半から九〇年代に工業化が本格化すると、急速に厚みを増してきた層であり、「民主化」の担い手と目されてきた。

これに対して、中間層をもっと広くとる立場には、リチャード・ロビソンやヤーヒヤ・ムハイミン、マハシンなどがいる。ロビソンの関心は、官僚主導型の権威主義政治体制下のインドネシアで資本家階級がどう生じるかにあり、企業人化した将軍・官僚政治家支配エリート層から疎外されてきた華人系・民族系の大資本家・実業家を、八〇年代半ばくらいまでは中間層に含めて捉えている。また、ムハイミンやマハシンは、「民主化」を担えるであろう部分に着目し、小実業家(商人)、高級を取る工場労働者と職人、都市サービス業従事者(都市雑業層)の一部までをも含めて中間層と考えている。マレーシアの研究者、アブドゥール・ラーマン・エンボンもこの立場に立っており、彼は、新中間層だけでなく、技術を持たない小規模な販売業者、自営業者などの旧中間層に分類されるものに関しても、途上国の場合は都市中間層に含める必要があるとしている(服部・鳥居・船津編、二〇〇〇：一一七)。

こうした研究者の規定のし方の違いからくる中間層イメージの多様性のほかに、国によって中間層そのものの実態が違うところからくるズレが、中間層イメージの多様化をもたらしている。

まず、東南アジアないしアジアに共通すると考えられる特性として、次のような点があげられる。A・ラーマンの指摘のように、途上国の場合は欧米社会の階層構造と異なり、①旧中間層が、特に八〇年代までは中間層のかなりの部分を担ってきた。また、産業化に伴い「旧中間層」が減少し「新中間層」が増大したと言われる欧米と異なり、アジアではのちほど確認するように、②「新中間層」が増加すると同時に「旧中間層」も増加する現象が見られる。さらに、中間層と支配階層との境界の部分で、政治的支配エリートから排除されてきたという点から、③大資本家が中間層のほうに含められることが多い。そして、中間層と庶民大衆との境界においては、一九六〇年代から七〇年代の過剰都市化の時期に、農村から都市へと押し出されて肥大化した④都市雑業層(インフォーマル・セクターと呼ばれた部分)の者も、富裕という点で、一部を中間層に含めたほうがより実態に即しているという特性がある。

しかも、途上国に見られるこうした特徴は、東南アジアどこの国でも同じ内実で見られるわけではなく、その様相は国によっても、また、同じ国でも時期によって異なっている。

スハルト体制下のインドネシアでは、一九八〇年代の半ばまで、支配エリート層から疎外されてきた大資本家は資本家階級に参入できなかった。これに対して、「民主化」の動きが早かったタイでは、六〇年代に、政府は積極的にセクター別介入をせず民間の競争に任せる市場主義的転換を図っており(服部・鳥居・船津編、二〇〇〇：八五)、大資本家は早い時期から資本家階級に参入していたと見られる。

どのくらいの規模の実業家までを中間層と見たらいいかも、国によって違ってくる。一九九〇年代前半に韓国、台湾、香港、シンガポールの都市中間層を比較研究した台湾アカデミア・シニカのシャオ・シンホアン(蕭新煌)は、台湾については一〇人以下の従業員を抱える事業主を中間層に区分しているが、国際比較をする際には一九人以下を中間層に区分している(蕭、一九九五、Hsiao (ed.), 1999)。インドネシアでは、社会保険の適用を考えると、一九人以下にとるのが適切なように思われる。

また、中間層と庶民大衆との境界をどこにとるかについても、新中間層と労働者の境界上にある、事務職、販売業、サービス業の人たちはどちらに入るかでズレが存在する。欧米では新中間層に事務職従事者のみならず、販売業、サービス業の従事者(被雇用者)の一部も含まれると受け止められているが、東南アジアでは必ずしも一律ではない。マレーシアについて、ハロルド・クラウチとジェスダーソンは、事務職、販売職の者を中間層に、サービス業の者を労働者階層に定義している(服部・鳥居・船津編、二〇〇〇：一二二)。一方、同じクラウチは、インドネシアについては、販売と事務の従事者には中間層と呼べるものはほとんどいないだろうと見ている(Tanter and Young (eds.), 1990: 99-103)。韓国を分析している有田伸は、販売・サービス業従事者を新中間層、労働者層どちらに含めるかは、その社会において、賃金、職業威信、職務の性格などの面での大きな懸隔がどこに存在しているか、さらに、その職業分野で管理職への昇進という職業移動パターンがどのくらい可能かによることを、明らかにしている（服部・船津・鳥居編、二〇〇二：四二―四三）。同様の問題は旧中間層の自営業者の場合についても見られ、特に零細な自営業者、行商、屋台、露天商や輪タク運転手、建設労働者、零細な都市サービス業、家事手伝いなどからなる都市雑業層のうち、どのような職業の一部の者が中間層に入るかも、それぞれの国によってあり方が異なる。

労働事情や職業ごとの収入、職業威信の体系のあり方といった歴史的・文化的な要素が、それぞれの国における中間層の境目を規定しているが、同時に、これらの文化的な要素も工業化の時期（段階）によって変化していると考えられる。これらの点に関する各国ごとのデータが揃わないので、ここではさらに比較検討を進めることは難しいが、階層区分の基準をめぐる方法的な諸問題を詰める必要がある。

このほかに、フィリピンでは、中東のたとえばヨルダンなどと同様、高い購買力を持つ海外出稼ぎ労働者およびその家族の一部を中間層に含めて考える必要がある（Robison and Goodman (eds.), 1996:ch 5; 古屋野・北川・加納編、二〇〇〇：II部五章）。しかし、インドネシアでは、隣国マレーシアへの女性家事労働出稼ぎ者が増えてきているとはいえ、海外出稼ぎ者が中間層論議で大きく取り上げられほどにはマジョリティーではないというように、地域によって多様性がある。さらに、アジアの多くの国では、「民主化」との関係を問題とする視点から言えば、学生を中間層の重要な担い手に含めなければならない。

こうして、中間層は、それぞれの国の歴史や文化に大きく規定されて、多様性がある。しかし、一面では、東南アジアに共通する新しい現象が見られる。一九八五年のプラザ合意以降にグローバルな経済との接点を急速に深め、海外直接投資が急増する中で本格的な工業化を遂げ高度成長したマレーシア、タイ、インドネシアなどの国では、新興実業家（大企業資本家、小資本家）や民間部門に雇用されるホワイトカラーが増大し、都市部の中間層の厚みが増大した。これらの新興実業家や新たに生み出された新中間層からなる都市の中間層部分は、東アジアも含めて、国を超えた共通の文化や価値観を共有しているように見える。オーストラリア・マードック大学の研究グループのメンバーである、リチャード・ロビソンやシンガポールの研究者ガリー・ローダン、フィリピン研究のマイケル・ピンチェスたちは、こうしたアジアの新興富裕層を「ニューリッチ」と命名し、彼らの共通の文化や価値観と彼らの社会への影響の解明を試みている（Robison and Goodman (eds.), 1996; Pinches, 1999; Chua (ed.), 2000）。ニューリッチは、相対的に高い教育水準を有し、拝物主義的傾向、享楽的生活志向を持っているが、その経営幹部・管理職としての経済的な役割、収入、欧米的な消費主義的ライフスタイルが、生産面でのグローバル化以上に、大衆的消費市場が広範に形成されつつあることと結びついている点が注目されている。

3　都市中間層の形成過程

(1) 都市中間層の動向と工業化

アジアで都市中間層が出現し台頭する現象は、その国における経済開発（工業化）の軌跡とほぼ相即している。東南アジアでは、一九七〇年代は、公務員、軍人、国営企業の従事者といった、政府系雇用者として公共的部門で働くノンマニュアル新中間層がまず拡大し、八〇年代後半以降は、円高・ウォン高に押された外国直接投資の急増による産業化の拡大で、民間部門で働くノンマニュアル新中間層が急速に増大してきた。ここで、経済成長と中間層の出現との関係を、インドネシアのケースで検討してみよう。

インドネシアの人口センサスと労働力統計の中にある、「調査の前の週働いた年齢一〇歳以上のものについての職業と従業上の地位」のクロス表を基に、先の表1の区分規定によって都市部の階層構成比を算出したのが、**表2**である(2)。事務職の被雇用者の中には単純な事務労働者（ブルーカラー）が多く含まれている可能性があるが、一九九六年の労働力統計で都市部の事務的職業従事者の学歴を確認すると、高校・大学・アカデミー卒が八四・九％なので、算定に当たっては事務職の被雇用者はすべて新中間層に繰り入れた。表2が階層構造の実態をきちっと反映したものであるとするには、二つほど

表2　インドネシア都市部の階層構成の変化

構成比

年	就業者総数(人)	資本家層	新中間層	旧中間層	農民層	労働者層	不　明
1971	6,051,449	3.0	16.4	27.1	6.8	42.1	4.6
1980	9,779,767	2.6	15.7	35.9	6.4	35.9	3.5
1990	19,254,554	1.7	19.2	31.5	6.2	40.5	0.9
1996	27,652,011	2.0	18.1	36.8	6.1	37.0	-
2000	34,120,866	2.5	16.1	33.7	-	47.7	-
2003	35,884,345	3.2	14.8	33.6	9.5	38.9	-

出所：Penduduk Indonesia; Sensus 1971, 1980, 1990, Keadaan Angakatan Kerja di Indonesia 1996, 2000 , 2003 より作成。

の限界がある。一つは、資本家層の比率で、労働力統計では雇用主の事業所規模がわからないため、農業を除くすべての雇用主を資本家層にとって計算してある。その結果、実際より資本家層の比率が大きくなっており、その分旧中間層が小さくなっている。二つ目に、収入とのクロスがとれないため、旧中間層に都市雑業層(きわめて零細な自営業者)も入ってしまっている。結果的に、旧中間層の比率も、かなり大きくなっていると考えられる。しかし、開発政策がとられた以降の経年変化について同一区分で比較すれば、動向のおおよその傾向は見出せよう。九〇年代になると新中間層、労働者層が厚みを増し、旧中間層も増えていることを指摘できる。一九九六年に比し、二〇〇三年に絶対数は減らないとはいえ新中間層、旧中間層の割合いが減少し、農民層が増大しているのは、九七年のアジア通貨危機・経済危機の混乱が影響していると見られる。

通貨・経済危機までの階層ごとの人口増加率をとって見る

表3　インドネシア都市部の階層別増加率

(単位 :%)

	1971-1980	1980-1990	1990-1996
資本家層	37.5	34.1	67.7
新中間層	55.0	140.7	34.9
旧中間層	114.1	72.4	67.8
農民層	51.0	92.3	41.6
労働者層	37.8	121.8	31.4

出所）Penduduk Indonesia;Sensus 1971,1980,1990,Keadaan Angkatan Kerja di Indonesia 1996 より作成。

と、**表3**のように、旧中間層が急増したのが七〇年代で、八〇年代には新中間層と労働者層が急増し、さらに九〇年代に入ると、資本家層が急速に増加し、また、旧中間層も依然増加し続けている。首都ジャカルタでは、九〇年代に資本家の増大が特に著しいことが明らかになっている(古屋野・北川・加納編、二〇〇〇：六七—六八)。七〇年代に旧中間層が増加したのは、「過剰都市化論」で言われた、農村部から押し出され流入した人口が参入する、都市雑業部門層の肥大化であったろう。九〇年代になおも増加しているのは、農業人口が依然大きいまま、工業部門の発展が弱い中で都市流入人口が第三次産業(サービス業。さらに近年は、サービス経済化で、インフォーマル部門でない第三次産業が増大している)に入り込んでいるフィリピンの場合(服部・船津・鳥居編、二〇〇二：二〇)と、同様の現象と考えられる。

こうした新興階層、新中間層と資本家層の増大は、教育の普及と人々の高学歴化に相関している。**表4**のように専門・技術職、管理・行政職、事務職には、いずれも高校、大学卒の高学歴者が多く、小学校卒の低学歴者が多い販売職、サービス職と対照をなしている。

表4　インドネシア都市部：調査直前の週働いた10歳以上のものの職業／学歴別

(1996年)

	実　数	小学校卒以下	中学校卒	高校卒	大学・アカデミー卒
専門・技術、管理、事務	5,201,618	4.0	6.8	55.5	33.7
販売、サービス	10,627,389	53.4	18.5	25.3	2.8
農　民	2,296,372	80.3	9.7	8.6	1.4
製造・運輸	9,280,468	47.2	22.3	28.2	2.3

出所）Keadaan Angkatan Kerja di Indonesia 1996.

中村光男は、経済成長のインフラ整備策である教育開発が、高学歴の新中間層を生み出し、それは八〇年代に、まず公務員の量的増加と高学歴化から開始されたことを、統計を使って明らかにしている(中村、一九九四：二七六―二七九)。同様にタイでも、新中間層の形成は、七〇年代に、まず公共部門の雇用拡大からスタートしたことが、明らかにされている(服部・鳥居・船津編、二〇〇〇：八七)。

以上見てきたようなインドネシアの都市部の階層構成の変動は、開発政策下の工業化の進展と相関している。インドネシアの工業化は、七〇年代を通じて経済成長率年平均七・七％と高度成長を続け、石油収入を背景に輸出代替工業化政策をとりつつ工業の本格化への下地を築いてきた。八〇年代初めの石油価格の暴落を挟んで成長率も四％台に落ちたが、八〇年代後半から輸出指向型工業政策に転換することによって、年平均六％～八％までの成長に回復してきた。この八〇年代の経済発展の中で、新中間層と工場労働者が増加し、さらに九〇年代に入ってからの民間企業の劇的な成長が資本家層の増大をもたらしている(3)。同様の動向は、タイやマレーシアでも見られる。東南アジアの中間層の興隆は、西欧の中間層とは違い、戦後の急速な工業化の過程で、ブルーカラーの労働者とホワイトカラーの労働者が、資本家とともにほぼ同時期に発生した点に最大の特質を持つ、後発資本主義国に共通に見られる圧縮された過程だといえる。

一九九七年のアジア通貨危機・経済危機は、東南アジアの労働者層のみならず新中間層にも深刻な影響を与えた。九六年までの経済成長期の生活水準を維持できず、ローンで購入したニューリッチのステータスシンボルである車や住宅を売りに出している、といった話が数多く語られている。インドネシアの経済成長率も、九七年暮れの通貨危機のあと、通貨ルピアの下落、スハルト退陣が起こった九八年にはマイナス一三・七%に落ち込んだ。国内消費の伸びに支えられて二〇〇一年には三・三%と多少の戻りがあるものの、「民主化」にむけた政治の不安定な状況の下で、経済も未だ混乱の中にある。しかし、混乱が回復するにつれて、一度始まった新中間層の興隆は、着実に広がっていくと思われる。

こうして、アジア経済危機までの都市部の中間層の動向を見ると、七〇年代八〇年代に主に政府系部門の雇用拡大で労働者層、新中間層が形成され始め、八〇年代後半から九〇年代にかけての一層の工業化に伴う民間部門の雇用拡大で、労働者層、新中間層、資本家層が形成されてきた過程と捉えることができる。とりわけ、九〇年代以降注目されている新中間層は、八〇年代後半からの規制緩和と自由化政策によってインドネシア経済がグローバルな経済との接点を深める中でもたらされた、一連の開発経済の「落とし子」だといえる。

(2) 新中間層の出自

経済成長と中間層の増大との相関を見てきたが、都市中間層の形成をさらに解明するためには、中間層がどこから補充されてきたか、その出自と出身、どのように社会移動・地域移動をしてきたかの分析が必要になる。この分析は、始まったばかりである。

日本では、戦後、継続的に「社会階層と社会移動全国調査」(SSM調査)が行われ、この分野での分析は進んでいるが、権威主義的政治体制下にあった東南アジアの諸国でSSM調査のような社会調査が可能になるのは、その国が「民主化」されてからのことになる。これまでは個々の国ごとに部分的に調査研究がなされてきたのみで、国を越えての比較調査研究がなされたのは、一九九〇年代前半に台湾のアカデミア・シニカが台湾、韓国、香港、シンガポールで社会階層・社会移動の調査を行ったのが、最初といえる(Hsiao (ed.), 1999)。

過剰都市化が関心の焦点になっていた一九八四年に、インドネシアのジャカルタで佐々木徹郎たちは、ジャカルタへの移住者二二〇人を対象に地域移動と都市への適応の調査を行い、次のような結果を得ている。対象者のうちの約三分の一が、地方の町出身で公務員・軍人の子弟が多く、高学歴を達成したのち、ほとんどの者が専門的職業、管理的職業、公務員とか会社員という安定的な職に就いている。これに対して、過半数を占めているのが、農家の子弟で、ジャカルタ周辺農村から転入する者が多く、そのうちの約六割が、行商・屋台商売を中心とする都市雑業層になっている（古屋野編著、一九八七：四九七―五〇〇）。この時期までに生み出された新中間層には、向都移動をしたキャリア志向のエリート層が多く含まれていることを指摘できる。

一九八六年に『コンパス』紙が、ジャカルタの新中間層にあたる専門職の典型と思われる若年層七〇人（医者・弁護士・コンサルタントなどの専門家二五％、トップの管理職二五％、中間管理職五〇％）に調査した結果でも九二％が大卒以上で、彼らの親も、高学歴者が多く（大学教育三〇・七％、高校三五・三％、小・中学校三三・八％）、職業も、公務員三七・三％、民間部門雇用者二八・三％、大手実業家一六・二％、小商人と農民五・九％と新中間層が多かった。親のポストが経営幹部・部長三六・九％、管理職・事務所長三九・六％と、子が親の職業を再生産している。さらに、親は公務員が多く、子は民間が多いことが指摘されている（Tanter and Young (eds.), 1990: ch. 16）。

インドネシアには、地方都市部の新中間層の子弟が新中間層を再生産するという構造があり、労働者層から新中間層への移動は多くないように見え、階層間の流動性という面では固い構造になっているように思われる。しかし、タイでは、様相が違う。タイでは、比較的早い時期から社会階層と移動の調査が部分的に行われてきた。すでに、一九六七年には富永健一、駒井洋たちが、バンコクで一九三ケースの階層移動調査を実施し、熟練・半熟練労働者とセールス職から事務職への流動化が生じていることを明らかにしている（Tominaga et al., 1969）。一九九四年にアジア経済研究所のプロジェクトチームが三、〇〇〇ケースを超える全国調査を行っている。この調査の結果では、一九八〇年代以降台頭してきた専門・技術・経営・事務職からなる新中間層は、大卒者が多く、その半数がマニュアル労働者層からの出身者で、しかも、首都圏および近隣の都市部出身であり、学歴を媒介に世代間で大規模な上昇移動が起きていることが示されている。下層ホワイトカラー層も同様に、六割以上が親の世代はマニュアル労働者や農民である。しかし、年齢コーホートで世代間の流出率・世襲率を見ると、三〇歳未満の若年世代では急速に移動が閉鎖に向かう傾向が観察されている(服部・鳥居・船津編、二〇〇〇：九八—一〇一、服部・船津・鳥居編、二〇〇二：二一六—二二二)。世代間移動の流動性という点では、開かれた構造を持っていたものが、流動性が閉鎖に向かい、新中間層が階層としてエスタブリッシュメントになる時期に来ている。アカデミア・シニカの調査結果からも、東アジアの中間層は、農民・労働者階層から出てきており、階層内婚を結ぶことで階層の閉鎖性を形成し始めているという点が指摘されている(Hsiao (ed.), 1999: 47)。一般的に言えば、東南アジアでは、東アジアほどには階層間上昇移動は大きくないようである。

アジア経済研究所の船津鶴代たちの研究グループは、韓国、香港、マレーシア、フィリピン、タイの中間層形成の比較研究の中から、社会移動・地域移動という点で見ると、農村から都市への移動には、韓国・マレーシア型とタイ・フィリピン型との、二つのタイプが見られるとしている。マレーシアの場合は韓国と同様、農業人口が直線的に減少するが、その間の都市への人口移動は、都市の工業や近代部門が発展し農村の余剰人口を吸引する、プル要因が強い移動である。これに対し、タイ、フィリピンの場合は、農業人口が緩慢に減少し、工業部門と農業部門は相対的に独立した動きをしており、都市への移動は、農村部の貧困の移動というプッシュ要因が強く働く移動である。そして、両タイプの違いは、工業化が早かったか遅い時期にスタートしたかによる、産業化のパターンの違いによってもたらされているという仮説を提示している（服部・船津・鳥居編、二〇〇二：一九―二〇）。

工業部門の展開が周辺国に比べて相対的に弱いインドネシアは、工業化の程度がまだ低い段階で、エリート層が世代間再生産をする形で層の薄い新中間層を形成する一方、流入人口が旧中間層（インフォーマルセクター部門）に滞留し続ける構造を持ち続けている段階にあり、タイ・フィリピン型の特性を持っていると言えばよいのだろうか。階層間の流動性という点で、固い構造、流動的な構造の違いは、何によって規定されているのか、工業化の発展の時期の違いなのか、それとも身分制と関わるような文化的・社会的な要因があるのか、こうした比較が、今後さらになされていくことが要請される。

4　都市中間層のライフスタイルと価値観

東南アジアにおいて、都市部の中間層のライフスタイルについて多くの研究が焦点化してきたのは、新中間層のそれであり、旧中間層に関しては比較的手薄であった。

インドネシアのジャカルタで見れば、中間層の大半はジャカルタ市内の住宅地やジャカルタ周辺の新興住宅地に居住しているが、上層部分は高級住宅街の良質な住宅や集合住宅に、中層部分は新興団地やジャカルタの都市カンポン(庶民の居住区)のグドゥンガン(=レンガの家)と呼ばれる良質の家あるいは郊外住宅地の低家賃住宅のブロックに、そして、中間層の中でも下層に位置する人々はカンポンか新しい団地の低家賃住宅に住んでいる。

都市カンポンには、非常に多くの貧民、都市雑業層と呼ばれてきた職を持つ大衆と、少数の中間層の主として下層部分に位置する人々、中小自営業者、賃金労働者とが混在している。カンポンの大衆から見れば、下層部分も含むすべての中間層が、よい教育を受け、定期的収入があるよい生活をしていると思われている。ディックは一九八〇年代に、カンポンに住む中間層の下層部分が、カンポンのリーダー層になっている点に注目した。密集したカンポンに住む中間層の者は、壁をめぐらしたグドゥンガンに住み耐久消費財の家族単位での消費という新しいライフスタイルを選択していても、他方で、ゴトン・ロヨン(地域の共同作業と生活扶助)などのカンポンの集団生活にもリーダーとして従っている。彼らは大衆に近い敬虔なイスラムが多く、ライフスタイルの面で西欧的な方向に上層志向する反面、イスラム教によって保障された大衆の価値、イスラムの道徳力にもコミットするという点で、カンポンの大衆から階層差を明確にすることは難しく、二重の階級意識を持っていると言われる(Dick, 1985: 75-76, Tanter and Young (eds.), 1990: 67-68)。こうして、中間層の中・下層部分は、西欧的ライフスタイルとイスラム教へのコミットメントとの両義性を持ち、労働者層に対する中間層の「凝集力」を曖昧なものにしている。

しかし、都市中間層の上・中層部分、特に八〇年代後半から急速に増大した新中間層は、これと異なり、より世俗的な価値観を持っていることが指摘されている。彼らは、近代的な高級住宅地に住み、庶民大衆には手が届かない車を買い、ショッピング・センターやスーパーマーケットに頻繁に行き、拡大する消費者金融を贔屓にしている。彼らは、技能を持ち裕福だが、個人主義的で、奢侈的な拝物主義的感覚が先行し、合理的で世俗的という特徴を持ち、その消費主義的なライフスタイルゆえに貧困な庶民大衆から疎外されていると言われる。

先の『コンパス』紙の調査結果を見ると、今どんな職に就きたいかへの回答は、コンサルタント五〇・〇%、大学教員二〇・六%、LIPIやBPPT（科学技術開発庁）一〇・三%、また、何のために働いているのかには、お金や地位のため四四・二%、仕事を通しての自己実現・知識の応用のため四一・四%と、拝金主義的傾向のほうが勝っている。また、余暇時間の使い方は、ボーリング・ゴルフ・テニスといったスポーツ二五・二%、ドライブなどリクレーション一五・一%、友人との飲食一四・三%、読書・音楽・映画一一・六%となっており、好きなレストランは、洋風のファストフード三五%、ローカルなレストラン三七・五%、中華二〇%、日本食・韓国食七・五%、また、好きな音楽は、ポップス三三・三%、ジャズ二一・六%、クラシック二一・六%、クロンチョイ四・九%、他のローカル音楽三・九%と、少人数グループの中で余暇時間をすごし、個人主義的で、西洋シンボルを取り込み、しかも、収入が多くなるにつれて西洋風の志向が強くなるという。このように新中間層は強い西欧志向を示しつつも、他方で、断食明けのレバランやクリスマスに故郷に帰る者が、常に帰る三二・二%、時々帰る四四・一%と、古い価値を捨てきれない基盤を持っており、アンビバレントな存在と言える。

新中間層は、もの溢れへの信仰と伝統文化への指向の両面を持つ。もの溢れへの信仰は、経済のグローバル化の影響が反映している面で、消費主義文化、物質的文化の側面で東南アジア、東アジアに共通する「同質化」の方向を指向している。ロビソンたちが捉えて見せた、ショッピング・モールやレストランに群がる携帯電話を持った「ニューリッチ」層の、グローバルな消費パターンがこれにあたる。他方、伝統的文化への指向が見られるのは非物質的文化の面で、エスニック・グループの文化や大衆文化、宗教的価値との関わりの面である。

5　都市中間層と「民主化」

ノーベル経済学賞を受賞したアマルティア・センは、二〇世紀の出来事のうち最も重要なものに、「民主主義の普及」をあげている(セン、二〇〇二：一〇二―一〇三)。アジアの国々で「民主化」に向けての劇的な出来事が相次いで起こったのは、一九八〇年代半ばから九〇年代という、二〇世紀最後の二〇年くらいのことであった。

タイの一九七三年の学生革命と一九九二年の五月流血事件、一九八六年のフィリピンの民主革命、同年の台湾の民主化、一九八七年の韓国の六・二九民主化宣言、一九九八年のインドネシアの政変、これらの「民主化」に向けての経験に、新たに興隆してきた都市中間層が果たした役割をめぐる議論がなされてきた。

東南アジア、東アジアで急速に経済発展を遂げた国々は、独裁政権あるいは権威主義体制政権の下で工業化を進めてきた。これらの国は、経済開発の成否に権威主義的な政治支配の正統性の根拠を置くという、開発独裁という点で共通している(末廣、一九九四)。すでに見てきたように、この工業化に伴って、富裕化した中間層が生み出された。高学歴を持った中間層が自分たちの政治参加を求める「民主化」への要求が、それまで開発を主導してきたアジアの権威主義体制を崩壊に至らしめ「民主化」が達成される、とする因果関係の主張がなされた(中村、一九九三)。これに対して、権威主義に適合的とも言えるアジア的価値を基底に持ちつつも多様であるアジアの場合には、中間層が増大してきたのと「民主化」が進んできたことが平行しているからといって、西欧社会での経験のように「民主化」を中間層が担ったとは必ずしも言えない、という反論がなされている。この議論をめぐって、中間層の政治的性格が吟味されてきた。

まず、東南アジアの中間層は、その内部に非常に大きな利害の多様化を伴っており、自分たちの階層の利益を要求し実現させるような一枚岩の勢力にはならないという指摘がある。中間層の上・中層部分と下層部分とでは、その意識が異なっている。八〇年代後半以降台頭してきたニューリッチのライフスタイルと、インドネシアのカンポンに住む中間層下層部分のライフスタイルの対比に象徴されるように、多くの研究者は中間層を「凝集力」のある集団とは見ていない。さらに、上・中・下層部分の分割のほかに、エスニシティや宗教の要素によっても、内部の利害は多様化している。ロビソンは、インドネシアの中間層は、プリブミ(原住インドネシア人)と華人というエスニック・グループの軸、政府系被雇用者と民間被雇用者という官民の区分の軸、ムスリムと非イスラム教徒という宗教の軸の、三つの軸で分割されてきたと指摘している(Robison, 1992: 341)。インドネシアの華人は、通婚などによって同化が進んでいるタイ人とは異なり、華人実業家と支配階層の間の同化もほとんど進んでいない。マレーシアでも、エスニシティ、宗教に沿って中間層の文化の異質性が明確であることを、A・ラーマンは指摘している(服部・鳥居・船津編、二〇〇〇:一一九)。民族関係、宗教、職業・収入、ライフスタイルに沿って分断されている中間層は、一枚岩でないがゆえに、彼らの利害は階層としての要求にならない。この、階層としての「凝集力」がない特性は、欧米と比してアジアの場合、中間層が非常に短期間に形成されてきたことによるといわれる。

さらに、一枚岩でない中間層に、保守的、体制維持的性格を作り出している要因として、この層が、国家主導型の経済成長、開発独裁の経済的恩恵の受益者であったことが指摘されている。ロビソンは、インドネシアでは八〇年代には、スハルト政権が脱政治化された体制の制度化(4)に成功したことによって、新中間層は国家に対峙するというよりはむしろ国家に依存的な存在として出現したと論じている(Tanter and Young (eds.), 1990: 133-135)。『コンパス』紙の調査では、何が現在の職業・地位に作用した力だと思うかについて、能力とする者三七・七%、コネ二二・九%、教育一〇・六%、勤勉さ一七・七%、運命五・七%、その他の要因五・六%となっているが、四二・三%の者が就職後五年以内に親の地位に相当する地位にまで昇進している。昇進が早かった者が多く、パトロン―クライアント関係(親分子分関係)の縁故主義が強く作用する構造の中にあることが明らかである。また、名前に修士やエンジニアなどの肩書きをつけるのを止めることに反対する者が五八・二%と、体制順応的な権威主義的態度を持っていることが示されている。彼らの持っている一定の進歩性は、縁故主義と権威主義体制という旧来の枠内での革新性であるといえよう。急速な経済開発のもっとも大きな受益者であることに由来する保守的な性格を、中間層の上層部分ほど強く持っているという傾向は、東南アジア共通に見られ、マレーシアでは、政策的にマレー人(ブミプトラ)中間層の育成策がとられてきたこともあって、特に国家依存的な性格が強いと言われる(服部・鳥居・船津編、二〇〇〇：五章)。

東南アジア地域では、開発政策下の経済成長の結果、総じて全体の生活水準が絶対的な貧困の状態からは脱したとはいえ、都市部と農村部、富裕層と大衆庶民との間の格差は拡大してきた。開発政策下の社会は、資源の再配分の仕組みに基本的な問題がある。アジアの通貨・経済危機後、経済が回復するにつれて富裕者と貧民とのこの格差は、ますます広がってきていると言われる。

民主主義の価値を体得させる高学歴を身につけてきた新中間層が持っている社会の平等観は、伝統的な平等観から西欧的な平等観へと移行してきた。ディックは、ジャワの伝統的な平等観念では、生活していく上で最小限の「十分なもの」(チュクパン)を持つ人々よりもさらに下層の部分で生ずる不平等は自然秩序の一部であるとみなすのに対し、新中間層に新たに生じた平等観念は、絶対的貧困との関わりでの平等観がその特質であることを明らかにしている(Dick, 1985: 67 ff)。しかし、ニューリッチが体得したこうした西欧的な平等観も、現在のところ、彼らの多くの者の視野には都市貧困層や農村部までが入っていないという、限界を強く持っている。

他方、一九九〇年代には宗教、農村開発、社会啓蒙、市民運動などの組織化が進み、NGOが重要な役割を果たしてきた。そこには、豊かになった中間層の支援が見られる。公的プロテスト、社会運動、NGOに参加しているのも、中間層の一部と見られている。法の支配が実現する市民社会の形成に向けた活動に、中間層内部のどの部分がどのように関わっているのか、この勢力が今後どう動くかの実証的解明が、いま求められている課題である。

6　むすび

東南アジア、東アジアの都市部の中間層の動向は、戦後の経済開発の所産として新中間層が増大してきた点に、大きな特徴が見られる。特に一九八〇年代後半以降、経済のグローバル化に巻き込まれる中で、新中間層は急速に厚みを増してきている。

東南アジア地域では、経済開発初期段階の一九七〇年代に、教育、公務員を中心に公共部門での雇用が拡大し、工業化が本格化した八〇年代以降、民間部門での雇用が増大してきている。とりわけ、一九八五年以降、規制緩和と自由化に伴う外国資本の直接投資の進出によってグローバル化が深化したことは、民間部門の雇用を急速に拡大し、新中間層、労働者層の増加を引き起こしたばかりでなく、同時に、新興資本家層の増加も招いた。これらが非常に短期間に生じていることが、東南アジア、東アジアの工業化と階層変動の特徴になっている。

他方、新中間層が増大するにつれて旧中間層が減少するかというと、そうではなく、東南アジアの場合、七〇年代に見られた過剰都市化のメカニズムが八〇年代九〇年代もそのまま持続していると見られ、旧中間層も増加している。工業の発展が弱いところほど、全国的にも農業人口は減少せず、都市部が周辺農村の人口を旧中間層に吸収し続けてきたと見られる。

新中間層への補充は、高等教育を媒介に、労働者層、農民層からなされる部分が卓越している国もあれば、中間層の中でエリート階層の再生産をするほうが多い国もある。その国の工業発展の段階の違いと、その国独自の歴史・文化的な要因が作用していると考えられる。総じて、東アジアよりは東南アジアのほうに、エリート層がエリートを再生産する傾向が強いように思われる。

どんな人たちが中間層に相当するかは、その国の工業化の発展段階、歴史・文化の違いが反映する部分があって、多様性に富んでいる。官僚主導が強かった国では、長い間、大資本家が中間層の位置を占めてきた。さらに都市雑業層の一部も中間層に位置している。また、一つの国の中間層に焦点をあてて見ても、中間層の内部は利害がさまざまに分割されている。東南アジアの中間層には、中間層としての「凝集力」が見られないのが特性である。

しかし、新中間層の上層部分は、東南アジア、東アジアに共通する文化を持って興隆してきているように見える。こうした新中間層の上層部分を、「ニューリッチ」とか「都市中間層」と称している。彼らの文化は、高い教育水準、経営幹部・管理職としての経済的役割、一定の所得に支えられた拝物主義的、享楽的生活志向を持つ欧米的な消費主義的ライフスタイルとして共通している。彼らが享受する生活もまた、アジアに広域的に形成されつつある大衆的消費市場という経済のグローバル化の浸透に支えられている。高学歴を持つこれら新中間層は、新しく創り出される市民社会の担い手として期待されるが、経済開発の「落とし子」である彼らの市民としての関心は、都市貧民や農村までも射程に含めた市民社会を構想するまでには至っていない。

注

(1)園田茂人の算定では、新・旧両中間層の合計比率は、韓国三九・六%(一九九〇年)、台湾五〇・三%(一九九二年)、フィリピン一二%(一九八八年)、マレーシア一五%(一九八八年)、タイ一二%(一九八八年)、インドネシア八%(一九八八年)となっている(園田、一九九八)。

(2)二〇〇〇年の統計は、一五歳以上の就労者対象になり、職業分類基準が、経営トップ・上級官吏、専門、技術、製造管理、上級事務・サービス、中級事務・サービス、製造労務・運輸労務、単純事務・販売・サービス、ブルーカラーという区分に変更になっている。農民層がブルーカラーに組み込まれており、近似的な算出をしたが、九七年のアジア経済危機までと二〇〇〇年とを厳密に対比することはできない。しかし、二〇〇三年の労働力統計は、九六年までの分類基準に戻っている。

(3)インドネシアの工業化の軌跡と、階層構成の変容の対応についての詳細は、古屋野・北川・加納編、二〇〇〇::I部三章を参照されたい。

(4)一九八〇年代にスハルト政権は、ゴルカル政党政治への動員、伝統的家族主義観念に基づくパンチャシラ(建国五原則)精神の官製組織を通じた教化・浸透、村レベルにまで公務員・軍人を配置する体制の三つの柱で、徹底した国民の脱政治化を図った。

文　献

Chua,Beng Huat (ed.), 2000,*Consumption in Asia:Lifestyle and Identities*, London: Routledge.

Dick,H.W., 1985,"The Rise of a Middle Class and the Changing Concept of Equity in Indonesia:an Interpretation," *Indonesia*, no.39.

服部民夫・鳥居高・船津鶴代編、二〇〇〇年、『アジア諸国における中間層論の現在』アジア経済研究所。

服部民夫・船津鶴代・鳥居高編、二〇〇二年、『アジア中間層の生成と特質』アジア経済研究所。

Hsiao, Hsin-Huang M.（ed.）, 1999, *East Asian Middle Classes in Comparative Perspective*,Taipei:IEO,Academia Sinica.

北原淳編、二〇〇二年、『講座 東アジア近現代史6 変動の東アジア社会』青木書店。

古屋野正伍編著、一九八七年、『東南アジア都市化の研究』アカデミア出版会。

古屋野正伍・北川隆吉・加納弘勝編、二〇〇〇年、『アジア社会の構造変動と新中間層』こうち書房。

宮本謙介・小長谷一之編、一九九九年、『アジアの大都市2 ジャカルタ』日本評論社。

中村光男、一九九四年、「インドネシアにおける新中間層の形成とイスラームの主流化」荻原宣之編『講座 現代アジア3 民主化と経済発展』東京大学出版会。

中村正則、一九九三年、『経済発展と民主主義』岩波書店。

Pinches, M. (ed.), 1999, *Culture and Privilege in Capitalist Asia*, London: Routledge.

Robison, R., 1992,"Indonesia:an Autonomous Domain of Social Power?," *Pacific Review*,vol.5, no.4.

Robison, R. and D.S.G.Goodman (eds.), 1996,*The New Rich in Asia*, London:Routledge.

佐藤百合編、二〇〇二年、『民主化時代のインドネシア』アジア経済研究所。

セン、アマルティア、二〇〇二年、大石りら訳『貧困の克服』集英社(集英社文庫)。

蕭新煌、一九九五年、「新しい社会運動を支える人々」『世界』第六一六号。

園田茂人、一九九八年、「社会階層の構造変容―台頭するアジアの中間層」天児慧編『アジアの二一世紀 歴史的転換の位相』紀伊国屋書店。

末廣昭、一九九四年、「アジア開発独裁論」中兼和津次編『講座 現代アジア2 近代化と構造変動』東京大学出版会。

Tanter, R.and Kenneth Young （eds.）, 1990,*The Politics of Middle Class in Indonesia*,Centre of Southeast Asian Studies,Monash University.

Tominaga,K.et al.,1969,"The Modernization and Industrialization of Thai Society:a Sociological Analysis," *East Asian Cultural Studies*, vol.VIII, nos.1-4.

第5章　ポスト開発と国民統合・民主化

倉沢　愛子

1　はじめに

一九九八年五月、それまで三二年間にわたって堅固な政権を維持してきたスハルト大統領が倒れ、インドネシアは「民主化」に向けて大きな変化の道を歩みだした。一九六五年のクーデター未遂事件(1)を契機として失脚した建国の父スカルノのあとを継いで第二代大統領になった、国軍出身のスハルトは、経済開発と、国民統合を最優先する中央集権的、権威主義的体制を打ち立ててきた。外資の導入や外国との積極的な経済協力により、その間毎年五〜八%程度の高い経済成長を遂げ、国民総所得、一人当たり所得など開発の係数は飛躍的な上昇をみせた。ジャカルタの目抜き通りには超高層ビルが摩天楼のようにそびえ、あちこちに数えきれないほどの豪華なショッピング・モールが誕生し、またデベロッパーによる高級分譲住宅が各地に開発されるなど、外から見るかぎり、ジャカルタの町は東京、ロンドン、ニューヨークに負けない近代的かつ雄大な景観を呈し、富に潤っていた。

その一方、言語、慣習、文化を異にする数百の民族から成る多民族国家でありながら、国語の普及率は高く、さらに中央の命令や意図を隅々にまで伝達・徹底させるための巧みな統治メカニズム(2)が考案されるとともに、国民としての共通イデオロギー(3)やコンセンサスを築き上げる努力がなされた。かくして「インドネシア民族」としてのアイデンティティが形成されたかのような幻想が作りだされ、分離独立運動や、中央政権に楯つこうとする動きもあまり表面には出てこなくなった。そしてインドネシアは、国民統合にもっとも成功した多民族国家のひとつと見なされていたのである。

このような強固な国家を築いていくためには、個々人の人権や、議会による民主主義的な手続きなどはある程度犠牲にせざるを得ないと考えられてきた。英知のある指導者(=スハルト)が、強いリーダーシップを発揮して国民を強引に引っ張っていくことによってのみそれは達成されると考えられたのである。それはまた、インドネシアの経済が一定段階に達するまでの一時的な辛抱なのだとされてきた。不満の色を見せれば、「何やかや言っても、スカルノ時代より物資も豊富になったじゃないか」「腹一杯たべられて、電気がとおってテレビもみれるようになったのは誰のおかげか?」などという論理の前に打ち消され、「あと少し」「あと少し」と国民は辛抱を強いられていたのである。

スハルト政権に対する不満がいかにくすぶっていてもそれは、「アジアの奇跡」といわれるほどに経済が繁栄していた間はさほど深刻な事態になることはなく、散発的な抵抗運動は大きな力でいとも簡単に粉砕されていた。ところが、一九九七年七月にタイで始まったアジア通貨危機がこの国にも及ぶと、それまであれほど強固にみえたこの国の繁栄は実にもろく崩れさってしまった。通貨はいっきょに五分の一に下がり、さまざまな分野で輸入品の価格が跳ね上がった。車や家電製品、あるいは化学肥料や農薬など国産の製品も、実はパーツや原材料が輸入品だったりしたため、生産コストが跳ね上がりさまざまな消費物資の価格が上昇した。ここへきて人々の不満はいっきょに爆発した。「あと少し、あと少し」とさらなる成長を待っていた繁栄が、実は砂上の楼閣にすぎなかったことを知った国民の失望と怒りは大きかった。

そのような中で一九九八年三月、巷の不満をよそにスハルトが大統領に七選された。国民の要望とは無関係に、国家の指導者が意中の人物を思いどおりに選出ができるメカニズム(4)を持っていたため、そのようなことが合法的に可能であったのである。スハルトは新内閣のメンバーに親族や、自分をささえるクローニー的なビジネスマンなどを選出し、これまでにも増して独裁ぶりを発揮し、国民の失望を高めた。

そして二ヵ月後の五月初め、それまで国家予算で出していた、灯油・ガソリンなどへの補助金をカットして、石油価格を値上げすることが発表された。石油の補助金カットはＩＭＦからの融資条件であったため、実施せざるを得なかったのであるが、それは他の消費物資にも大きな影響を与えるものであった。次いで、民主化にむけて国民が出した要望が大統領によって正式に拒絶された時、すでにその数カ月前からひびが入りかけてきていたスハルトの権威に対するあからさまな抵抗が、ひとつのまとまった力となって爆発したのであった。

各地で学生などによるデモが相次いだ。スハルト時代には、デモや集会でさえ、反政府的な色彩のものは禁止され、禁をおかして実行すると政府転覆罪が適用されて厳しい弾圧を受けたものであったが、もはや次から次へと吹き出してくる人々の不満を押さえつけることはできなくなってきていた。

そんななかで五月一二日、私立の名門校トリサクティ大学の学生が、デモ中に軍の発砲を受けて死亡するという事件が発生したことにより、人々の怒りは頂点に達した。翌日首都のあちこちに、暴徒化した群衆が、華人系やスハルト一族の経営する銀行、商社やモールに投石したり火を放ち、商品を略奪し、通行中の車を襲い、あるいはまた婦女子を強姦するといった事件が相次いだ。あるショッピング・モールに暴徒が多数入り込んで略奪している最中に火が放たれ、何百人もが焼死するという痛ましい事件も起こった。オフィスや学校は臨時休業になり、町中の機能がマヒした。攻撃の対象は必ずしも政府やスハルト一族だけではなかった。多少とも失うべきものを持つ人々は、自分の家や財産を守るために、軍や警察にお金を払って警備をしてもらわねばならなかった。

外国人にも危険が及ぶ可能性があると判断して、日本政府も在留邦人に対し帰国勧告を出した。市の中心部にある二つの高級ホテルへ集結した日本人は、そこから日本大使館が用意したバスで空港までたどりつき、日本から送られた救援機で国外へ脱出した。緊密な経済関係があるため、一万人以上の在留邦人が住んでいたこの国からの緊急脱出の様子は、連日日本のマスコミを賑わした。

このように、町中が怒りの炎に燃え盛るなかで、学生を主流とする反政府勢力は力を得て、スハルトに退陣を迫った。政治家たちのさまざまな駆け引きの背後で、体制内からもスハルトを見限る人々が現れ、ついに五月二一日、スハルトは退陣を決意し、副大統領のハビビに政権を譲ることを発表した。こうして三二年間不動だった権威主義体制は崩壊した。

動きだしてからは実に早いテンポで事が進んだ。跡を継いだハビビに対し人々は、実は、スハルトと一心同体で、古い体制を代表する人物であり、人々は「スハルトが衣を変えて出てきたにすぎない」と酷評したが、だからこそ彼も生き残りのためには「民主化」と「改革」をスローガンにせずにはいられなかった。彼は自己のレジティマシーを認められたいがために、むしろ急進的な改革を行った。政治犯は釈放され、言論の自由が保証され、これまで禁止されていた新政党の結成が認められ、自由な選挙のための法律が制定され、これまで力ずくで支配してきた東チモールの帰属に関して、住民投票を許すという決断までした。どうにもならないほど強い、「民主化」に向けての民衆の熱望の中で、大統領として生き残るためにはそうするしかなかったのであろう。

2 スハルト体制打倒の原動力

スハルト政権崩壊に至るまでの一連の動き、ならびにその後の改革の動きに関しては、政治学者、社会学者などによって様々な解釈が出されている。その中で、経済発展がある程度進んで新中間層が形成されてくると、自然な成り行きとして民主化への強い願望が出てくる、インドネシアもちょうどその段階に達していたのだ、という理解が大前提として、ほぼコンセンサスに近いような形で定着していたように思う。このような理論は、たとえば一九七〇年代に始まり、その後試行錯誤を繰り返しつつ、ついにかなりの民主化を実現していったタイ、一九八六年のピープルス・パワーの勝利によりマルコス政権を倒してアキノ政権を成立させたフィリピンの例、全斗煥大統領を倒した韓国の例などにはあてはまるものであり、広く第三世界で信じられていた説であった。

インドネシアの場合にも、新中間層を代表する一部の進歩的な知識人による体制批判が、スハルト時代の末期には時折吹き出し、時には地位や自由を犠牲にしてまで抵抗する者もいた。しかし、その一方で、大多数の新中間層——官僚やビジネスマンはもとより、弁護士、会計士、技師、医師などの専門職の人達も——には、開発政策の中で築きあげてきた自分たちの地位や財産、快適な生活を失いたくないという防御意識が強かった。新中間層の多くの人々が、一九九八年五月の暴動の中で、ガードマンをやとって住宅を守らせたという話をしばしば耳にした。彼らは攻める側よりも、守る側に自己を置いていたのである。これこそ、失うべきものを持つ新中間層の本質なのかもしれない。

確かに、反政府運動のリーダーシップをとったのは、新中間層に属する知識人たちであったということは否定できないだろう。そしてそれを支える大きな勢力となったのは、若い学生たちであった。しかし、あのときその訴えかけに応じて街頭に繰り出した多くの無名の人達の大部分も、新中間層といわれる階層のひとたちだったのだろうか。そもそも学生たちでさえ、その多くが新中間層の家庭の子弟という前提は正しいのだろうか。現状維持的、保守的な性格を持つ新中間層の人々のどれだけが、その地位や財産を危険に晒してまで、大義のために戦おうとしたのであろうか。評論家やジャーナリストたちは、国会周辺に押し寄せた知識人・学生と、ショッピング・モールに火を放った「暴徒」とを区別し、特に後者は権力者の画策によって、お金で雇われたならず者たちであるとの論理を出してきている。そのような画策があったことも否定できないが、果して金力だけであれほどのエネルギーを「買う」ことができるものであろうか。そしてまた、人口でいえば、ほんの一握りにすぎない新中間層があれだけの大衆を動かす動員力を持っていたのであろうか。本章は、そのような疑問から出発している。つまり、一九九八年五月の変革のパワーの中心になったのは、果して本当に新中間層だったのだろうか、という疑問である。

私は、ジャカルタの低所得者が居住する、いわゆる「カンポン」と呼ばれる地域での調査を続けるなかで、かねがね、このカンポンの上層部の人々の間にみなぎる活気と、変革への意欲、そして何より、政治的発言の勇敢さに注目していた。カンポンとは、もともと「田舎」とか「故郷」を意味するマレー語であるが、この場合都市の中に自然発生的に作られた住民の集落を意味する。つまり地方からやってきて住み着いたひとたちが「田舎」の生活様式や人間関係をそのまま維持しつつ生活している空間、とでもいえば良いであろうか(5)。人口増加によって過密化し、狭い路地がゴチャゴチャに入り組んで、相対的に劣悪な住環境であるが、ジャカルタ市の面積の六〇%、またそこに住む人々は人口の八〇%を占めている。

最初はオランダ植民地当局によって、また現在ではデベロッパーによって開発された、道路もあり整然とした区画の住宅街——中間層以上のエリートの居む地域であるが——と対比させて、カンポンは低所得者、低学歴者の住む世界として一口にひっくるめて語られることが多かった。しかし調査をしてゆく中で私は、実はそこに住む人々の間には、極めて大きな多様性や階層分化がみられることに気づいた。そしてその上層部に位置する住民には、非カンポン世界に住むミドル・クラスの人々との接点を示唆するような属性もみられるのである。つまり、物理的な景観としては非常に大きな差異があるカンポンと非カンポンであるが、そこに住む住民、とりわけその上層部の人たちの意識や価値観・志向をみるかぎり、かならずしも明確に区切ることができないような流動化現象がみられるように思うのである。

ここで私が「カンポンの上層部」と呼ぶ人達は、確かに収入や経済力という点では、新中間層に大きく引き離されており、その結果家屋の造り、所有する耐久消費財の種類など目に見える部分では差異があるものの、学歴、生活空間の広がり、情報量、しいては行動様式といった面では、さほど大きな差が見られない場合がある。たしかに同じ高卒でも、学校間の格差が激しいために、エリートが受ける高校教育とカンポンの人達の受けるものとは質の違いがある。また同じくテレビを所有していても、大型のカラーテレビと、小型で中古の白黒テレビでは差があるだろうが、そこから受信する映像に基本的な変わりはない。そのように考えると、質的な差はあってもなんらかの接点を持っているといえるのである。また、中間層と、「カンポンの上層」とは、生活の場は離れているものの、しばしば同じ職場で労働の場を共有している。エリート・サラリーマンと万年ヒラ社員というふうに職種はことなるが、日常的に顔を合わせているのである。

カンポンの上層の人々は、一般に上昇志向が強い。苦労して高等教育まで終えたが、結局コネやネットワークが欠如しているために、それに相応しい地位を得られず、現状から抜け出せないでいる。経済開発でいうところの「テイク・オフ」のようなラインがあって、その一歩を踏み出せないためにカンポンの世界に止まっているのだ。一方、情報量も多く、中間層の人々との接点を持っているが故に、そのような世の中の不平等や不公平に対して不満を感じる機会も多い。一般にことなかれ主義で、そつのない中間層知識人に対しては、対抗心とともに敵意も感じていたかもしれない。このような人々

──これはおそらく数の上では新中間層よりはるかに多いと思われるが──こそが、今回の政変の原動力のひとつになったのではないだろうか、というのが私の仮説である。

本章はそのような、カンポンに住む新中間層予備軍的な人々に焦点を当て、彼らの様々な属性やライフスタイル、日々の行動パターンを分析することにより、この仮説を検証しようというものである。調査はジャカルタ市南部のレンテンアグン町におけるひとつの隣組(**rukun tetangga,** 略して **RT**)を対象として行われた。

3　あるカンポン世界

(1) 調査地の概要と調査方法

本章で取り上げる地域は、南ジャカルタ市ジャガカルサ郡レンテンアグン町(人口四万六千人、面積二二七・四ヘクタール、**地図1**参照)内のひとつの隣組(ＲＴ)である。実はこの隣組の位置している地域は、一九八六年以前は行政区画上、隣接するスレンセン・サワ町に属していたが、区画変更によりレンテン・アグン町に合併されたものである。

レンテン・アグンならびにスレンセン・サワを含む地域は、現在ジャカルタ首都特別市の最南端に位置しているが、市に含まれるようになったのは、ようやく一九五〇年のことである。それより以前のオランダ植民地時代や日本占領時代には、ジャカルタ州という行政区画の中に含まれていた。

オランダ時代、バタヴィア市の中心だった北部のコタ街から、総督の宮殿が作られた南のボゴール市まで鉄道がひかれたが、レンテン・アグンもスレンセン・サワもその鉄道に沿って発展し、それにより約二五キロ離れた都心部と結ばれていた。現在この鉄道は、数少ないジャカルタの通勤電車として使われている。現在は線路を挟んで東側と西側にバスの通る道路があり、それぞれ北行きと南行きの一方通行になっている。このあたりの住民は、ほとんどが果物や野菜の栽培をする都市近郊型の農民で、稲作をしている者はわずかだった。収穫された果物は、ここから数キロ北にある果物の集散地として有名なパサル・ミングへ出荷された。このあたりは開発政策が始まるまではまだ農業が中心

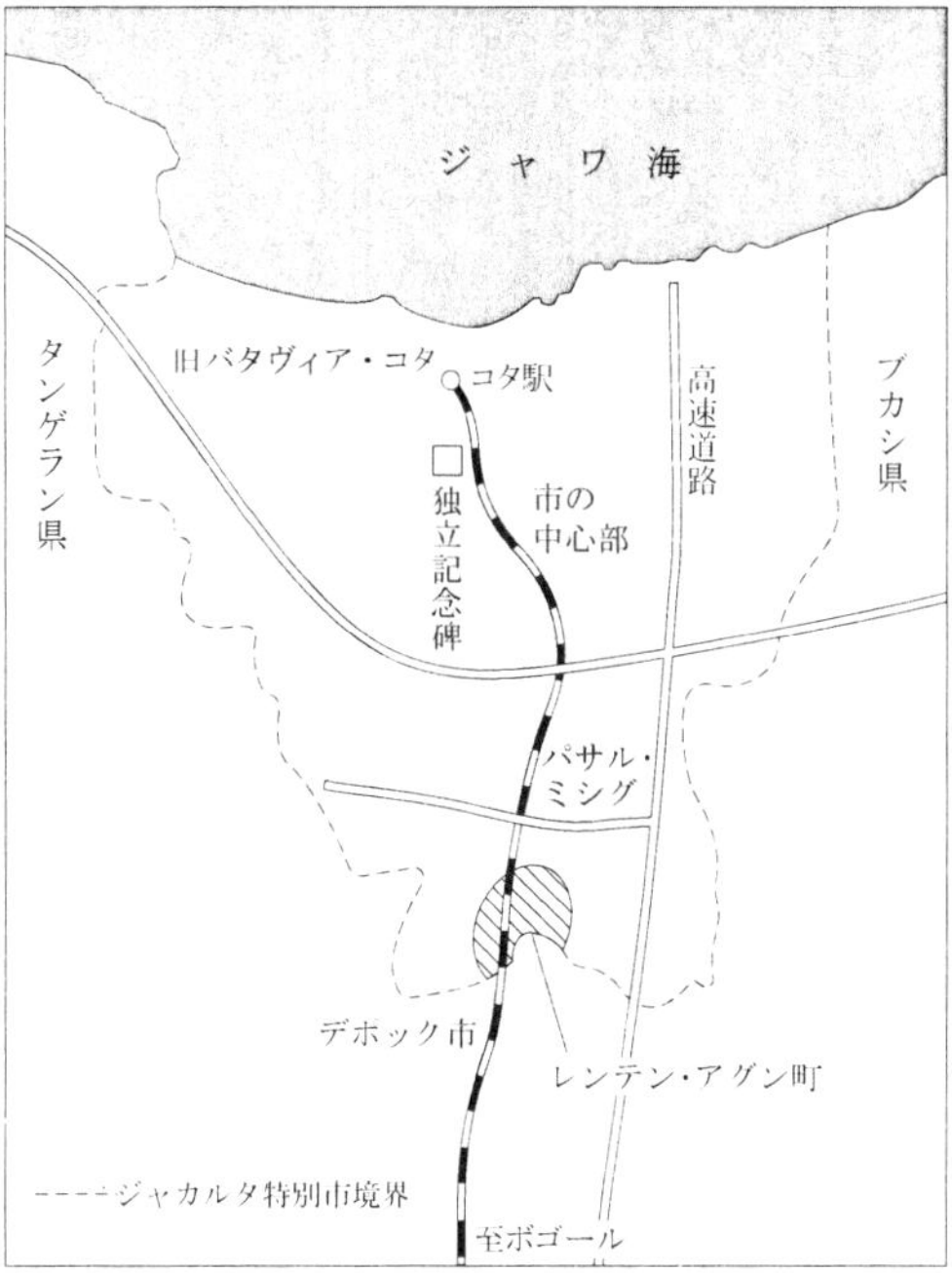

地図1 ジャカルタ特別市全図

で、ごく一部役人や教師になって給与所得を手にする者があった程度である。外の者が婚姻によって入ってくることあっても、基本的に土着の人たちから成る均質性の高いカンポンだった。

さて、本章が対象とするのは第七町内会(RW)・第六隣組(RT)という小さな地区であるが、まずこのRT/RW制度について説明が必要であろう。これは、日本の占領下で一九四四年一月に、住民をコントロールする手段として導入された隣保組織[(6)]を基礎としている。独立後もルクン・トゥタンガ(**rukun tetangga** 略して **RT** エル・テー)と名称を変えて残存していたのであるが、それをスハルト政権が、政治的「安定」を強化するための手段として積極的に活用したものである。一九八三年に定められた内務大臣規定「RT・RWに関する件」によれば、都市部においてはおおむね五〇戸でひとつの隣組(RT)が作られ、それがいくつか集まって町内会(**rukun warga,** 略して **RW** エル・ウェー)を構成するとされている[(7)]。レンテンアグン町には現在一〇の町内会があり、私の調査地の第七町内会の場合、その下に一四の隣組がある。インドネシア語では「RT○/RW△」と表記され、これは身分証明書その他に記載する際の正規の住所表記として使われる。各隣組には、全国一律の公式の婦人部門の組織としてPKK(直訳すれば家族福祉育成運動)、青年部門としてカラン・タルナが組織されている。

この隣組は、ジャカルタ市北部のコタとボゴールを結ぶ鉄道の線路沿いのレンテンアグン大通りから、小さな車一台がやっと通れるくらいの道(ムラティ通り)を四〇〇メートルくらい奥に入ったところにある面積一・六ヘクタールほどの集落で、チリウン川に面している(**地図2参照**)。

ムラティ通りから路地を入って一歩集落の中に入ると、不規則に枝分かれした小さな路地の奥に、間口二メートルほどの小さな家が密集した居住空間が広がっている。ここに住む世帯の数や人口を正確に把握するのは極めて難しい。隣組の重要な役割のひとつが、人口移動を把握し、不審者や反政府分子の流入を防いで治安を保つことであり、隣組条例によれば転出入者に際しては隣組に届け出ることになっている。届け出た者は三枚一組になった家族全員の名前、出生地、生年月日、宗教、職業などを記入した家族登録カード（**kartu keluarga**）を提出し、それが町役場と隣組長のもとに保管される。出産、結婚、死亡などのような人口移動があった場合には、届け出て、家族カードの記載事項を変更せねばならない。

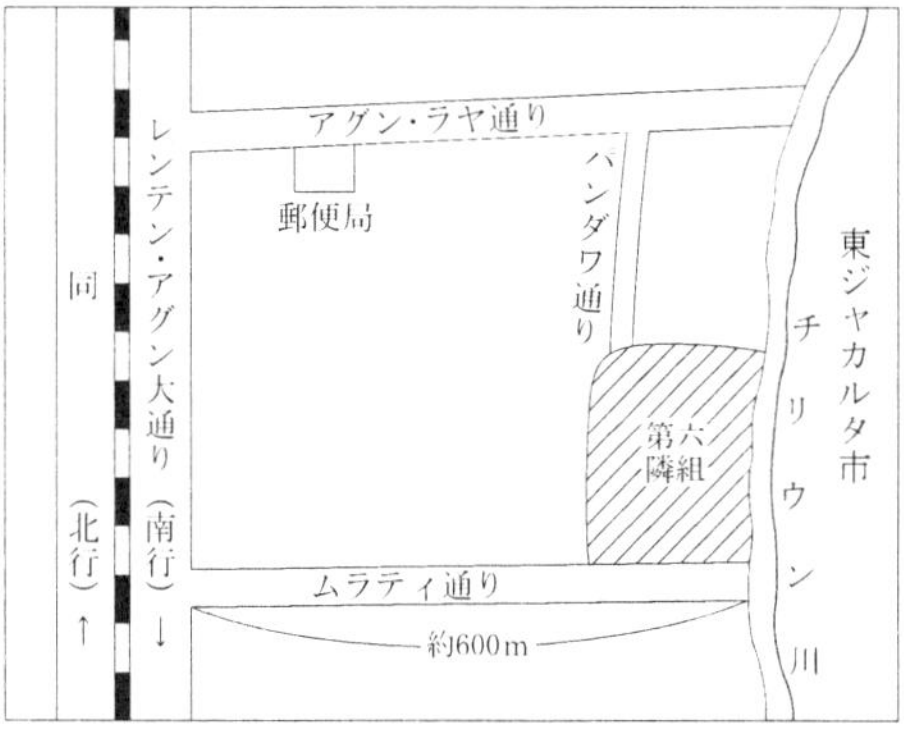

地図２　第六隣組周辺の地図

しかし、ここに土地を購入して住みつく人ならともかく、借家を借りて一時的に居住する人達（「コントラカン」と呼ばれる。コントラクトつまり契約という英語が鈍ったものである）は、あまり居心地が良くなければまた出ていこう、というくらいの軽い気持ちで転入してくるので、こういった届けを出さない者も多い。従って、隣組長でさえ住民の名前はおろか総数を正確には把握していなかった。

そこで私はまず、ここに住む人々を戸別訪問して、世帯の名簿と住宅地図を作成する作業からとりかかった。こうして作り上げたのが**地図3**である。この調査によって、ここには小さな長屋も含めて一六〇の家屋があり、うち七軒は空き家であることが分かった。しかし実際には一家屋に複数の世帯が住んでいることもしばしばあるので、現実に一六五世帯の存在が確認された。出稼ぎの単身者世帯も多いので、一世帯平均四人とすると、推定人口は六六〇人。一・六ヘクタールの広さにこの人口ということは、ヘクタール当たり四一三人であり、これは日本の木賃地区の標準数値であるヘクタール当たり四百人とほぼ同じである(8)。ジャカルタ市の中でもかなりの人口密集地であるといえよう。

一六五世帯というのは、あくまで最初に戸別調査をした時点(一九九八年七~九月)での数字であって、実は世帯数は非常に流動的だった。都市部では、田舎から出てきて一年のうちある時期だけ働き、農繁期には故郷へ帰る者も多い。また賃貸住宅に住む者は、より良い家がより安く手に入るとなると、ひとつの地域から他の地域へ比較的簡単に転居する傾向がある。この隣組でも、最初に世帯調査をしてからデータを集計するまでの二年間にも約二〇パーセントが、住居を移動していった。定着率が極めて低いのである。

そこで、本章で使用するデータは、最初に全戸調査を実施した時点(一九九八年一月)から、データを集計した時点(二〇〇一年三月)まで通して居住しており、なおかつ調査に応じてくれた一二八世帯の世帯主を対象としている(9)。そしてその世帯主とその配偶者計二四一名(男性一二三人、女性一一八人)を

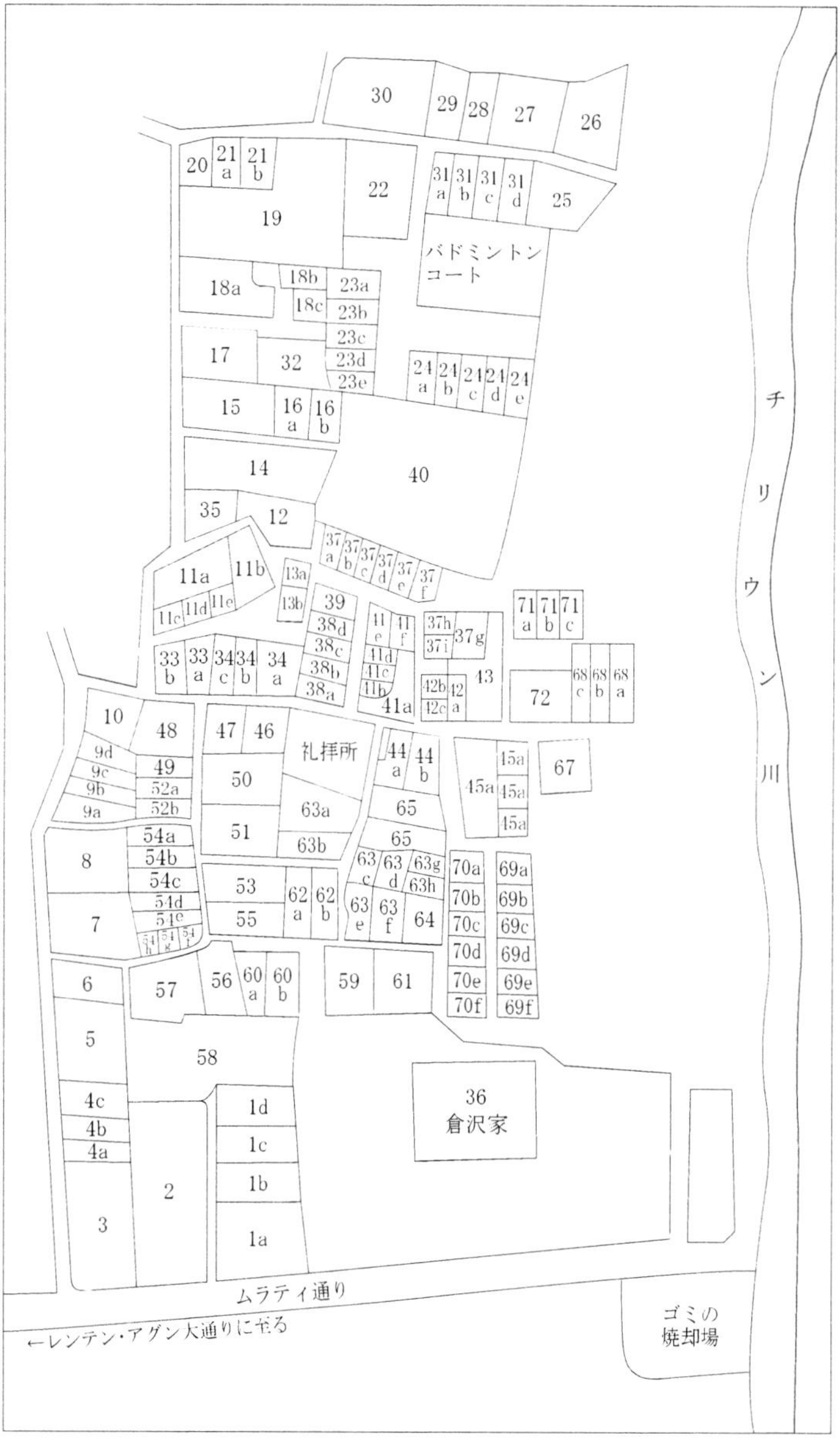

地図３　隊組内の住宅地図

対象として、その出身地、種族、生年月日、この隣組での居住年数、学歴、職業、家屋所有状況などについて調査を行った。本稿の以下の分析はすべてこれを基礎として行う。

(2) 調査地住民のプロフィル

一二八世帯二四一人のプロフィルを簡単に紹介すると、以下のようなことがいえる。レンテン・アグン地域にもともと住んでいたのは、バタウィ（バタヴィア人）とよばれるエスニック・グループである。これは植民地時代からのジャカルタの住民、つまり東京でいえば「江戸っ子」というような意味である。バタウィ人とは、オランダの植民地下で、あちこち（インドネシアの外からも内からも）からやって来て住み着いた様々な人種が長い間に混血し同化して、あらたに独特の文化や慣習を形成し、ジャワ人でもスンダ人でも、バリ人でもない独自のエスニック・アイデンティティーをもった社会集団として形成されていったものである。彼らは、独特の単語や文章構造やイントネーションを持った、他の地方とは違うムラユ語を日常会話とする。言語の他、食べ物、芸能、文化、慣習も独自のものを持っており、ジャカルタ周辺に住むスンダ人の文化とは一線を画している[10]。レンテン・アグンの歴史は、このバタウィ達が住む地区に、少しずつ「外来者」[11]が入り込んできて変質していった過程としてとらえることができる。

開発が始まるまでここに住んでいたのは、この地域の古くからの住民七世帯だけであったが、一九七四年に初めて外来者が土地を買って住み着いた。ひとつには一九七四年にこのあたりに電気が通ったことと無関係ではないだろう。調査対象の一二八世帯のうち先住の七世帯以外がこの地域に居を構えた時期は、一九七〇年代が一〇世帯、一九八〇〜八四年が一七世帯、一九八五〜八九年が一五世帯、一九九〇〜九五年が五四世帯、一九九五〜九八年が二五世帯であった(12)。

以上のことから、この地区の人口は、一九八〇年代から本格的に外来者の転入が始まり、とくに一九九〇年代に入ってからの増加は目ざましかったということが分かる。一九八〇年代に外からの転入者が増えたのは、立ち退きになったジャカルタ市の中心部のカンポンの住民の一部がこの南郊へ移住してくるようになったからである。また一九九〇年以降さらに急激な増加をみせたのは、一九八七年に国立インドネシア大学が、このレンテンアグンの南約三キロのデポック町（西ジャワ州に含まれる）に移転してきたことにより、その周辺の総合的な開発が進んだことと無関係ではない。現在の居住者のうち、調査対象となった二四一名中八八％が外来者である。実際には、調査対象からもれた三七世帯の大部分は外来者であるので、この隣組に居住している世帯全体の中で外来者が占める割合はもっと多い。均質性と定着性の高かったバタウィ人のコミュニティーは、多様的かつ流動性の高い社会へと大きく変質したのである。

持ち家に住んでいる世帯と賃貸住宅に住んでいる世帯の割合であるが、前者は調査対象になった一二八世帯中六九世帯で、五四％である。調査対象にならなかった三七世帯は全員賃貸人であるため、居住者全体(一六五世帯)で、持ち家の者が占める割合は四二%ということになる。

次に人種別構成であるが、もっとも多いのはジャワ人で、ほぼ半分近く(四五・五%)を占めている。ジャワ人に次いで多いのはスンダ人とバタウィで、これがまったく同数で二〇%ずつを占めている。バタウィの地でありながら地元のエスニック・グループに属する者は、世帯主レベルでは五人に一人しかいないということである。

出生地でみると、首都ジャカルタで生まれた者は、男三八人(全男性の三一%)、女四六人(全女性の三九%)、計八四人(三五%)になる。男女差はあるものの、総計でいえば、およそ三人に一人はジャカルタ生まれだということになる。しかしそのうちレンテンアグン生まれの者は二四一人中二九人、つまり一二%しかいない。

宗教別にみると、圧倒的多数がイスラムで、キリスト教徒が五人いるが、ヒンドゥー教徒や仏教徒は皆無である。

次に学歴(13)であるが、これは時代によって意味が異なるので、年齢別に分析してみた。一九四九年以前に生まれた者が受けた教育は、男性は小学校レベルが一番多く四二%、女性は無学歴がもっとも多く四五%である。ところでこの世代で高校と答えた者が男性二名、女性三名、さらに大学卒が二名もいるのは、注目に値することである。これはその時代にすれば極めて高い学歴である。一九五〇～五九年生まれは、男性では小学校と中学校が同数で約四〇%、女性は引き続き小学校が六〇%を占めている。高校はまだ少なく、男性の一九％、女性の一二％しかいない。しかし大学を出ている女性が一名いる。一九六〇～六四年生まれになると、男性は中学校と高校がそれぞれ三〇％ずつで同じ比重を占めている。女性は引き続き小学校が半数を占めている。この世代が小学校教育を受けた時期は、スカルノ政権からスハルト政権への移行期である。この世代で大学を出ている女性が一人いる。一九六五～六九年生まれになると、「開発」の影響がかなり色濃く出てきて、男性は高校が半数を占め、一方女性は小学校、中学校、高校がほぼ同数になる。大学を出ている者が一名。一九七〇～七四年生まれの人たちは、開発がかなり進み、インドネシア経済が上向きになってきた時期に小学校時代を過ごしている。この世代の学歴は、男性の場合高校が四五％と一番多いが、しかし中学校も三六％で拮抗している。あわせると八一％になる。女性の学歴はかなり多様化していて、高校が四〇％近いものの、小学校、中学校もそれぞれ二五％づつを占めている。また大学卒が二名いる。

以上は、世帯主に対してだけの調査であり、その子供たちは含まれていない。現在の若者を含めればかなり学歴は高く、私が直接確認できただけで、大学卒が二五名いる。他の同種のデータがないため比較はむずかしいがインフォーマル・セクターで生計をたてている低所得者が多く住んでいる地域にしては、平均的に学歴が高いように思われる。言い換えれば、学歴の割に職業的には恵まれず、それに見合わない職業に甘んじているものが多いということであろう。「高校」と答えた者たちの職種を調べてみると、バスの車掌、運転手、警備員などブルーカラー的な職業の者が多く見受けられた。

職業であるがこれは、その社会的地位や収入の多少に応じて私なりに次のように三種に分類してみた。最上層は、フルタイムの就業で定所得を得ているもののうち、いわゆるホワイト・カラーに属する者、およびその退職者である。このグループの中に見出される職種は、下級役人、民間企業の平サラリーマン、軍や警察の下士官クラス、といったところである。これに相当するのは男性二六名、女性四名いた。なおこの隣組では、高級官僚、企業のエギュゼクティブ・クラス、弁護士・医者などの専門職に属する人（いわゆる新中間層に相当する）は皆無である。

第二のグループは、同じく定所得があるが、内容的にはブルー・カラー的な職種のもの、つまり、同じく公務員や私企業の職員であっても、ガードマンや運転手、あるいは工場労働者など、頭脳よりも肉体を使う職務についている者である。

第三のグループは、行商、屋台引き、露天商などいわゆるインフォーマル・セクターで雑業に従事する者で、数のうえでは圧倒的に多い。なお、同じ隣組内でも、雇用に関連して上下関係が生じている場合がある。たとえば、より貧しい家庭の女性が、比較的裕福な家の洗濯を請け負ったり、掃除をして時間給をもらったり、あるいは工場に勤務する者がその下請けの仕事を町内の住民に斡旋したりというような関係、さらに同じくインフォーマル・セクターであっても、屋台の道具や原材料を提供する親方とその下請けで働く者が、同じカンポン内に居住しているケースもある。

４「寄付をするひと・される人」

以上のような基礎的な世帯調査の結果から、カンポンの住民と一口にいってもそこには、かなり大きな階層差が見いだされることが判明した。経済的な面からみるだけでも、賃貸長屋に住み、いわゆるインフォーマル・セクターで不安定なその日暮らしをする人々から、持ち家に住んで下級役人、サラリーマンなどの職につき、定まった給与所得を得ている者まで様々であった。この後者の中に相対的に高学歴で、しかも、地域の社会活動などにおいて常に指導的な役割を果たしている何人かの「存在感の大きな」人々が浮き上がってきた。

「存在感の大きな人物」などという表現はかなり主観的であるので、ここではひとつの客観的な指標を使うことにしよう。一九九八年に経済危機への対処策のひとつとして導入された隣組の助け合い制度の中で、住民が「寄付をする人」と「される人」に分類された。隣組の寄り合いにおけるムシャワラ（話し合い）の中で決められたのであるが、ここでの分類の基準は、かならずしも経済力だけによるものではなく、他者に対する住民たちの主観的な評価によるところが大きく、むしろ社会的地位という言葉で表現されるものに近いものであった。すなわち「寄付をする人」として推薦された人二九世帯は、実は私がイメージしている「存在感の大きな人」にほぼ一致する。

ルスディ	42	中学	1980	運送会社職員	75		
	37	小学校	地元	主婦			
マットサロー	51	中学	1993	私企業の運転手	171	PDI-P	
	47	小学校	〃	主婦			
シャフルディン	38	高校	1991	telkom 職員	114	PAN	
	38	高校	〃	高校職員			
ジャトミコ	57	大学	1994	高校事務員	172		隣組書記
	55	高校	〃	主婦			
スバンディ	50	中学	1991	市場で野菜売り	56	PDIP	
	38	小学校	〃	市場で野菜売り			
スワルディ	46	中学	1998	フランス大使館営繕	98	PPP	
	39	中学	〃	主婦			
スラトノ	39	中学	1985	英語学校職員	95		
	3	小学校	〃	主婦			
アスマット	59	中学	地元	病院医療助手	101		
	42	小学校	主婦	第2夫人			
ラモラ	62	中学	1959	退役軍人	202		元隣組長・開発担当隣組役員
	56	小学校	地元	主婦			
スラメット・リヤディ	48	中学	1994	空港警備員	借家人	PDI-P	隣組長の甥
	25	小学校	〃				
ムクリ	67	小学校	1973	野菜売り	96	PDI-P	
	52	小学校	〃	野菜売り			
シャムスディン	37	高校	地元	交通省役人	640		
	42	中学	1996	主婦			

＊上段が夫、下の段が妻
＊＊支持政党に関しては、伊藤毅（一橋大学博士課程） 氏からデータをいただいた。
＊＊＊独身の大学生

表１「寄付をするひとの」プロフィール

世帯主＊	年齢 2001年現在	学歴	定着年	職業	土地 m2	支持政党＊＊	地域における活動&備考
イラワン	55	大学	1990	私企業職員	120	ゴルカル	隣組長
	53	高校	〃	イスラム説教師			婦人会会長
スホド	48	高校	1981	国営デパート職員	173	PDI-P	前隣組長
	42	中学	〃	売店経営			
ムルヨノ	36	高校	1991	警察官	126	選挙権なし	地域の治安担当
	31	高校	〃	主婦			
スパルノ	46	高校	1992	税務署員	365	PDI-P	
	38	中学	〃	主婦			婦人会書記のち会長
スマルジ	44	高校	1985	バス会社車掌	113	PDI-P	社会担当隣組役員
	39	中学	〃	ベビーシッター		PKB	婦人会ダサウィスマ長
エリック・サントソ	40	高校	1990	チリ大使館公邸	64	PAN	
	35	中学	〃	料理のケータリング業		PAN	婦人会福祉担当役員
マフプッド	43	中学	1979	宅配会社	84	PKB	宗教担当隣組役員
	36	小学校	地元	主婦			
ハムダン	48	中学	1989	車修理工場	105	PDI-P	隣組会計
	45	小学校	〃	主婦			
ジャヤクスマ	35	大学	1991	新聞記者	59	中国系	
	30	高校	〃	主婦			
ベベン	43	小学校	1991	繊維工場	110		イスラム政党
	40	小学校	〃	縫製内職			
ルスタム＊＊＊	26	大学生	1986	大学生	329		青年会会長
ヤシン	56	中学	1993	家屋賃貸	1066	ppp	
	56	小学校	〃	主婦			
スパンディ	58	中学	1993	銀行の警備員	194	ゴルカル	開発担当隣組役員
	49	中学	〃	主婦			婦人会会計

家の広さ

$19m^2$以下	15.29%
20〜$49m^2$	35.66%
50〜99	30.43%
100〜149	9.83%
150〜	8.80%

二九世帯のうち四世帯は借家人で、その後間もなく転出してしまった。従って調査対象者一二八世帯には含まれていない。そのため詳細なデータが得られなかった。そこで残る二五世帯の世帯主とその配偶者に焦点を絞り、その行動様式、ライフスタイル、政治的志向、情報量などをさらに詳しく分析してみたいと思う。まずそのための基礎データとして、第一節に述べた全戸調査によって得た、彼らの年齢、学歴、この地域へ定着した年、職業、土地所有面積、支持政党、地域における活動を、**表1**に整理してみた。

持ち家居住者か借家人かという点では、一世帯を除いてすべて持ち家居住者だった。借家に住む一世帯は、隣組長の甥で、当初は叔父の家に同居していたのだが、近くの賃貸住宅を借りて移ったものである。土地所有面積の大小は、必ずしも隣組内での経済的・社会的地位とは一致しないようである。というのは、この隣組では、一六五世帯中五三世帯が持ち家に居住し、そのうち一五〇平米以上の土地を所有する者が一六世帯いる[(14)]。しかしその一六世帯の中で、この「寄付をするもの」に入っているのは一〇世帯だけである。残りの六世帯のうち四世帯は地元の出身者で、遺産として相続したために土地面積は広い(たとえば所有面積の広さが、第一位、四位、五位の者)が、現在定収入を持たない者である。

一般に、この土地の出身者はもともとかなり広大な土地を持っていた。彼らは、あとから転入してきた者たちに少しずつ土地を切り売りし、そのつどまとまった額の現金収入を手にしたのであるが、おおむね、ハングリー精神に欠けている。学歴を高め、より良い仕事を得たいという上昇志向に乏しく土地を売って得たお金に安住している。この隣組では、地元の出身者ほど相対的に学歴が低く、インフォーマル・セクターで働く者が多いという数字が出ている。

「寄付をする者」に入っている二五世帯のうち、夫か妻のいずれかが地元出身者というのは、わずか五世帯しかいない。残る八〇%が外来者であり、しかも一九九〇年代以降に定着した新参者が一四世帯(五六%)を占めている。この二五世帯の世帯主(夫)の学歴という点からみると小学校が二人(八%)、中学が一二人(四八%)、高校が七人(二八%)、大学が四人(一六%)である。中学がもっとも多く約半数を占めているが、高校と大学をあわせると一一人でほぼそれに拮抗している。

主たる稼ぎ手である夫の職業は、ほとんどが給与所得者ないしはその退職者で、そうでない者は、野菜売りのムクリ氏だけである。彼らは、常設のレンテンアグン市場にロットを持ち、夫婦で野菜売りをしているが、特定の市場に常設店を持っているという点で、インフォーマル・セクターとはいえない。また早い時期にここに土地を買って住み着き、経済的には安定して生活をしている。

5　上昇志向の強い「中間層」志願者たち――七世帯の分析から

さて、これら二五名の中から、①持ち家に住み、②夫の学歴が高校以上で、③夫がフォーマル・セクターに職を持ち、④夫か妻の少なくとも一方が地域において社会組織のリーダーになっている、という条件をすべて満たしている、つまりあらゆる面で最エリートと思われる世帯を数えると七世帯あった。以下この七世帯を対象にさらに詳細なインタビューを行うとともに彼らの日常を長期にわたって観察した。

(1) イラワン夫妻

イラワン夫妻は、データ集計時点（二〇〇一年）でそれぞれ隣組長、婦人会（ＰＫＫ）長を務めていた、隣組内の最有力者である。夫（五五歳）が東ジャワ、妻（五三歳）がスマトラのミナンカバウの出身である。それぞれ若い頃、航空貨物を扱う民間会社と、ムルパティ航空に勤め、共にイリアンジャヤ勤務の時に知り合い結婚した。この隣組で二軒しかない二階建ての家に住み、電話、冷蔵庫、車、などを所有している。この隣組に来たのは一九九一年のことだが、大学卒という高い学歴と事務能力をかわれて、早くも一九九六年には選挙で隣組長に選ばれ、さらに一九九九年に再選され、調査時点では二期目を務めていた。調査終了後まもなく、民主化の一環として始まった地方分権政策のもとで新設された町議会の議員に立候補して当選するまで隣組長を続けていた。職の方は経済危機のさなかで解雇され、その後生命保険の外交やミミズの養殖、さらには穀物の先物取引のエージェントなどをやっていた。熱烈なゴルカル支持者で、スハルト退陣後の一九九九年の選挙でも引き続きゴルカルを代表して選挙管理委員を務めた。

妻も年齢の割には非常に高学歴であるが、結婚後は仕事を辞め、主婦をしてきた。しかし、現在、アル・アズハル寺院の説教師の資格をとって、病院や女子刑務所などを訪問する有給の仕事に就いている。長女は陸軍の軍人と結婚し、両親と同居。子供たちのうち何人かはは大学教育を受けている。

(2) スホド

前隣組長のスホドさん(四八歳)は、中部ジャワの出身。ジャカルター のオフィス街タムリン通りにある国営のサリナ・デパートに勤務している。通勤は遠いので、交通渋滞のない電車を利用している。スハルトの全盛時代からずっと野党民主党の支持者であった。一九九六年まで隣組長を務めていたが、野党支持であることを隠さず、また反骨精神が強かったので、行政当局とうまくいかず、隣組長としての仕事はスムーズにいかなかったという。しかし、現在でも、そつがないが官僚的なイラワン氏よりも、一匹狼的な性格の故に住民の間での人気は高い。そして、実はこの調査終了後、二〇〇二年には、再び新たな隣組長に選出されてた。

妻(四二歳)は南スラウェシの出身で、家族とともにジャカルタへ出てきた。高校を卒業して既製服会社で縫製の仕事をしていたが結婚とともに退職。現在は自宅の軒先で、日用品の売店を開いている。イラワン夫妻への対抗意識のせいか、隣組や婦人会にはほとんど参加していない。

自宅の裏に一軒賃貸用住宅を持っている。四人の子供たちのうち上の三人は大学へ進学。いちばん下はまだ高校在学中である。家には電話、冷蔵庫、モーターバイクがある。

(3) ムルヨノ

ムルヨノ夫妻は東ジャワ出身。夫(三六歳)は、小学校教師の息子として生まれ、高校を出て警察官となった。現在隣町の警察署に勤務し、この地域の警備担当の責任者をしている。結婚して八年になるが、子宝に恵まれず、夫婦二人で、非常にこぎれいな川べりの庭付き住宅に住んでいる。白壁の洒落た家屋、タイルを貼った床、清潔な台所など、カンポンの住居とはかなり異なる雰囲気の住宅である。妻(三一歳)は商人の娘として育ち、高校卒。控えめな性格で、完全な主婦をしている。夫婦とも隣組・婦人会の会合や活動には積極的に参加している。警察はこの調査当時まだ国軍の一部に入っており、その成員は選挙権を与えられていなかったので、彼の政治的な立場は明確ではない。家には電話、モーターバイク、冷蔵庫あり。

(4) エリック・サントソ夫妻の場合

エリック・サントソさん(四〇歳)は、ジャカルタ生まれのジャワ人で、ジャカルタ市中心部のメンテン・プロに住んでいたのだが、妻や母親とともに、一九九〇年にここに移ってきた。土地は子供がいなかった母の兄からの遺産としてもらった。彼名義の分は六四平米程度であるが、すぐ隣に母親名義で三一平米、さらにその隣に弟名義で三〇平米の土地がある。仕事はチリ大使公邸の使用人頭で、職種のうえでは決してホワイト・カラーだとはいえないが、本人のみならず母親も某大使官で働いていたことがあることなどから国際的な感覚を持った一家であり、英語も話す。

エリック氏はかなり知的なアウトルックと広い視野を持っているうえに、常に多くの新しい情報に接しているため、考え方も進歩的である。スハルト時代から政府に対してはシニカルで、総選挙ではいつも白票を投じていたというが、スハルト体制崩壊後には、アミン・ライスの率いる国民信託党の熱烈な支持者になったという。知識人の間で支持者が多いといわれるこの党を支持する者はこのあたりのカンポンでは珍しい。家の中にはアミン・ライスの大きな写真が貼ってあった。彼はまた音楽が趣味で、ラジオとカセットが聞けるステレオを持っている。好きな音楽はラテン・アメリカ音楽。

妻(三五歳)は、中部ジャワのソロの出身。婦人会の中心的リーダーの一人で、書記を務める他、町内会レベルの福祉担当(PPKB)委員もやっていて、そのため家族計画のデータ管理や、「バリタ(五歳以下の乳幼児)」の健康管理に忙しい。たとえば、毎月5日に行われる隣組レベルの婦人会の定例会合はもちろんのこと、町内会レベルの婦人会会合(第一金曜日)や区役所(毎月二五日)での説明会にも出席する。さらに月に一度の五歳以下の乳幼児(バリタ)の体重測定にはかならず同席するし、さらに、家族計画にまつわる、情報の提供や指導のために家々をまわらなければならない。会議の席でしばしば司会を務めたり、報告をしたりするが、発言は明瞭で要領を得て非常に知的である。学歴は中卒であるが、とてもそのようには思えない。

こういった活動のためだけでも日程がぎっしりつまっているのだが、その他に家で菓子つくりと料理のケータリング(仕出し)をやっている。もちろん大規模なものではなく、注文があった時だけ作るというまったく主婦の内職的なものである。

子供は二人おり、それ以後は家族計画に従っている。

(5) スパルノ

スパルノ氏(四六歳)は東ジャワ出身。高校を卒業して、税務署の下級官吏をしている。役所はここから約一五キロ北のテベット地区にあり、モーターバイクで通うこともあれば、バスや電車を使うこともある。この年齢で高卒というのはかなりの高学歴だといえよう。以前はジャカルタ市の中心部に住んでいたが、土地をを買い求め、一九九六年にこの隣組に移ってきた。三六五平米という、この隣組では六番目に広い土地を持ち、きれいに手入れされた広い前庭があり、家のフロアにはセラミックが敷かれ清潔だ。スパルノさんは、公務員なのでこれまで選挙に際しては与党ゴルカルに投票するようにという圧力があった。でも、一九九九年の総選挙ではその縛りがなくなったので、メガワティの闘争民主党(改革派)に投票したという。

妻(三八歳)も同じく東ジャワ出身で、中卒だが、会合などでの発言は簡潔明瞭で非常に知的な印象を受ける。夫の職場でのダルマ・ワニタ[15]の会合にも出席していた。移ってきて間もなくからこの隣組の婦人会の書記をしていたが、一九九九年度からは、会長をしている。

なお、スパルノ氏は二〇〇一年に、イラワン氏が町議会議員に選出されて隣組長を止めたのに伴いその後任になり、転勤で二〇〇二年春スンバワ島に転出してゆくまで務めた。

夫婦の間には子供は一人だけであるが、前妻との間にもう一人子供がいる。

(6) スマジ

スマジ夫妻はともにジョクジャカルタ(ジャワ島中部)の農村の出身で、両親は農民だった。一九八六年に結婚して二人の子供がいる。結婚してしばらくはジャカルタ市の中心部の賃貸住宅に住んでいたが、ここへ土地を購入してマイホームを建て、転入してきた。夫(四四歳)はジャカルタ市交通局のバスの車掌をしていたが、一九九七年に始まった経済危機のあおりを受けて失業中である。妻は、近所のとも稼ぎの夫婦の赤ん坊のベビー・シッターをしている。夫は隣組の社会担当委員、妻(三九歳)は婦人会の役員で、もっとも熱心なメンバーの一人で、会合で「婦人会のうた」を歌うときにいつも前に立って指揮をとる。夫は闘争民主党、妻は民族覚醒党の支持者で、いずれもいわゆる「改革派」の政党である。

(7)ルスタム

ルスタム君は二六歳の独身の大学生で、「世帯」というには抵抗があるが、前述の条件をすべて満たしているのでここで取り上げている。彼は、単にこの隣組内で「下宿」しているのではなく、父が建ててくれた立派な家に兄弟たちとともに住み、同じ敷地内にある三軒の賃貸住宅からの収入で生計を営んでいる。しかも、この隣組の政府公認の青年会(カラン・タルナ)長をしている。長い髪を後ろ手束ね、いかにも現代の若者的な容貌の青年である。彼の動員力は大きい。スハルト体制が崩壊する以前からデモに参加し、一時的に警察に拘留されたこともある。支持政党に関しては答えてくれなかったが、巷のうわさによると、急進的な学生たちを中心に支持を得ている民主人民党の支持者であるという。

さて、以上紹介した七世帯に共通する点をまとめてみるとほぼ次のようなことになるだろうか。まず全員が、夫婦ともに外来者である。全員、夫はフォーマル・セクターで定所得を得ていたが、そのうち二人は経済危機のあおりで、この調査の直前に解雇になった。警察官のムルヨノさんを除いて全員の職場が都心部にあるため、遠距離の通勤で忙しい。そのため、地域の活動などは妻にまかせることが多いが、名目的には、隣組の主要メンバーになっており、重要な会合や行事がある時には中心的な役割を果たす。妻たちは、問われれば全員「主婦」と答えたが、全員なんらかの内職をし、子供の教育費などを稼いでいる。その一方隣組内の婦人会活動や宗教的会合に非常に積極的に参加していて、それに割く時間もきわめて多い。妻たちのうちの何人かは家事、内職、社会活動というだけでも、スーパーウーマン的に忙しい日程なのだが、さらに、健康体操(16)、エアロビックス(17)やスイミング・スクールなど、経済的には一銭の得にもならない、しかも一見カンポンの経済力ではほど遠いような活動に、かなりの時間とお金を割いている者もいる(相対的に年齢の若いスパルノ、スマジ、エリック・サントソの三名)。いずれもいわゆる中間層の人達が出入りするのとは異なるそれ相応の安価な施設を利用しているが、スポーツなどというものは、金持ちの暇つぶしのための贅沢品だという考え方が強いこの国の、しかもカンポンの人達がこういったことを日常的に行っているというのは驚きだった。

夫と違って彼女たちが日常的に動きまわる生活空間は狭いが、地域の活動と深くかかわり、長屋の住民とも交わっている。隣近所との付き合いはひんぱんであるという点では、いわゆる新中間層のライフ・スタイルとかなり異なっている。とはいえ、それはカンポン社会に住むかぎり必要不可欠であるためなのかもしれない。カンポンでは、平均よりかなり裕福な人、学歴の高い人、文化的バックグランドを異にする人などは、よほど意識して自分から積極的に仲間に入っていかないと、そのコミュニティーに受け入れられるのはむずかしい。彼らは、今のところは努めてカンポン的なライフスタイルをとってはいるが、ところどころでそれがかなり重荷になっているような様子が窺える。たとえば、自宅のドア、である。カンポンでは普通ドアは開けっ放しで、誰もが「ごめんよ」のひとことで、自由に出入りできるのが常だ。ところが、この未来の中間層を目指す人たちは、留守ではなくても時としてそのドアを締め切っている。スパルノさんは、ドアを閉めていることに関し、なんとなく後ろめたい気持ちを持っているのか、「あけておくと、にわとりが入ってきて床を汚すものだから……」などと弁解していた。

このように「プライバシー」の概念を持ち始め、それゆえにカンポン生活が鬱陶《うっとう》しくなってくると、外へ転出してゆく場合もある。

彼らは、自分達が地域で指導的な立場にあることをかなり意識しており、おおむねイスラーム信仰が強く、自己規律(self discipline)が高く、また貞操観念も強い。ただしそのイスラームは、農村部でみられるような、ミスティシズムやヒンドゥー的要素の入り交じったものではなく、かなり合理的な発想と洗練された知識を伴っている。これは新中間層の人達にみられる傾向と類似している。夫人たちは会合の時は必ずイスラーム服を身につけ、ヴェールをかぶってくる。自分たち自身週に一回、「プンガジアン」と呼ばれるコーランを唱和する会を作ってこれに熱心に参加している。子供たちは、近代的なカリキュラムで教授する「コーラン学びの園」[18]と呼ばれるイスラーム塾に通わせている。若い世代の場合、政府推奨の家族計画に参加しており、子供の数は一人ないし二人である。その代わり、子供にかける情熱と期待は大きく、母親たちは少しでもお金があれば子供の教育資金につぎ込みたいという〝教育ママ〟だ[19]。従って、エプタナス(全国統一の卒業試験)の点数が何点だとかいうような偏差値思考が強く、成績をあげるために子供たちを、塾へ行かせたりしている。エリック・サントソとスマジ、そしてスパルノ夫妻の子供たちは、週に一回合同で英語の家庭教師についている。彼らはまた、息子や娘には何とか大学教育を受けさせ、彼らの世代には何とかしてミドル・クラスへと上昇させたいという強い願いを持っている。現実にイラワン夫妻やスホド夫妻の子供たちは大学へ行っている。スパルノ夫妻の子供は調査の時点ではまだ高校へ入ったばかりであったが、現在は国立インドネシア大学というエリート校に進学している。エリック・サントソ夫妻とスマジ夫妻の子供は、まだ中学生であるが、将来は大学受験を目指している。ムルヨノ夫妻には子供がない。

彼らが、一般的にどの程度情報にアクセスを持っているかをみると、まず、電話はスマジさんを除き、全世帯がひいている。新しい情報の獲得に関しては敏感で、常にアンテナを張りめぐらしている。また全世帯がテレビを持っており、民間放送のニュースを好んで見ている。また、全員新聞を良く読んでいる。遠距離なので電車を利用しているスホドさんと、所有していないスマジさんを除いて六人中四人が通勤にオートバイを使用している。

ライフスタイルをみると、この六人の主婦たちはいずれも、栄養・清潔・健康・保健衛生に関心が強く、料理教室などを開いて生活改善のための様々な学習に励んでいる。また、イラワン家を除いて、全員が欧米のように子供たちの誕生日を祝っている。これはインドネシアの伝統にはないものだ。その一方、家族で外食する習慣がある者はほとんどいない。イラワン夫妻がときたま、スーパーマーケット内のフードコートなどで食べるくらいだという。一般に生活はつつましく、新中間層特有の消費傾向は少ない。ある種の面で新中間層と共通の属性が強くみられるものの、やはり経済力によって阻まれている面が大きい。

カンポンの上層部の住民は、インドネシア社会全体からみると下層中流ともいえるような属性を持った人達であるが、以下に、彼らおよびその子供たちが、政治改革のひとつの大きなエネルギーになっているのではないかという、本章の仮説に照らして考察してみよう。

この種の人達は、あといくぶんか頑張れば、自分達も手が届くかもしれない、少なくとも息子の世代には……と考えており、新中間層は雲の上の世界と思って達観しているその日暮らしの人達とは大きく異なっている。接点があるからこそ、新中間層の人達と自分達との間にある溝を意識し、不条理を感じているともいえる。開発によって恩恵を受け、余裕ある生活をしている新中間層の人たち、そしてまた彼らが支えている体制に対し、ひとこと言いたいことのある人達であった。ゴルカル支持のイラワンさんでさえ、実際行動する、しないは別として、現状に強い不満を持っており、政府の役人たちのやり方には皮肉っぽい発言をしている。警察官のムルヨノさんはさすがに立場上何も発言しないが、税務署勤務のれっきとした国家公務員のスパルノさんでさえ、スハルトが崩壊するとともに、改革派への支持を表明している。そして一九九九年の総選挙に際しては、イラワン夫妻ならびに、国軍のため投票権のないムルヨノ夫妻を除く全員が、改革派とよばれる政党を選んだ。

実際に彼らがどれほど、政治的な行動をとっているかとなると、かならずしも明確なものは出てこない。ルスタム君は、スハルト体制崩壊前からしばしばデモに参加していたし、表1には掲載したが学歴要件のみが会わないためこの七人の中には含めなかったマフブッドさんは、民族覚醒党のレンテンアグン支部長を勤め、集会やデモに住民を動員するなど熱心に政治活動を続けている。また地域の組織で特に役員を勤めていないため七人の中に含めなかったシャフルディン氏(三八歳)は、アミン・ライスの国民信託党の設立大会に参加したという。

6　結　論

本研究は、ジャカルタ市の中心部から約二五キロ離れた、カンポン内にあるひとつの隣組を例にとり、世帯調査によりその居住者の実態を明らかにし、その中で以下のようなことを見てきた。そのひとつは、カンポンは一般に「低所得者の住む住居空間」として認識されているが、実はそこに住む人々の社会的背景や経済力は多様であり、しかもその上層部は、いわゆる新中間層と、接点を持つようなライフスタイルを営んでいるということである。一九六〇年代末に開発が始まる前、中間層といわれる人々はまだ層が非常に薄く、ごく一握りのエリート官僚や軍人たちによって構成されていたにすぎない。少なくとも民間のビジネス・セクターや、それをとりまく、弁護士、会計士、コンピューター技師などの専門職は、まとまった人口を持つ社会層としては形成されていなかった。ところが、一九八〇年代中頃から民間セクターの急速な発展により、かなりの年収を得て、欧米化した生活様式や行動様式を身につけた若い世代のエリートが形成されてきた。このことに関しては、一九九五年から九六年にかけて行った、新中間層の人々に対する面接調査に基づいて発表した拙稿の中で述べた(20)。その中で、彼らの志向や価値観を明らかにすることにより、「そのような高学歴で、欧米的な志向を身につけた人達の勢力が大きくなるにつれて、民主化が進む」という通説に対する疑問を提示した。彼らには既得権益を守りたいという本能が強く、むしろ現状維持的・保守的な性格が強くみられたのである。

そのことと、現実に一九九八年五月の一連の政治的高揚の中で、新中間層的エリートの多くは、いかにしてわが家を守るかということに奔走して、捨て身で街頭での抗議行動に出る者は相対的に少なかったという事実とをあわせて考えるとき、それではインドネシアの変革のエネルギーはどこから出てきたのか、という疑問に突き当たった。

その一方で、大きな不満をかかえているカンポンの人々の中には「いつか自分たちも……」という強い願望とともに、なかなかうまくいかない現状に対するシニカルな態度の双方がみられることをみてきた私は、彼らの持つ潜在的エネルギーに注目した。彼らは不満はあっても、学歴もなく、情報量も少なく、また指導力が欠如しているために、政治を語ったり考えたりすることはできないと、考えられがちであったが、実は、細かく調べてみると、ジャカルタのカンポンと呼ばれる地域に住む人々の学歴は意外と高い。少なくとも若い世代はそうであった。しかも彼らは、ほとんど全員がテレビにアクセスがあり、それを通じて伝えられる情報をかなり正確に把握していた。また仕事を通じてカンポンの外の世界との日常的な接触があり、情報交換の場もあった。

最終的に、学歴、職業、住宅の形態、地域の組織活動の役割、という観点からカンポンの最上層に属すると思われる七世帯を取り出して、彼らの動向を調査したところ、その生活様式や価値観には新中間層に類似した部分があり、また非常に強い上昇志向が見いだされた。上昇志向の強い者は一般に現状維持的であるともいわれるが、彼らの場合には上昇するためには現状を変えなければならないという意識も強い。

もちろんカンポンの上層部のすべてが革新的だというわけではない。この私の調査地にも、役人や軍人、警察官など、いわゆる体制を支える立場にいた人々も住んでいる。もちろん役人だからといってすべてがスハルト体制擁護派かというと、そうではなく、むしろ民主化の時代には、革新政党支持に移った者もいる。時代の流れを察して、その方が有利だという計算から出たものであるかもしれないが、いずれにしても、非常に多様化しており、いちがいにはいえないのが現状である。その一方、この土地に古くから住んでいた「地の人達」は、開発の嵐の中で一時は値上がりした土地を売って潤ったが、その後は外来者に地域活動の主導権も奪われ、またお金を使い果たしたのちには、たいした仕事もなく、結局インフォーマル・セクターでその日暮らしをしている者が多いが、必ずしも反政府的であるわけではない。彼らは、おそらくその学歴の低さと、カンポンの外の世界との接触の少なさのゆえに、情報量も限られており、グローバルな発想も少ない。言い換えれば、一般に凭れているステレオ・タイプなカンポン住民のイメージが、彼らには当てはまる部分が多いようである。

今回の研究は、一九九八年五月のスハルト政権の崩壊をもたらした力と、それ以後の改革を求める一連の動きの中に、この調査地の住民が実際にどれほど関与していたかを、数量的に証明することはできなかった。というより、本章は必ずしもそこまで目指していたわけではなく、カンポンの上層の住民の間にみられる、改革勢力としての潜在的な可能性を示唆することを目標とした。ここから先、私の仮説をさらに詳細に検証するためには、さらに数量的な分析が必要であろう。それはまだ次回の課題とさせていただきたい。

注

(1)この事件は、一九六五年九月三〇日の深夜から一〇月一日の未明にかけ、七人のトップクラスの陸軍将軍が自宅で就寝中、訪ねてきた大統領親衛隊によって襲われ、六人が殺害されたものである。事件後スハルト少将を中心とするインドネシア国軍は、この背後には共産党がいると非難し、それを擁護しようとするスカルノ大統領との間に対立が生じた。両者の権力争いの結果、一九六六年以降実質的にスハルトが権力を掌握するにいたった。

(2)たとえば情報省主導で、メディアの統制ならびに、政府から国民への情報伝達のための様々な方策が実施された。情報伝達のためには、情報省の補助金を受けて官製の村落向けの新聞が地方ごとに刊行されたり、村落向けのテレビ番組が制作されたりした。

(3)①唯一神への信仰、②公平で文化的な人道主義、③インドネシアの統一、④協議と代議制において英知によって導かれる民主主義、⑤インドネシア全人民に対する社会主義、の五原則からなるパンチャシラという国家イデオロギーである。この中で多様な文化的背景を持った多民族国家であることを考慮し、イスラーム以外の信仰を公的に求め、また西洋的な議会制民主主義ではない独自の民主主義を発展させることの積極的な意味づけがなされている。このイデオロギーを国民に徹底させるため、小学校から大学にいたる学校では正規の教科のひとつとして「パンチャシラ道徳」を履修することが義務づけられた。

(4)大統領はＭＰＲと呼ばれる最高国民協議会において選出される。それは選挙によって選出された議員(徐々に増員されたが初期においては四〇〇人)以外に、大統領による任命議員(徐々に減少したが初期においては六〇〇人)によって構成されており、新大統領の選出にあたっては現職の大統領の意図が大きく反映されるようになっていた。そのためにスハルトは対抗馬と争うこともなく、七回も大統領に選出されることになった。

(5)いわゆる都市カンポン地区を対象として行われた研究としては以下のようなものがある。まず一九七〇年代にジャカルタ市中心部のクボンカチャンに住み着いて、住民達の生活を克明に記録した Lea Jellinek の *The Wheel of Fortune* (Sydney: Asian Studies Association of Australia, 1991)、一九八〇年代にジャカルタ市中心部のマンガライに居住して、そこに住む売春婦や露天商を生業とする女性達の生き様を観察したアリソン・マレーの『ノーマネー、ノーハネー―ジャカルタの女露天商と売春婦たち』（熊谷圭知・内藤耕・葉倩瑋訳、木犀社、一九九四年）、建築学者の布野修司が都市開発や居住環境という観点から執筆した『カンポンの世界―ジャワの庶民住居誌』（ＰＡＲＣＯ出版局、一九九一年）、地理学者の澤滋久が、ジャカルタ市中央部のクマヨラン空港跡地周辺で行った研究（「カンポンの変化」『アジアの大都市２ ジャカルタ』日本評論社、一九九九年）、また本章の調査地と同じ隣組をとりあげ、その住民の生活を描いた拙著『ジャカルタ路地裏フィールドノート』（中央公論新社、二〇〇二年）などがある。

（６）日本占領期の隣組に関しては拙著『日本軍占領下のジャワ農村の変容』草思社、一九九二年、二四二―二五三頁を参照されたい。

（７）インドネシアの現在の隣組制度（ＲＴ／ＲＷ）に関しては、古くは Martha Logsdon が一九七五年にエール大学へ提出した博士論文のなかで RT 長と住民の関係、ならびに RT 長に対するイメージとの関係を軸に論じている。（"Leaders and Followers in Urban Neighborhoods: An Exploratory Study of Djakarta, Indonesia"）また John Sullivan のジョクジャカルタ市の隣組における研究（*Back Alley Neighborhood: Kampung as Urban Community in Yogyakarta*, Working Paper No.18, Melbourne: Centre of Southeast Asian Studies, Monash University, 1980 ならびに *Local Government and Community in Java: An Urban Case Study*, Singapore: Oxford University Press 1992）、や Patrick Guiness の同じくジョクジャカルタにおける研究（*Harmony and Hierarchy in a Javanese Kampung*, Singapore: Oxford University Press 1986）は、ヒエラルキー社会でありながら隣組はきわめてハーモニーを重視する組織であることを強調している。またインドネシアでは、歴史学者の Suwarno が、日本占領時代の隣組制度と現在の制度との比較を行なっている（*Dari Azazyookai dan*

Tonarigumi ke Rukun Kampung dan Rukun Tetangga di Yogyakarta 1942-1989〔字常会と隣組から RT/RW へ 1942-1989〕Yogyakarta: Penerbit Universitas Sanata Dharma, 1995)。一方日本では、日本の町内会に関する権威である吉原直樹が、対象をジャカルタもに拡大し、この大都市における四地区の隣組で詳細なフィールド調査を行ない、日本の町内会のみならず香港の住民組織との比較の視点から論じている。(『アジアの地域住民組織―町内会・街坊会・RT／RW』御茶ノ水書房、二〇〇〇年)。また、拙稿「インドネシアの近隣自治―「開発」から「安定」へ」『地方自治』六二七号、二〇〇〇年もRT／RWについて論じている。

(8)澤滋久、前掲論文、二三三頁。

(9)ここでは「世帯」ないし「世帯主」を次のような基準で数えた。ひとつの住居に複数の核家族が居住する場合そのひとつひとつを世帯として数えた。また二世代同居(片親の場合でも)は2世帯として数えた。

(10)*Profil Orang Betawi: Asal, Muasal, Kebudayaan, dan Adat Istiadatnya*, PT. Gunara Kata, 1997,pp.14-18.

(11)本章では外来者という言葉は、夫も妻もともにこの地の出身者ではない者を指す。

(12)もちろんこのすべてが外からの転入ではなく、住民の子弟が結婚により新たに世帯を独立させたケースも含まれている。また、いったん住みついたが、現在まで継続して居住していない世帯は含まれていないのでこの数は必ずしも実際の居住者の数だとはいえない。

(13)聞き取り作業に限界があり、ここで「小学校レベル」などという時、それは卒業したのか中退なのかが曖昧なまま確認できなかった。

(14)インドネシアの中央統計局が刊行している *Statistical Yearbook of Indonesia* には土地所有面積に関するデータはなく、居住面積(持ち家、賃貸を問わず)に関する記載しかない。しかしこのレンテンアグンのこの地区では、ほぼ建蔽率一〇〇%に近いような家が多いので、土地面積は多くの場合そのまま居住面積にの地区では、ほぼ建蔽率一〇〇％に近いような家が多いので、土地面積は多くの場合そのまま居住面積にほぼ等しい。そこで参考までに居住面積ごとの全国の世帯数の割合（二〇〇三年度）を記述すると、一九平米以下は一五・二九％、二〇から四九平米は三五・六六％、五〇から九九平米は三〇・四三％、一〇〇から一四九平米は九・八三％、一五〇平米以上は八・八〇％となっており、大多数が九九平米以下のところに居住している事が分かる。

(15)ダルマ・ワニタというのは、女性公務員ならびに公務員の妻たちの団体で、全国的な組織だが、役所ごとの単位で支部が設置されている。スハルト時代与党ゴルカルの集票マシンとしても機能したといわれる。役所内での夫の地位に従って、ダルマ・ワニタ内での女性の地位も定まり、またその妻の活躍が夫の昇進に響いたりするといわれる。そこで、公務員の妻たちは好むと好まざるとにかかわらず、上役の夫人の指導のもとで、このダルマ・ワニタの会合や活動には参加しなければならなかった。

(16)この体操はスハルト時代の協同組合大臣、**Bustami Arifin** の夫人が心臓病防止のために発案した。スハルトの亡き妻テェン夫人が作った、心臓病専門のハラパン・キタ病院の後援で、インドネシア各地で実施されているものである。この地域では毎週三回（火曜日と金曜日のの夕方四時半から五時半までと日曜日の朝六時から七時まで）、近くのレンテンアグン駅前の広場で集団で行われている。誰でも月に二、〇〇〇ルピアの会費を払えば参加することができる。この隣組からも他にさらに四人の女性たちが参加している。

(17)エアロビックスは、レンテンアグン大通りの一角にある教室へ、やはり週に二回月曜日と金曜日の夕方通っている。参加費は、一ヵ月一五、〇〇〇ルピア。

(18)コーラン学びの園（**Taman Pendidikan Al-Qur'an**）というのは、これまで伝統的な農村のイスラーム塾で長い年月をかけて学んできたものを、システマチックなカリキュラムに編成し、レベルに応じたクラス編成で比較的短時間で学べるようにしたものどある。宗教省のバックアップで広く都市部を中心に、新中間層の間にも広がっている。

(19)たとえば一二歳の娘のためにエリック・サントソ夫妻が支出する教育費の合計は、月額四万八千ルピア(約八〇〇円で、カンポンの上層部の世帯の平均的月収の約一〇分の一)にもなる。

(20)「開発体制下のインドネシアにおける新中間層の台頭と国民統合」『東南アジア研究』三四巻一号(一九九六年六月)。

第6章　アジア社会の都市グラスルーツ

ラファエラ・D・ドゥイアント

1　はじめに——グラスルーツをどうとらえるか

グラスルーツをどうとらえるかについては、論者の間で必ずしも意見が一致しているわけではない。ちなみに、アメリカではTVAの根幹にグラスルーツが位置づけられて以降、伝統的にグラスルーツがいわゆる「草の根民主主義(grass-root democracy)」の文脈で理解されるのが一般的である。これにたいして日本では、宮本憲一の主張に象徴的にみられるように、グラスルーツを地方政治の保守的で体制守護的な末端のあり様とかかわらせて、「草の根保守主義(grass-root conservatism)」の文脈でとらえる傾向が強い(宮本、一九六七：二六八)。たとえば、吉見義明は日本民衆の戦時体験を「草の根のファシズム」

としてとらえているが(吉見、一九八七)、これなどは明らかに「草の根保守主義」の系で位置づけるものであるといえよう。筆者はこの間、日本の町内会等の地域住民組織について、それがコミュニティ形成においてどのような役割を果たしているかを考察してきたが(Dwianto, 2001)、あらためて地域住民組織を松下圭一のように旧慣として把握する思考が根強く存在することに気づき、驚きを隠せないでいる(松下、一九六二)(1)。

しかし、グラスルーツを「草の根民主主義」か「草の根保守主義」のいずれかに引き寄せて理解することはそれじたいわかりやすいにしても、コミュニティの実態に即していえば必ずしもリアリティがあるとはいえない。少なくとも筆者がみてきたフィールドの現場では、そうしたディコトミーにおさまらないグラスルーツのフェイズが観察される。むしろそうした点では、グラスルーツを日常生活次元で集合的に行動しながらルールを生みだしたり再生したりする個人としてとらえ、都市動員活動のプロセスに着目するカステルの立場、またそうした立場と共振しながら「草の根の公共圏の産出」をとなえる花田達郎の立場が注目される(Castells,1983 =一九九七;花田、一九九三)。なぜなら、こうした定式化によってはじめて、グラスルーツの構造的特性とその変動の側面が地方制度や政治文化とのかかわりであきらかにできると考えられるからである。

さて本章が直接の対象としているジャカルタに即していうと、グラスルーツはどちらかというと「草の根民主主義」の文脈、より正確にいうと市民活動の系で理解されがちである。たとえば、レインはグラスルーツの活動を「コミュニティに基盤を有するNGOを含むもの」(Lane, 1999: 239)としてとらえている。他方、そうしたグラスルーツに深く足をおろしているRT／RW(隣組／町内会)等の地域住民組織は、多くの場合、政府の開発政策の最末端に位置づけられてきた。したがってこれらの地域住民組織は、さきほどのディコトミーでいえば、「草の根保守主義」にむすびつけられることが多かったといえよう。いずれにせよ、ジャカルタのグラスルーツについては、これまではある種の二重構造においてとらえるのが支配的であったのである。だがポスト・コロニアルがいわれるなかで、たぶんにコロニアル状況を反映してきた「草の根民主主義」か「草の根保守主義」かといったディコトミー的な問題設定の有効性が問われるようになっている。そして何よりも、グラスルーツの実相を、それを外から構造的、制度的に規定する側面と生活世界の内側から集合的に規定しかえす側面とのダイナミックな関連構成、ならびにそうしたものを貫いてある「パトロン＝クライエント」関係によって象徴的に示されるような重層的な集団構造の分析を通してあきらかにする必要があろう。

以下、本章では、以上のようなグラスルーツの把握をめぐる課題を念頭において、ジャカルタ首都特別区のCBDに隣接するメンテンアタス地区を一事例として、そこに立地するRT／RW(とりわけRT)とそれをめぐるさまざまな組織・集団との接合もしくは分化のビヘイビアを検討するなかで、こんにちメガシティ化にともなって激変をせまられているカンポン(農村的価値を有する都市集落)(2)に深く内在しているグラスルーツの可能性について論じることにする。なおその際ポイントとなるのは、分析対象となる地域住民組織(ならびにそれときりむすばれる各種組織・集団)が、具体的にどのような形で①行政と住民の間にあって両者を媒介し、②地域に共通する多面的な諸問題を処理し、②地域に内在する民衆意識をすくいあげているか、という点である。

2 メガシティ化とアーバン・カンポンの変容——対象地の概況

本章の事例対象地であるメンテンアタスは、ジャカルタ首都特別区内の南ジャカルタ市(コタマジャヤ)のスティアブディ郡(クチャマタン)に立地している一つのカンポンである(一九九六年時点で一・四七k㎡、**図1**参照)。この地区はスティアブディ郡のなかでも有数の人口密集地であり(人口密度五一〇〇〇人／k㎡)、住民のほとんどは低所得者層である。しかもそれらのかなりの部分が農村部からの移住者であり、季節労働者でもあるため、文化的背景を異にする多様なエスニシティが混在するコミュニティをなしている。ちなみに、サリバンはかつてインドネシア諸都市の居住地域を「上流階層地域」、「開発ポケット地域」、「スラム地区」に分類したが(Sullivan, 1980: 2-4)、メンテンアタスはこの分類にしたがうなら、大通りは定住者の家屋と商店が立ち並び、裏通りは「定住者」、「半定住者」、「仮住まい」の家屋がところせましと軒をつらね、まさにラビリンスのようになっている「開発ポケット地域」の典型である。この地区が立地するスティアブディ郡は長い間、過剰都市化(over-urbanization)の受け皿とし

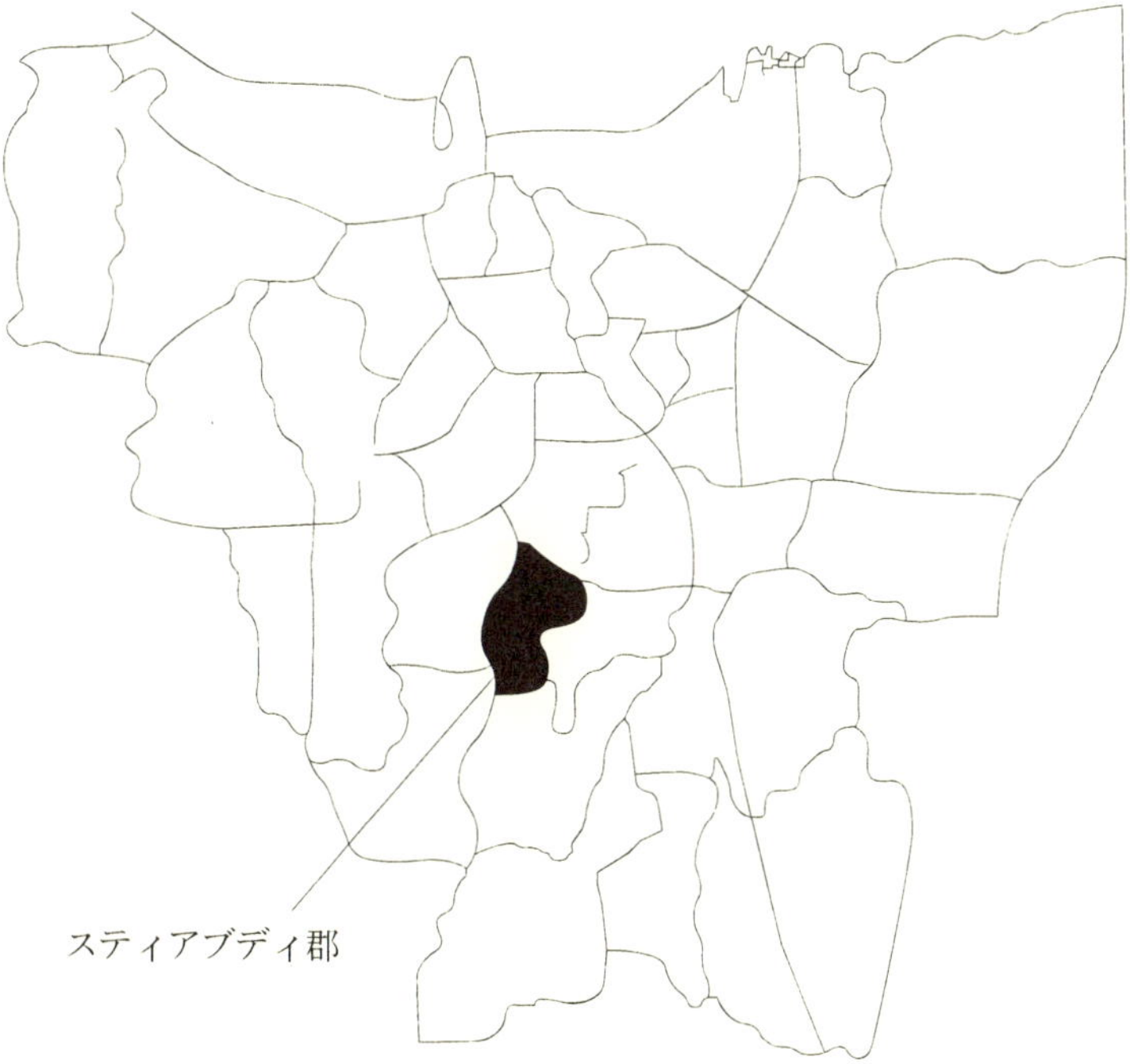

図1　ジャカルタ首都特別区とスティアブディ郡

て機能し、プライメイト・シティの肥大化をささえてきたと考えられるが、実際には二一万五、六三三人(一九七五年)→二三万一、〇七一人(一九八〇年)→二一万六、四八七人(一九八五年)→一八万五、九五九人(一九九〇年)→一六万三、三一七人(一九九五年)という人口の推移から明らかなように、一九八〇年をピークにしてプライメイト・シティの空洞化の担い手であり続けてきたといえる。

ところでこうした空洞化をうながした要因としては種々考えられるが、少なくとも八〇年代後半以降の主たる動因としてはグローバル化にともなう空間リストラクチャリング→メガシティ化の影響が読み取れる。**表1**は一九九一年から九六年までの五年間のメンテンアタスの人口動態を示したものであるが、明らかにマイナス基調となっている。この間、ジャカルタはグローバル化に符節をあわせたCBDの拡幅が生じ、CBDに隣接するメンテンアタスはこうした拡幅の波にのみこまれた。メンテンアタスのあちこちで、インテリジェントビルが建ち、その間隙を縫うようにしてコンドミニアムとかエステートが造成された。それとともに、多くのカンポンが駆逐された。こうした空間リストラクチャリングは一九九七年にはじまる経済危機によって一時減速したが、基本的には現在も続いている。そうした意味で、本章の事例対象地はグローバル化のなかのひとつの遷移地帯(zone in transition)としての性格を有している。

それでは、こうしたメガシティ化にゆれる遷移地帯であるメンテンアタスにおいて、地域住民組織はグラスルーツの構造をどのように担い、また人びとの生活世界に深く足をおろしているのであろう

表1　メンテンアタスの人口動態（1991〜1996年）

		メンテンアタス	
		1991年	1996年
	男	24, 017	20, 799
	女	23, 166	20, 159
	全体	47, 183	40, 958
	男	22	9
	女	26	6
	全体	48	15
人口総数		47, 231	40, 973
	誕生	*	304
	流入	893	335
	流出	3507	748
	死亡	*	73
	結婚	*	213
	離婚	*	1
	再婚	*	−
	世帯	9, 875	7, 296
	R T	198	145
	RW	15	11
	地域	90. 40a (0. 90km2)	147. 00a (1. 47km2)

* 不詳
出所）Kecamatan Setia Budi dalam Angka,1991,1996.

か。次節で詳しくみることにしよう。

3　地域住民組織の布置形態・組織構成・機能

(1)ジャカルタ首都特別区とRT／RW

ジャカルタ首都特別区は二つの地方団体からなり、第一級団体(プロビンシ)は特別区長＝知事(グブルヌール)によって、第二級団体(コタマジャ)――中央ジャカルタ市、北ジャカルタ市、西ジャカルタ市、南ジャカルタ市、東ジャカルタ市――は特別区長＝知事の管轄下にある五人の市長(ワリコタ)によって統括されている。さらに第二級団体の下には郡(クチャマタン)-町(クルラハン)がひかえており、それぞれ郡長(チャマット)、町長(ルラ)によって統括されている。ところで二つのレベルの地方団体には、それぞれ選挙で選ばれた議員からなる地方議会(DPRD)が設置されている。また町にも選挙で選ばれた協議員からなるLKMD(町社会強靭性委員会)がある。ちなみに、こうした特別区制度は、中央政府のエージェントによる政府機能の遂行つまり権限委任(deconcentration)と、政府機能および政策決定権力の、地方議会と一体化している地方団体への移行つまり権限委譲(decentralization)という二つの原理をになっている(図2参照)。

さて、こうした「二重の機能」をもつ地方制度の底辺において広範囲に存在するのがRT／RWであ

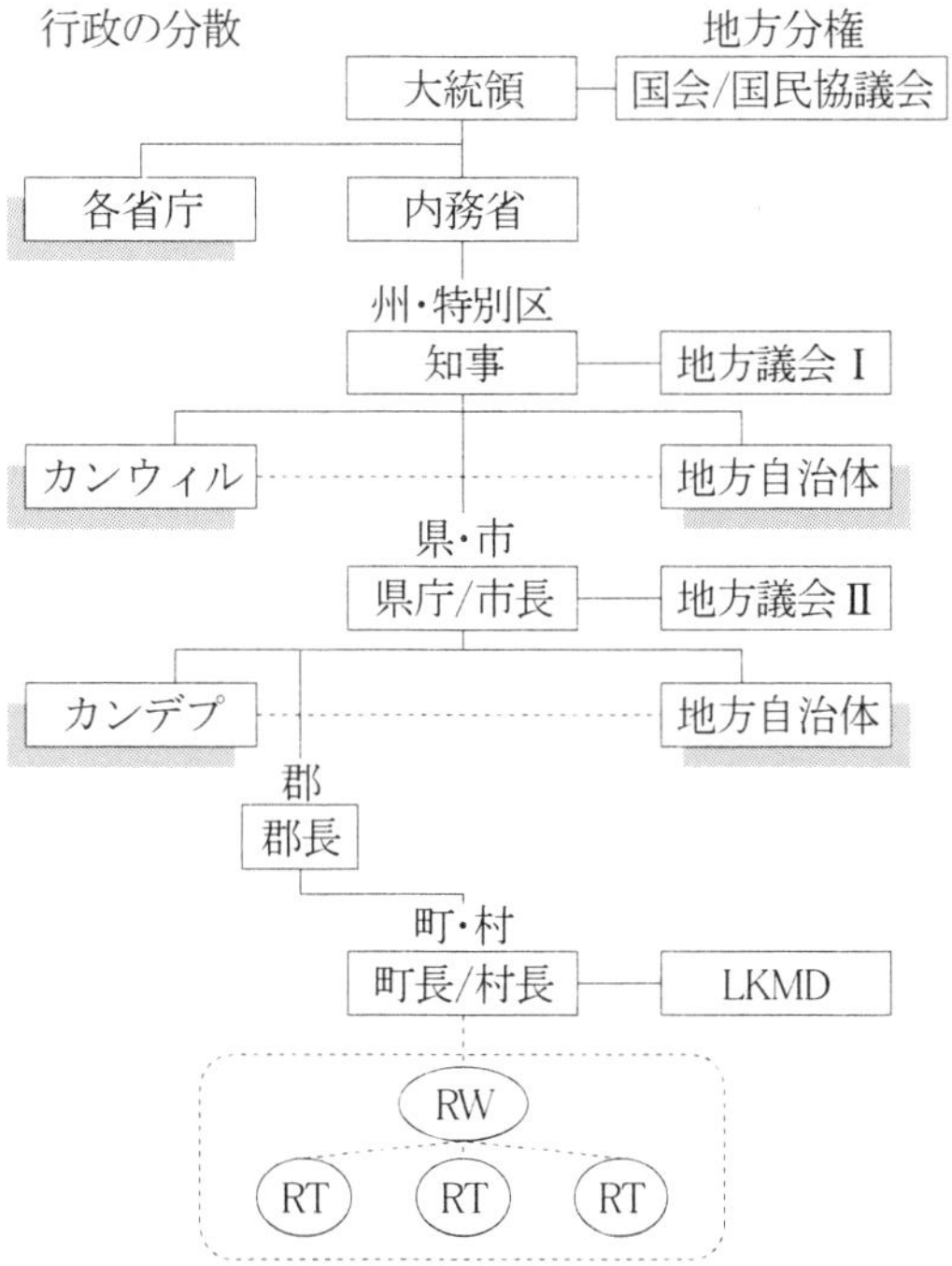

図2　インドネシアの地方制度

注）調査時点のもの（1998年）
出所） Devas（1989;15）; Sallivan（1992;135）等より引用

る。それは、一九六六年一二月二三日に発令された「一九六六年知事決定」によれば、行政の保護下にあるものの、行政機構の外に置かれており、政府と市民の間を架橋し、政府施策の下降・浸透をうながすとともに、ムシャワラ・ムファカット（協議）とゴトン・ロヨン（相互扶助）の精神を鼓吹して生活状態の改善をすすめるための組織であるとされてい

表２　ジャカルタ首都特別区のＲＴ／ＲＷの量的推移

	1967年				1970年				1975年				1980年			
	Kec	Kel	RW	RT	Kec	Kel	RW	RT	Kec	Kel	RW	RT	Kec	Kel	RW	RT
南ジャカルタ市	5	54	330	3, 921	6	56	365	4, 532	7	56	403	4, 588	7	61	466	5, 289
東ジャカルタ市	4	53	324	3, 065	5	55	357	3, 773	5	55	411	4, 153	6	59	458	4, 850
中央ジャカルタ市	5	34	312	4, 722	7	40	349	5, 340	7	41	361	5, 247	7	41	376	5, 146
西ジャカルタ市	4	39	294	3, 791	5	45	315	3, 987	5	45	333	4, 052	5	47	376	4, 543
北ジャカルタ市	4	24	173	1, 988	4	24	202	2, 814	4	27	219	2, 895	5	28	268	3, 308
合計	22	204	1, 432	17, 487	27	220	1, 588	20, 455	28	224	1, 727	20, 962	30	236	1, 944	23, 136

	1985年				1990年				1995年				2000年			
	Kec	Kel	RW	RT	Kec	Kel	RW	RT	Kec	Kel	RW	RT	Kec	Kel	RW	RT
南ジャカルタ市	7	61	539	6, 298	10	64	577	6, 454	10	65	573	6, 218	10	65	573	6, 088
東ジャカルタ市	6	59	557	6, 487	10	65	625	7, 065	10	65	645	7, 316	10	65	679	7, 622
中央ジャカルタ市	7	41	390	5, 202	8	44	391	4, 955	8	44	392	4, 800	8	44	395	4, 767
西ジャカルタ市	5	47	438	5, 401	8	52	494	5, 700	8	56	515	5, 876	8	56	551	6, 149
北ジャカルタ市	5	28	323	4, 016	7	35	388	4, 655	7	35	374	4, 771	7	35	403	4, 620
合計	30	236	2, 247	27, 404	43	260	2, 475	28, 829	43	265	2, 499	28, 981	43	265	2, 601	29, 246

出所）Jakarta Dalam Angka, 1967 ～ 2000 より作成

る。その後のジャカルタ首都特別区におけるRT／RWの量的推移は、**表2**にみられる通りである。一九八〇年代の急伸ぶりはさておき、ジャカルタ首都特別区の肥大化とともにこれまで増加の一途をたどってきたことがわかる。注目されるのは、本章の事例対象地を含む南ジャカルタ市のRT／RW数が九〇年代に入って減少傾向に転じていることである。そこには、先にふれた空洞化の影響が深いかげを落としていると考えられる。

(2) RTの布置形態

そこで次に、一九九八年一二月に事例対象地の一九二のRTにたいして実施したアンケート調査結果(3)にもとづいて、地域住民組織の組織構成および機能のあり様を概観してみることにしよう。まず事例対象地のRTの布置形態(constellation)であるが、**表3**のようになっており、概ね「一九六六年知事決定」(RTの上限規模を四〇世帯とする)および一九八三年内務大臣規程第七号(RTの上限規模を五〇世帯とする)の規定内にある。それではこれらのRTはいつごろ発足しているのであろうか。**表4**によれば、発足のピークは一九六〇年代であり、しかも発足の契機は「地域住民の親睦のため」と「行政のすすめで」が多数を占めており、「一九六六年知事決定」の発令と多少とも関連があることがわかる。**表5**はさらにRTの構成世帯数、世帯加入率、法人加入数をみたものであるが、世帯数は**表3**と概ね符合するし、世帯加入率で「全世帯加入」と「九〇％加入」を合わせても五〇％に達していない点に、住民

表3　メンテンアタスＲＴの概況

	RW の名称	RT 数（回答した RT 数 / 無回答の RT 数）	最大の RT (構成世帯数)	最小の RT (構成世帯数)	全 RT 構成世帯数	一均 RT 当たり平均構成世帯数	全 RT 構成法人数
1	RW 02	11 (11 / 0)	RT009 (39)	RT008 (12)	297	27	9
2	RW 04	11 (11 / 0)	RT008 (63)	RT009 (6)	382	34.7	8
3	RW 05	16 (16 / 0)	RT006 (66)	RT004 (30)	659	41.2	1
4	RW 06	15 (15 / 0)	RT015 (50)	RT010 (13)	488	32.5	12
5	RW 07	17 (17 / 1)	RT010 (58)	RT002 (17)	573	35.8	29
6	RW 08	13 (13 / 0)	RT006 (75)	RT013 (12)	477	39.8	10
7	RW 09	16 (15 / 1)	RT013 (133)	RT003 (22)	608	43.4	4
8	RW 12	12 (12 / 0)	RT009 (106)	RT005 (29)	608	50.7	3
9	RW 13	9 (9 / 0)	RT002 (76)	RT006 (28)	382	42.4	-
10	RW 14	9 (9 / 0)	RT007 (59)	RT008 (25)	341	37.9	11
11	RW 15	14 (14 / 0)	RT004 (82)	RT003 (14)	482	34.4	5
計		143 (141)			5, 297	38.1	92

表4　ＲＴの発足時期と発足契機

発足時期／発足契機	オランダ植民地時代	日本占領期	1945年	1950年代	1960年代	1970年代	1980年代	1990年以降	不明	NA
RW からの分離				1	5	4	6		8	1
新住民による創設							1			
居住地の形成とともに発足					2	2			1	
地域の問題解決のため		1		1	3	5	3		2	
住民の親睦のため	1		1	3	7	2	2		2	
行政のすすめで			2	2	5	1	1	1	2	
RW のすすめで				1		2	1			
近隣の RT との合併					1	1	1			
前から存在していた	2	2	1	6	10	4	2	1	18	
その他					1	1			3	
NA				3						2
計	3	3	4	17	34	22	17	2	36	3

の流動性が高く、RTが全住民をカバーしきれないという事例対象地の性格がよくあらわれているといえよう。なおこれに関連して、表6にみられるように、すべてのRTが住民からの会費収入に依存しつつ、会費それじたい等級別徴収をおこなっているRTの割合が六六%に、また集会施設をもたないRTのそれが六八・九%に達している点、四分の三強のRTが総会時にRT長を選出している点、また政府からの要請に積極的もしくは必要に応じて対応するRTが八〇%強にもおよんでいる点に、

表5　RTの構成世帯数・世帯加入率・法人加入数

(%)

(1) 構成世帯数	
20世帯未満	5.8
20世帯以上30世帯未満	16.3
30世帯以上40世帯未満	42.5
40世帯以上50世帯未満	15.6
50世帯以上75世帯未満	14.9
75世帯以上	3.5
NA	1.4
(2) 世帯加入率	
全世帯加入	20.7
90%以上	24.8
70%以上90%未満	22.7
50%以上70%未満	8.5
50%未満	9.9
わからない	3.5
NA	9.9
(3) 法人加入数	
0法人	71.6
1法人	12.8
2法人	6.4
3法人	0.7
4法人	2.8
5法人	2.1
6法人	0.7
7法人	-
8法人以上	0.7

表6　RTの組織構成

(%)

(1) 会費の徴収方法		(2) 集会場所	
世帯均一徴収	26.2	RT 所有の集会施設	3.5
世帯差額徴収	66.0	コミュニティ集会施設(他の RT と共同所有)	3.5
世帯・法人差額徴収	1.4	コミュニティ集会施設(他の集団と共同所有)	2.9
その他	2.1	コミュニティ・センター	9.2
会費なし	-	集会施設なし	68.9
NA	4.3	その他	8.5
		NA	3.5

(3) 会報の発行		(4) RT 長の選出方法	
1ヵ月に1回以上	9.2	総会で選出	77.3
基本的に1ヵ月に1回	21.3	役員間で選出	-
1年に数回	31.9	役員会での推薦	-
1年に1～2回	12.8	輪番制	-
ほとんど発行しない	15.6	総会以外での住民の選挙	11.4
発行しない	6.4	前 RT 長の指名	1.4
NA	2.8	その他	1.4
NA	8.5		

(5) 行政への協力	
積極的に協力	46.8
公式の協力	5.7
行政公報の伝達のみ協力	4.9
重要と思われるときのみ協力	36.9
その他	4.3
NA	1.4

最低限のインフラは整備されているが、周辺のＣＢＤの発展によって「ポケット状態」にされている、人口密集で「ムラ」的な人間関係がある程度維持されているカンポンとしてのこの地域の特徴を読み取ることができよう。

(3) ＲＴの組織的構成と機能

興味深いのは、以上のような布置形態面での特徴をもつＲＴを中心に、グラスルーツにおいてどのような重層的で対他的な集団構成がみられ、またそれを通してＲＴがどのようにして行政と住民の間をきりむすび、また地域に共通する多面的な諸問題を処理しようとしているのかという点である。**表7**はＲＴとその他地域住民組織・団体とのヒト、カネおよび組織的上下関係を介してのネットワーク状況をみたものである。まず指摘されるのは、シスカムリン（警防団／夜警団）、女性アリサン（頼母子講）、コーラン研究グループがＲＴ内でかなりの高率で組織化されていること、そしてポシアンドゥ（地域保健医療活動団体）、ＰＫＫ（婦人会）、男性アリサン、ＲＴアリサン、清掃ボランタリー・グループもまた相当程度組織化されていることである。このうち、ポシアンドゥ、ＰＫＫ、シスカムリンについてはＲＴからの一方向的なヒトの流れが観取でき、あらためてＲＴとの従属的な組織的連関のあり様が取りざたされよう。とはいえ、これらの組織はＲＴをオヤとするコというよりは[4]（シスカムリンの二五・五％はたしかにコとしてあるが）、もともとその発足の経緯からもあきらかなように機能集団としての

表7　RTとその他団体・組織との関連

（%）

	RT地域内に存在	RTが代表派遣	RTに代表派遣	RTの下位組織	RTに補助金支出
ポシヤンドゥ	31.2	48.9	6.4	9.9	1.4
PKK	28.3	42.6	4.3	11.3	2.1
カランタルナ	21.3	23.4	1.4	11.3	0.7
ボーイ／ガールスカウト	-	-	-	1.4	-
シスカムリン	66.7	34.8	2.1	25.5	-
コプラシ＊	7.1	7.1	-	0.7	1.4
スポーツ団体	12.1	9.9	0.7	3.5	-
文化・芸術団体	2.1	5	-	2.1	-
コーラン研究団体	44.7	18.4	0.7	9.2	-
お祈り会	3.5	4.3	-	2.1	-
女性アリサン	55.3	17.7	1.4	14.9	0.7
男性アリサン	30.5	17.7	0.7	7.8	1.4
RTアリサン	35.5	7.8	-	12.1	1.4
清掃ボランティア	39.7	12.8	2.1	14.9	-
家族計画団体	14.2	14.9	3.5	6.4	0.7
その他	1.4	2.1	-	0.7	-

＊共同組合のことである。

系としてあったものがRTに組みこまれていくなかでコミュニティ・ベースのものに変化していったといえる。

さてRTをめぐって上述のような組織的連関がみられるなかで、RTの役割として述べられているものを上から順に列挙すると、①「地域の安全確保」（七一・六%）、②「地域住民間のもめごとの仲裁」（二九・八%）、③「RTスタッフの選挙」（二七・七%）、④「住民の死去の際のお手伝い」（二五・五%）、⑤「スポーツ行事やお祭りの開催」（一五・六%）、⑤「高齢者やハンディキャップ層の世話」（一五・六%）、となっており、そこには人

表8　ＲＴの活動

（%：多重回答）

(1)「コミュニティ主導」型	
住民の文化活動	0.7
住民のスポーツ活動	19.9
お祭り	35.5
伝統的芸術・文化の保存	3.5
公園・広場の管理	14.2
集会所の管理	12.1
高齢者の支援	7.8
障害者の支援	-
貧困者の支援	7.8
働く主婦の家事支援	1.4
住民の問題解決	44.7
コミュニティ・ビルディング	4.3
交通安全活動	0.7
会費の徴収	72.3
(2)「コミュニティと行政の協動」型	
幼児の健康管理	72.3
子どもの育児・教育	27.7
青年の教育	19.9
健康診断への協力	12.1
公衆衛生の維持	82.2
公害測定	7.1
地域の清掃	51.8
生ごみ処理への協力	48.2
公道の維持管理	36.9
防災活動	10.6
防火活動	0.7
犯罪・青年非行の防止活動	57.4
(3)「行政主導」型	
各種証明書の発行	73.0
家族登録カードの作成	63.8
センサスへの協力	31.9
税徴収の支援	21.3
政府からの指示の伝達	40.4
総選挙への協力	53.2
(4)その他	
その他	22.7

びとの生活世界を多面的に覆う、コミュニティにねざしたセイフティネットとしてのＲＴのあり様が投影されていて興味深い。またアリサンがクレジット組織というよりもむしろ社会的結集の機能をになっているという吉原直樹の指摘(吉原、二〇〇〇)も、この文脈で理解するとわかりやすい。

だが実際には、ＲＴの活動は上述のような役割をになうようなものになっているのであろうか。両者の間にギャップは存在しないのであろうか。**表8**は、「コミュニティ主導」型、「コミュニティと行政の協働」型、「行政主導」型の三つのタイプによってRTの活動をみたものであるが、あらためて日常的媒体組織としてのRTの存在様式とそれがになう機能の包括性が読み取れよう。とはいえ、同表を細かく検討すると、「乳幼児の健康維持」、「公衆衛生の維持」、「証明書の発給」、「家族登録カードの作成」といった「行政主導」型もしくは「協働」型という形での「準行政主導」型がRTの活動として突出していることがわかる。したがってコミュニティにねざしたセイフティネットとして、かなりのRTはたしかに「住民の問題解決」等に貢献しているが、現実には行政協力組織としての側面を強めている。そしてこの点に着目するなら、RT／RWに向けられてきた「上からの動員」説もそれなりの説得力をもっている。いうまでもなく、PKK、ポシアンドゥ、アリサン等の地域住民組織はこうした文脈においては、行政協力組織の一翼をにない、また「上からの動員」に組み込まれているということになる。

ところで、こうした「行政主導」型および「準行政主導」型への活動の傾斜は、RTの活動上障害とされているものにも影を落としている。ちなみに、アンケート調査結果によって障害とされているものを上位から順に列挙してみると、①「RTスタッフのなり手の不足」(四七・五%)、②「脆弱な予算」(四一・一%)、③「低調な行事への参加」(四七・五%)、④「集会場所の不足」(二〇・六%)、⑤「特にない」(一五・六%)、となっており、丸抱え的組織および行政協力組織への傾斜にともなう組織の過重負担がRTスタッフにたいする忌避という傾向をうみ、また財政の脆弱性を意識させることになっていると推察される。つまりここでは、メンテンアタスのコミュニティがもつある種の「貧困の共有(shared poverty)[5]」のシステムと「行政の貧困」(高木鉦作)という状態が複雑に交錯しながら、上述のようなRTの活動ないし活動上の障害として立ちあらわれていると考えられる。

4　地域住民組織における「権力と生活」

(1) RTと地域権力構造

さて以上より、RTの組織、活動の両面にわたる今日的特性のひとつとして指摘できることは、RTがまぎれもなく行政協力(補完)組織としての内実を保持しているという点である。このことは視点を変えると、RTがそのリーダー(＝役職)を介してより上位の組織(RW↓クルラハン)にきりむすばれていることと密接に関連している。ちなみに、**表9**はRTの地域内で生じている問題(上位五つまで)とその解決方法(上位三つまで)をみたものであるが、まず表出している問題(社会病理の蔓延、行政サービスの低下等)において、CBDに隣接する遷移地帯としてのメンテンアタスの地域的特性と今日的位相がよくあらわれている。その上であらためて注目されるのは、そうした問題を解決する方法としてRW長もしくは(RW長を介しての)ルラへの陳情が重視されていることである(なおそれと並んで、「直接行政の担当部署に行く」が問題解決方法として重視されているが、この場合もたいていはRW長が介在している)。というのも、こうした問題解決の方法は、ルラ――RW長――RT長を基軸とするタテのハイアラーキカル

表9　地域問題とその解決方法

（%：多重回答）

地域問題　（上位5位まで）	解決方法（上位3位まで）
1. 社会病理の蔓延と公共道徳の低下(33.3)	[1] 直接行政の担当部署に行く (32.0)　[2] RW 長への陳情 (28.0)　[3] 何もしない (17.2)
2. 行政サービスの低下 (30.5)	[1] RW 長への陳情 (53.5)　[2] ルラへの陳情 (32.6)　[3] 直接行政の担当部署に行く (25.6)
3. 公園・スポーツジム・レクリエーション施設の不足（30.5）	[1] ルラへの陳情 (30.2)　[2] RW 長への陳情 (25.6)　[3] 何もしない（14.0）
4. 開発による居住環境の悪化（29.8）	[1] RW 長への陳情 (59.5)　[2] 直接行政の担当部署に行く (35.7)　[3] ルラへの陳情 (31.0)
5. 文化活動施設の不足（28.4）	[1] RW 長への陳情 (42.5)　[2] ルラへの陳情 (32.5)　[3] 何もしない (17.5)

な地域権力構造(community power structure)を前提としてはじめて可能となるし、またそのことじたい、RTが行政協力組織として存在するための不可欠の要件をなしているからである。

そして興味深いことに、RT長自身、上述のような地域権力構造の末端にあって、半数近く(四六・八%)がRTを行政の協力組織とみなしているし、そうした組織においていわゆる「上意下達」、「下情上通」の要になることに意欲を感じている。現実には、こうしたRT長の日々の無償に近い活動の累積がRTへの「上から」の権力的作用を可能にしているし、行政とコミュニティをきりむすぶだけでなく、コミュニティにおけるヒトとヒトをむすぶ(RTの)日常的媒体組織としての機能を維持しているのである。しかしこうした行政協力組織としての側面は、見方を変えると生活組織としての側面を深く内在させている。またRT長じたいが「生活の共同」の場面で「皆のまとめ役」であることを否定するものでもない。

そこで次に、実際にRT02の女性アリサンの活動を通して、行政協力組織に必ずしも還元し得ない生活組織としての一面を浮かびあがらせることにしよう。

(2) 生活組織としてのRT

事例対象地のRT02には、RTを基盤とする女性アリサン、男性アリサン、子どもアリサン、さらにRWを基盤とする種々のアリサンが存在する(6)。ここでとりあげる女性アリサンは、こうしたものの一つであり、一九八四年に発足し、調査時点で一二回目を迎えている。初回は三〇人、掛金額二、三〇〇ルピア(月掛金二、〇〇〇ルピア＋その他三〇〇ルピア)で出発し、その後、ルピアの下落や経済危機の地域への影響、ダナ・バリタ(ポシアンドゥを支援するための基金)の創設等により、掛金の値上げが続き、またメンバーの増減がみられた(表10参照)。会期は月に一回(毎月六日目)であり、その都度メンバーは掛金をおさめる。その掛金総額のうち月掛金の部分がくじ引きで決められた二〜三人にまわされ、月掛金以外の掛金のうち半分が茶菓代にあてられ、そして残りの半分がキャッシュ・ボックスにおさめられる(途中からは、月掛金以外の掛金がさらにダナ・バリタにも回されるようになった——表10参照)。キャッシュ・ボックスにおさめられたお金は、メンバーもしくはその家族の病気の治療代とか入院費

表10　ＲＴ02の女性アリサン

回	月掛金と支払額(ルピア)		参加人数	集まりごとの受取人数及び受取額		周期		
	一人当り掛金	その他の支払額(食事代＋キャッシュボックス＋バリタ)		受取人数	受取額(ルピア)	期間	月間	一周期当たりの集まりの回数
1	2000	150+150+0	30	2	30,000	1984年2月～1985年4月	15	15
2	2000	150+150+0	32	2	32,000	1985年5月～1986年8月	16	16
3	2000	150+150+0	35	2 or 3	35,000	1986年9月～1988年1月	17	17
4	2000	200+200+100	42	2	42,000	1988年2月～1989年10月	21	21
5	2000	200+200+100	35	2 or 3	35,000	1989年11月～1991年3月	17	17
6	5000	250+250*	36	2	90,000	1991年4月～1992年9月	18	18
7	5000	250+250*	43	2 or 3	105,000	1992年10月～1994年6月	21	21
8	5000	500+300+200**	49	3 or 4	80,000	1994年7月～1995年10月	16	16
9	5000	500+300+200	45	3	75,000	1995年11月～1997年1月	15	15
１０	10,000	500+300+200	38	2 or 3	150,000***	1997年2月～1998年5月	16	16
１１	10,000	500+1000*	35	2 or 3	150,000	1998年6月～1999年8月	15	15
１２	10,000	1000+500+500	45	2 or 3	150,000	1999年9月～ r	r	r

* = キャッシュボックスおよびバリタに充当された金額は不明。
** = バリタに 100 ルピア、社会的資金として 100 ルピアを充てる。
*** = 余剰金はキャッシュボックスに入れる。
r= 現在進行中。

用、あるいは子どもの誕生のお祝い金等、緊急時の出費の足しにされる。

こうしてみると、当該アリサンはかつて日本に広くみられた頼母子講にほぼ近いものといえる。そして庶民金融組織としての実質を保持しているのもあきらかである。毎回の集まりで掛金を手にした人がその用途としておしなべて強調しているのが「家計の補充」であり「困ったときのささえ」であり、「将来に向けての蓄え」であることは、この女性アリサンが何よりもまず経済的文脈に深く足をおろしていることを示している。しかし同時に、この経済的文脈がセイフティネット機能をあわせもっていることに加えて、その背後に社会化の側面が伏在していることを見逃すべきではないだろう。月一回掛金をかけることによって生活を律するという社会化機能と、参加者間の深い信頼関係が社会の結合の基礎になるような「生活の共同」機能を、このアリサンは豊かに内在させている。

興味深いことは、こうした社会化機能とか「生活の共同」機能の表出が、当該アリサンの活動がRTをベースにし、事実上、そうした活動の一環として遂行されることによって可能になっているようにみえる点である。月一回の集まりは、メンバーにとってフォーマルには掛金をかけ、掛金を取得する機会を構成しているが、インフォーマルには自分たちの家庭のこと、地域のこと、あるいは商売のことを自由に気がねなく話し合える「場」でもある。そしてこうした「場」の形成は、RTを共通の基盤として、事実上、RTの集まりとして機能することによって、自分たちが置かれている状況についてのゆるやかな認識の一致へと導いている。つまり、当該アリサンは「人びとがそこに参会することによって、相互のネットワークを拡げ、自らの悩みとか懸案事項を語り合い、それらに対してともに向き合う場を形成」することを通して、RTが「本来的にもつ機能」とともに「そこから『公論』が形成され、人びとがエンパワーされていく可能性をはらんだ『グラスルーツ』の一面」を醸成しているのである（吉原、一九九八：五五）(7)。

ここであらためて重要な位置を占めるのが、二人のアリサン・リーダーである。いずれもPKKのメンバーであり、RTのポシアンドゥの活動にも責任を負う立場にある。そしてアリサンの集まりの際に、RTに課せられた政府のセイフティネット・プログラムや米配給プログラム等を説明するとともに、それらが地域の課題とどのようにむすびつき、地域の人びとの生活に関連するかを示す。上からの施策を下部に浸透させるRT長のエージェントとしての役割を部分的に担いながら、それら施策をPKK、ポシアンドゥ等女性ネットワークが重層的に交差する地平で、RTに内在するプロブレマチックに変換することによって、アリサン・リーダーは「皆のまとめ役」として立ちあらわれる。つまりアリサン・リーダーはアリサンを統括しながら、アリサンがはぐくむ上述したような社会化機能とか「生活の共同」機能を日常的にささえ、促しているのである。

5　セイフティネットとしての地域住民組織

(1) ひとつのセイフティネットとしてのＲＴ

もちろん、以上みたような生活組織としての一面はＲＴがＰＫＫ、ポシアンドゥ、アリサン等様々な女性ネットワークを包み込み、しかもそれらが縦にも横にも交わる地平で、いろいろな形で表出している。以下、ＲＴ02内でみられる二つの事例を示しておこう。

【事例1】既述したように、メガシティ化にともなうＣＢＤの拡幅によって、九〇年代半ば頃より、ＣＢＤに隣接するメンテンアタス地区でもディベロッパーによる底地買いがはじまり、ＲＴ02の地域もこの動きに呑み込まれた。ところが九七年からの経済危機の到来は、こうした動きにストップをかけ、いくつかの空地が事実上放棄され、結果的に「開発ポケット地域」の様相をいっそう深めることになった。そうしたなかで、ルラ、ＲＷ長の許可を得て、ＲＴ、ＰＫＫ等のリーダー層のイニシアティヴの下に、（カラン・タルナ＝青年団を中心にして）地域住民が遺棄された空地の一つを整地して、子どもの遊び場兼住民広場にした。以後、そこではＰＫＫの共同畑がつくられ野菜が栽培されたり、独立記念日の行事等がおこなわれるようになっている。つまり、住民の間で社会化がすすみ、「生活の共同」がきりむすばれるための一つの「広場」となったのである。

【事例2】RT02を基盤として活動するポシアンドゥは、基本的には「上から」の半強制的な「保健活動」という性格をまぬかれないが、そこに深く足を下しているカデル（ボランティア）たちは、どちらかというと義務として要請される各種サーベイや、マニュアル化された保健医療活動に従事することによって、またそのことを通して地域の「ただの人びと」と幅広く接触するなかで、地域の変容がもたらす問題状況を「内から」とらえかえすようになっている。そして地域保健医療活動における「地域からのイニシアティヴ」の確立に大きく貢献している。もちろん、ここでいうカデルの自律性はきわめて限定されたものであるが、彼らを介して広範囲にみられるポシアンドゥとPKK、アリサン等複数の女性活動との相互浸透は、狭義の地域保健医療活動の推進にとどまらず、「集まる」ことで人びとの紐帯となるような場の形成をうながし、結果として生活組織としてのRT02の裾野を拡げている。

いうまでもなく、上述の二つの事例はひとつのセイフティネットとしてのRTの懐の深さを示すものとしてある。だが同時に、こうしたセイフティネットとしてのRTがいわば「支配」が共同性をつくりだすとともに、そうしてできあがった共同性が「支配」にからめとられていく文脈でみいだされることを銘記すべきであろう(8)。またそうした点では、RT／RWの制度的再編にむすびつくと考えられる法律が一九九九年に制定されたことは注目される。

(2) RT／RWの再編

ポスト・オルデバルにおいてもっとも深甚な影響を及ぼすとみなされる「一九九九年地方自治に関する法律第二二号」および「一九九九年中央—地方の財政均衡に関する法律第二五号」は、分権を主内容とする地方行政改革を上から強行するものであるといわれている（Suwandi, 2001）。そしてジャカルタ首都特別区では、この法律の制定に符節をあわせて、分権（otonomy）に関する興味深い新法および条例が制定された。それらは「一九九九年ジャカルタ首都特別区に関する法律第三四号」および「二〇〇〇年デワン・クルラハンに関する地方条例第五号」であるが、前者ではコタ議会（Dewan Kota）の設立、また後者ではクルラハン委員会（Dewan Kelurahan）の設立が義務づけられた。ちなみに、コタ議会は第二級団体のパートナーとして政策決定のプロセスに加わる委員会のことであり、クルラハン委員会はクルラハンのパートナーとして住民のエンパワーメントにかかわる委員会のことである。興味深いのは、特に後者の選挙において、まず各RTから一人ずつ推薦され、それらの推薦人をRWレベルでさらに一人に絞り込み、その人をクルラハンにたいしてクルラハン委員会の委員として届けるという仕組みになっていることである。このことは、上記二つの委員会が「民主主義の下で住民参加のコンテナーとなる」（Pemerintah Propinsi DKI Jakarta, 2001）ことが指摘されながらも、結果としてRT／RWを「上から」

再編する役割をになう可能性のあることを示唆している。

6　むすびにかえて――「貧困の共有」をこえて

みてきたところからあきらかなように、グラスルーツの内実を豊かに内在させているとはいえ、RT／RWに代表される地域住民組織はこんにち、かつてのようなグラスルーツの定型的な理解では到底把握できないような多面的な顔をみせている。しかもポスト・スハルトの社会政治的な混迷状況は、地域住民組織の一元的な把握をいっそう困難なものにしている。事例対象地に即していえば、既述したように、グローバル化にともなうジャカルタ首都特別区の肥大化の波が中心都市(central city)の一画をなしているこの地域に確実に押し寄せてきている。そしてミドルクラスの増大にともなう「ジェントリフィケーション」の進展は、かつてこの地域のグラスルーツを色あざやかなものにしていた地域への共属意識を建造環境(built environment)の刷新とともに急速に風化させている。同時に、とどまることのないメガシティ化のなかで、事例対象地は「遷移地帯」に特有の様相を呈するようになっている。とりわけ近年になって、流動性の増大とともに、「貧しくても仲間」という連帯感が地域住民組織の基盤を形成し得なくなっている。しかしながらそのかわりに、地域住民組織が地域住民の間のさまざまな分水嶺(divide)を越えて、地域のイッシュー、とくにリストラクチャリングにともなうトラブルと治安の悪化をみすえた活動を部分的におこなうようになっている。つまり地域住民組織がなお「貧困の共有」という側面をもちながらも、そこにとどまらない、いわば「リスクの分散」という側面をもつ「セイフティネット」として立ちあらわれつつある。

同時に、この場合に注目されるのは、地域住民組織に向ける行政のまなざしである。前節でみたように、行政はこの間、分権化にかかわる法制度・地方システムの整備とともに、RT／RWの上からの再編に着手しており、地域住民組織の上述の「セイフティネット」機能にある種の〈方向性〉を与えようとしている。このことは一方で、地域住民組織の内外で何らかの「セイフティネット」機能を担保したコミュニティ・ベースのNGOが数多く立ちあらわれ、行政との緊張関係を高めている状況を視野に入れると、きわめて興味深い。なぜなら、いまはたしかに行政のあり様とかかわって地域住民組織とNPO等との協働(コラボレーション)の可能性は低いが、いずれ両者が地域住民を介して手をつなぎあい、グラスルーツに新しい要素を埋め込む時期が来ると思われるからである。そしてここであらためて思い起こされるのが、個人の集合的行為のもつ能動性に目を向ける、先のカステルのグラスルーツの定式化のこころみである。グラスルーツには本来、「どのような社会的行為者も智識のある行為者であって、彼らの行為をすっかり条件づける諸セクターの意向をただ単に受け入れる者ではない。」とするギデンズのいう骨太な生活者の日々の営為が厚く広く埋め込まれているのである(Giddens, 1986: 85)。

注

(1)ちなみに、松下は一九九九年段階においても、なおこの立場を堅持している(松下、一九九九)。
(2)布野修司によれば、カンポンとは「インドネシア(マレー)語でムラのこと」であり、「民族や収入階層を異にする多様な人々からなる複合社会である。異質な人々が共存していく、そうした原理がそこにある」という(布野、一九九一：三一四)。
(3)調査対象者は一九二人のRT長で、有効回答者数は一七九人であった(回答率九三・二%)。
(4)この議論の祖型は、鳥越(一九九四)にもとめられる。
(5)ここでいう「貧困の共有」という概念はギアツのいうインヴォリューションに端を発している。この点については、Geertz(1963)を参照のこと。
(6)アリサンは以下にみるように、相互扶助と家計補助を目的とする伝統的な民間金融システムのことであり、日本でかつてみられた(一部現存する)頼母子講、無尽、模合等と比肩し得るが、詳細はDwianto(1999)を参照のこと。
(7)なお、アリサンのメディエーション機能については、Nugroho(1997)が詳しい。
(8)この点については、倉沢(二〇〇一)から学ぶところが大きい。

文献

Castells, M., 1983, *The City and the Grassroots*, Arnold.　＝一九九七年、石川淳志監訳『都市とグラスルーツ』法政大学出版局。

Devas, N., 1989, "Local government finance in Indonesia: An Overview," in Nick Devas（ed.）*Financing Local Givernment in Indonesia*. Ohio Univ., Center for International Studies.

Dwianto, R.D., 1999, "Rotating credit association as mediating institution-the case of Ko and Arisan-," *Nippon*, vol.3, no.1, University of Indonesia, Japan Research Center Publication.

Dwianto, R.D., 2001, *Present Forms and Potential of Neighborhood Association*, Dissertation, Tohoku University.

布野修司、一九九一年、『カンポンの世界―ジャワの庶民住居誌』パルコ出版局。

Geertz, C., 1963, *Agricultural Involution*, University of California Press.

Giddens, A., 1986, *Sociology*, Macmillan.

花田達郎、一九九三年、「公共圏と市民社会の構図」『社会科学の方法 Ⅷ　システムと生活世界』岩波書店。

倉沢愛子、二〇〇一年、『ジャカルタ路地裏(カンポン)フィールドノート』中央公論新社。

Lane, M., 1999, "Mass politics and political change in Indonesia," in A. Budiman et al.（eds.）, *Reformasi: Crisis and Change in Indonesia*, Monash Asia Institute.

松下圭一、一九六二年、『現代日本の政治的構成』東京大学出版会。

――、一九九九年、『自治体は変わるか』岩波書店(新書)。

宮本憲一、一九六七年、『社会資本論』有斐閣。

Nugroho, H., 1997, "Institusi- institusi Mediasi sebagai Sarana Pemberdayaan Masyarakat Lapis Bawah– Studi Kasus Arisan di Bantul dan Credit Union di Timur Timur–," *Analisis CSIS*, 1997, no.1.

Pemerintah Propinsi DKI Jakarta, 2001, *Buku Panduan Seminar International tentang Otonomi Daerah.*

Sullivan, J., 1980, "Back alley neighborhood: kampong as urban community in Yogyakarta,"Monash University Working Paper, no.18.

———, 1992, *Local Government and Community in Java – An Urban Case Study–*, Oxford Univ. Press.

Suwandi, M., 2001, "The evaluation and prospect of regional autonomy,"paper presented at International Seminar on Local Autonomy in Jakarta.

鳥越皓之、一九九四年、『地域自治会の研究—部落会・町内会・自治会の展開過程』ミネルヴァ書房。

吉原直樹、一九九八年、「頼母子講の存続形態と機能に関する一事例研究」東北大学文学部『東北文化研究室紀要』第三九集。

———、二〇〇〇年、『アジアの地域住民組織—町内会・街坊会・RT／RW』御茶の水書房。

吉見義明、一九八七年、『草の根のファシズム』東京大学出版会。

＊追記：本章はもともと英文で書かれたものである。日本語への訳出に際して、吉原直樹氏にお世話になった。もちろん訳出されたものの最終的な責任は筆者にある。

第7章　マニラのスクオッター
——動向と運動

青木　秀男

1　問題状況と主題

グローバリゼーションが世界を彷徨している。グローバリゼーションとは、ポスト冷戦期における情報・金融革命を梃子とした世界資本主義の再編過程をいう（Hirsch, 1998＝古賀訳、一九九八：二四―二五）。新たな国際分業のなか、先進国／発展途上国の関係が流動化し、「先発」「後発」関係が錯綜している。先進国の内部に「後発」が、途上国の内部に「先発」が現れた。今や私たちは、先進国都市の現実を見据えつつ、途上国都市の動向を見なければならない[1]。マニラ（首都圏、以下同じ）もまたこの要請を免れない。マニラは、先端産業を含む国際分業の一隅を直接に担っている。新自由主義の経済政策のもと、資本間競争が激化し、資本の労働搾取が強まった。労働のインフォーマル化とサービス化が進んだ。そして、新たなサービス職種を担う〈新貧困層〉が現れた(2)。また、過剰な土地投機が地価高騰を生み、居住空間の狭隘化・郊外化を招いた。そして、低所得層の居住空間からの排除が進んだ。こうして貧困層が一層窮乏化し、なお膨張している(3)。これが、マニラに見るグローバルでコロニアルな帰結(の一つ)である。

本章は、都市貧困層の居住地・スクオッターに焦点を当てる。というのも、スクオッターは途上国都市の今日的な様相を鮮明に写し出す格好の場だからである。実際、マニラのスクオッターも都市貧困層の窮状の舞台であった。本章の課題は三点ある。一つ、スクオッターの基本動向を見ること。二つ、政府(・自治体、以下同じ)のスクオッター政策を見ること。三つ、スクオッターの住民運動を見ること。以上である。以て居住に見る排除の構造と、それに抵抗するグラスルーツの社会運動の可能性を見る。スクオッター住民は、はたして都市土地改革を達成できるだろうか。

本章で用いるデータは、過去のスクオッター聞取り(とくに元スモーキー・マウンテン Smokey Mountain、タタロン Tatalon)、二〇〇二年夏に行なったスクオッター聞取り(パヤタス Payatas、オブレロ Obrero)、行政・民間団体の資料、大学の調査資料(4)、文献、メール情報等から成る。以下、地名や数字はすべてマニラのものである。

2　スクオッターの動向

一九九〇年代以降のマニラのスクオッターの動向は、次のように要約される。一つ、スクオッター居住の世帯数が増えている。世帯数は一九九五年に四三万二、四五〇世帯で、それはマニラ全世帯の三六・五%であった(PUCP 調べ)(MMHP, 1996: 11)。一九九九年に五七万七、二九一世帯で、それは全世帯の三四・三%であった(NHA 調べ)(Padilla, 2000: 5)。二〇〇〇年に七一万六、三八七世帯で、それは全世帯の三三・六%であった(HUDCC 調べ)(NHA, 2001:13)。フィリピンの統計上の平均世帯員数は六人であるから、これら世帯数に六を乗ずると、おおよそのスクオッター人口が出る。見る通り、マニラの総世帯数が増えたためスクオッター居住世帯の割合は漸減したが、実数は増えている。一九九九年〜二〇〇〇年の一年間に二四・一%もの増加である。政府の懸命のスクオッター政策にもかかわらず、スクオッター膨張の勢いは止まっていない。

二つ、スクオッターの撤去優先地区での無権利居住(5)が多い。スクオッターは公有・私有の空隙地や遊閑地に立地する。筆者が訪れたスクオッターでは、ゴミ捨場(Payatas)、線路敷(Sta.Mesa)、海岸敷(Navotas)、市場(Divisoria)、ターミナル(Quiapo)、教会(Baclaran)、歓楽街(Sta.Ana)、河川敷(Tatalon)等がある。二〇〇〇年に、スクオッターの二三・四%が危険地域に、二二・九%がインフラストラクチュア建設予定地に、四四・九％が公有地に、一九・一％が私有地に立地した(NHA, 2001, p.13)。政府は原則としてスクオッターの強制撤去を禁じているが、危険地域(海岸敷や河川敷、線路敷等)とインフラ建設予定地を撤去優先地区として撤去禁止から外している。右に見る通り、スクオッターの四六・三％が撤去優先地区に立地している。それらは強制撤去の危険に晒されている。

三つ、スクオッターが郊外化している。マニラ首都圏の**地図**と**表1**を重ねて見られたい。一九九九〜二〇〇〇年に全体として、首都圏のCBDであるマニラ市との距離に応じて、無権利居住の人口が増えている。首都圏東・北・南部で、無権利居住人口が飽和状態の市町と増加中の市町に分かれる傾向にある。これらに、人口密度の傾向もほぼ対応する(6)。スクオッター分布の動態をより長期に見れば、この傾向はいっそう明瞭になる。例えばマニラ市の無権利居住人口の減少率は、すでに一九八〇年代にピークに達していた。ケソン市の無権利居住人口は過去増え続け、ごく近年に減少に転じた。

四つ、スクオッターの住民構成が階層化している。スクオッターは貧困層の居住地である。その上で、近年スクオッター住民の階層化が目立つ。まず非貧困層が増えた。スクオッター人口の二〇〜二五％は定収入を持ち、人口の平均所得は貧困線を二〇％上回る(URC, 1997, p.5)。ただしそれは富裕層の所得も含む平均であり、人口の大半が貧困線以下に留まることに変わりはない。SJC報告によれば、ケソン市の七スクオッターの貧困発生率は八〇・四％であった(7)。非貧困世帯は約二割であった。ただし、この人々も土地や家屋を購入する経済力まではない。次に、スクオッターにさえ住めないホー

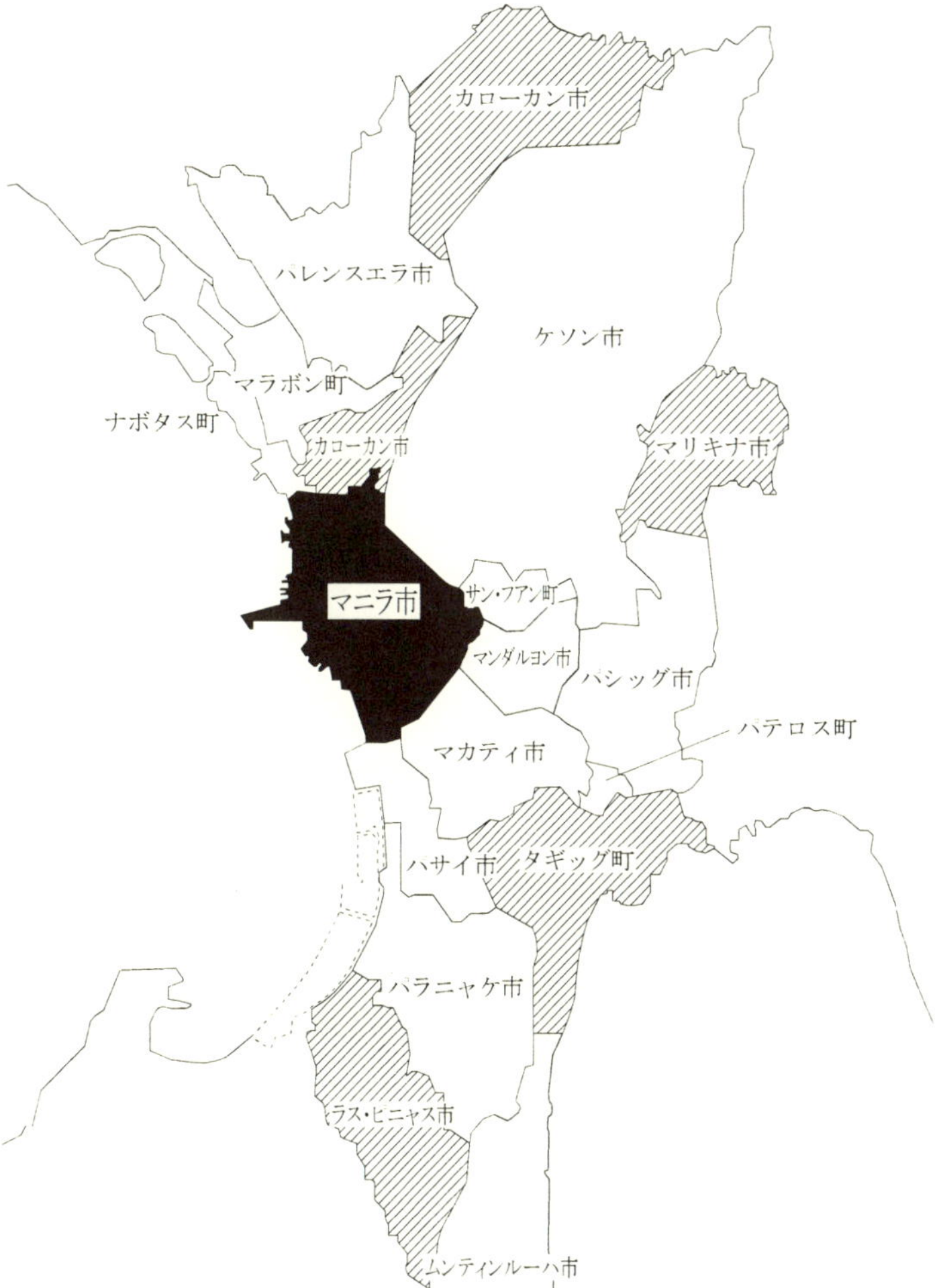

地図　マニラ首都圏の市・町構成

表1　マニラ首都圏のスクオッター分布及び人口動態

	スクオッター 世　帯＊	人口増加率 1999-2000/年＊＊	人口密度 k㎡/2000年＊＊
I区(西部)	50, 052	-0. 13%	41, 282 人
マニラ市	50, 052	-0. 13	41, 282
II区(東部)	(小計) 255, 526	(平均) 1. 57	(平均) 16, 803
ケソン市	181, 658	2. 67	13, 080
パシッグ市	11, 556	2. 42	38, 851
マリキナ市	17, 603	2. 34	10, 056
マンダルヨン市	23, 433	1. 16	10, 711
サン・ファン市	21, 266	-0. 75	11, 315
III区(北部)	108, 242	3. 01	33, 633
カロオカン市	52, 193	4. 43	21, 104
マラボン市	17, 400	1. 92	14, 481
ナボタス町	19, 030	2. 08	88, 617
バレンズエラ市	19, 619	3. 62	10, 328
IV区(南部)	165, 020	2. 08	13, 008
パサイ市	70, 709	-0. 37	25, 533
マカティ市	8, 364	-0. 18	14, 878
パラニャーケ市	6, 320	-0. 37	11, 744
モンテンルパ市	34, 705	3. 85	8, 122
ラスピニャス市	23, 492	4. 75	11, 392
パテロス町	5, 765	1. 11	5, 520
タギッグ町	15, 665	5. 77	13, 869
合　　計	578, 840	2. 23	20, 640

区割りは大統領令921号の行政区分　＊(Padilla, 2000, p. 5)　＊＊(NHA, 2001, p. 2)

ムレスが増えた(Padilla, 2000:1 & 5)。ホームレスとは、シェルターを持たず、寝る場所をたえず移動し、道路や橋の下等どこででも寝る人々をいう(NHA, 2001: 15)[8]。その流動性ゆえに、ホームレス人口のカウントは「不可能」である[9]。ホームレスは、ごく近年に社会問題として認知されるに及んだ。反対に、スクオッターに住むこと自体、一つの「地位」となった[10]。

このようなスクオッターの動向は、都心部の地価高騰、公有地の民間売却、空隙地・遊閑地の消失、居住空間の縮小に起因する。政府のスクオッター政策も、この趨勢を止めるには至らない。一九九〇年代にマニラの再開発が進み、建設ブームが続いた(青木、二〇〇一B、九九頁)。高架鉄道や環状道路、高速道路、大型商業施設、高層ビル(住宅や企業)が建設された。エドサ(Edsa)〜オルティガス(Ortigas)間には、副都心が建設された(URC, 1998: 1.3)。マカティ市(Makati)やマンダルヨン市(Mandaluyong)の高級住宅地の地価は、一九八六年に一平方メートル一、〇〇〇〜三、〇〇〇ペソであったが、九五年に二万〜三万ペソであった(URC, 1997: 43)。ケソン市の中流クラスの住宅地の地価は、一九八六年に一平方メートル四五〇〜一五〇〇ペソであったが、九五年に四、〇〇〇〜一万二、〇〇〇ペソであった(同)。九年間で一〇倍前後の上昇である。地価高騰の勢いは止まらない[11]。

3　スクオッターの政策

スクオッター住民は、住む土地に対する居住権をもたない。マニラでスクオッターが増え続けた。政府にとってスクオッターの解消は、貧困問題の解決のみならず都市開発の必須の課題であった。一九五〇年代にスクオッターが現れて以来、土地分譲から強制撤去・再居住地移住へ、住宅地開発や低価格住宅建設へ、さらにコミュニティ改善事業やコミュニティ抵当事業へ、政府はスクオッター政策を模索してきた。ここで、その史的経緯には立ち入らない。ただ今日の制度・政策を概観し、もって政策の帰結を指摘するに留める(12)。

政府のスクオッター政策の要点は、スクオッターの強制撤去の問題、スクオッター住民の住宅保障の問題に集約される。(アキノ政権以降)のスクオッター政策の基本理念は国家住宅計画(National Shelter Program)に盛られ、具体的な政策指針は一九九二年成立の都市開発住宅法(Urban Development Housing Act)に盛られた。そこでの要点は二つある。一つ、強制撤去についてである。遡って一九七五年、故マルコス大統領は大統領令七七二号を発令し、スクオッター居住は不法占拠であり犯罪であるとなし、スクオッターの撤去に法的強制力を与えた。以後、この法令の存廃をめぐって政府とスクオッター住民の攻防が続き、最後、都市開発住宅法に次のような指針が盛られていった。それは、スクオッターの強制撤去を(撤去優先地区を除いて)原則として禁止する、スクオッターを撤去する場合も事前に少なくとも三〇日の予告期間を設ける、撤去の際は裁判所の命令を必要とする、撤去対象者には住宅資金を優先的に融資する、公有地の住民には再居住地を当てがう、というものである。この指針の延長で一九九七年に共和国令八三六八号が発令され、大統領令七七二号が最終的に廃絶された。二つ、貧困者に対する住宅供給についてである。都市開発住宅法は、収入階層の下層三〇%に対する包括的な住宅政策を謳った。その鍵政策は、貧困層への社会住宅(socialized housing)の供給である。社会住宅とは一戸当り一八万ペソ[13]を上限とする低コスト住宅をいい、開発業者は計画面積/コストの二〇%に相当する土地を社会住宅の建設に充てることが義務づけられた。これに合わせ、政府は行政・民間の機関調整を行ない、開発業者の社会住宅建設を促すため、住宅・都市関連調整会議(Housing and Urban Development Coordinating Council)を設置した。

　政府はこれらの政策と合わせ、さらに四つのスクオッター政策を採ってきた。一つ、上下水道等の設備を備えた住宅地開発を行なうサイト・アンド・サービス(site and service)である。二つ、スラム改善事業である。いずれもマルコス時代に遡る政策で、それらは、本来対象とする貧困者でなく、その上位階層の人々を利するに終ったと指摘されてきた。今日の最大の問題は、地価高騰に発する強制撤去で地区自体が解体されかねない点にある。一九九八〜九九年の全国の住宅改善の達成は五万七二九三戸で、それは目標の七二・五%であった(Padilla, 2000: 10)。三つ、コミュニティ抵当事業(Community Mortgage

Program）である。それは、スクオッター住民の土地獲得や社会サービス充実のための低利融資制度で、非政府組織や国家住宅庁（National Housing Authority）、自治体等がオリジネーターに、住民組織が融資を受ける主体になり、一戸につき四万五、〇〇〇ペソを上限に融資を受け、年利六％、二五年で返済するという制度である。融資を受けるには、強力なオリジネーターがいる、住民がまとまっている、地主が土地売却に同意するという条件が必要となる。しかし、地価高騰に伴って地主が土地売却を渋る、融資の行政手続が緩慢である、返済金が滞納しがちである等の問題を抱え、現在、事業の進行は頭打ちとなっている（**表2**を見よ）。一九九八〜九九年の全国のコミュニティ抵当事業の達成は八、〇九六戸で、それは目標の三五・九％であった（Padilla, 2000: 10）。四つ、再居住政策である。この政策もマルコス時代に遡る。それは一時後退したが、近年に都心部の地価高騰のため市郊外の安い土地に再居住地を確保するかたちで復活している。この政策の問題は、再居住地での仕事に関わる問題である。仕事がない、近くに工場ができても未熟練の移住者が雇用されない[14]、周囲に中間層の人々がおらず中間層が雇用する家計補助的な仕事がない、マニラ通勤の交通費が嵩む等である。また社会サービスが不十分である、土地の買占めや家屋の賃貸が横行し、シンジケート[15]が蔓延する等の問題もある。一九九八〜九九年の全国の再居住の達成は二万八、〇五七戸で、それは目標の五六・〇％であった（Padilla, 2000: 10）。

政府のスクオッター政策は、結局スクオッターの解消に効を奏していない。スクオッターは増え続

表2　国家住宅庁のスクオッター援助事業の達成内訳(マニラ／戸)

(年)	1989	1991	1993	1995
サイト・アンド・サービス事業	5,421	1,805	1,065	356
スラム改善事業	5,245	2,367	706	32
コミュニティ融資事業	327	3,850	6,977	1,927
移転・再定住事業	2,019	2,968	4,401	12,369
合　計	13,012	10,985	13,149	14,684

出典)(中井, 1996)(小玉, 2002, 250頁より)。

けている。**表2**に見る通り、政策目標の達成度も小さい。この最大の原因は、政府の住宅資金の不足にある。地価や建築資材の高騰がこれに拍車をかけている。政府はすでに、社会住宅建設や融資事業の財源を自ら調達することを断念した。そして住宅供給事業は開発業者に任せ、自らは開発業者の社会住宅建設の介添え役(税制優遇や法的便宜等)に徹するとした。公有地の開発は開発業者に依託された(16)。この結果、宅地開発や住宅建設は市場ペースで進み、儲からない社会住宅供給が遅れていった。都市開発住宅法の二〇%規定も、土地の安価な市郊外で漸く採算が取れる。一九九八～九九年の全国の社会住宅の建設は九万三、四四六戸で、それは目標の六一・六%であった(Padilla, 2000: 10)。

地価が高騰し、居住空間が狭くなる。他方、貧困者への住宅供給が滞る。この結果、スクオッターの強制撤去が続発する。しかも再居住の補償のない撤去が増えている。都市開発住宅法は、スクオッターの強制撤去を原則として禁止している。しかしそれは法の上の話であり、地主とスクオッター住民の実際の関係を拘束するものではない。政府には両者の間に介在する力もない。マニラで一九九二～九五年に一〇五件のスクオッター撤去があり、二万〇一一六世帯が撤去された。その内、再居住地が補償された世帯は四三%に留まった(Karaos, 1996: 10-12)。アロヨ政権下の二〇〇一年に一八件、一万四八世帯が撤去された(Padilla, 2002: 6)。正確な数字は不明であるが、この内過半のケースで住民に撤去の予告もなく、再居住地の補償もなかった。この事実から、スクオッターの解消が容易ならざる問題であることが知れる。問題の解決は、国家の強力な意志なくして達成できない。

4 スクオッター住民の運動

スクオッター住民は、スクオッターの動向・政策の現状のなかで、どのような問題解決の運動を展開しているだろうか。スクオッター運動を概観し、運動をめぐる二つの論点(居住権の問題、運動論の問題)を考察すること、これが次の課題である。

(1) スクオッターの諸条件

その前に、運動を規定するスクオッターの諸条件をSJC報告を事例に見ておく。報告に見る七スクオッターの調査対象者(世帯主)八八七人の内、七六・八%が地方出身者であった(報告から筆者が計算、以下同じ)。四人弱に一人がマニラ出身である。マニラ出身者が増えつつある[17]。マニラへ移住した動機は、「仕事を探しに」が四五・六％で、その他「勉学のため」「親族を頼って」「都会に憧れて」等の理由が目立つ。「仕事」を筆頭としながらも、移住動機の多様性が指摘される。現住地での居住期間は、五年以内が二五・三％、六〜一〇年が一九・四％、一一〜二〇年が三二・〇％、二一年以上が二三・四％であった（四スクオッター）[18]。居住期間のばらつきが指摘される。しかし報告には、大半のスクオッターは一九七〇年代に膨張したとある。就業率は、雇用者が六三・六％、失業者が三二・六％であった。失業率の高さが指摘される。「自己雇用者」や「家族従業者」は、雇用者／失業者の双方に入れられたのだろう。雇用上の地位は、常雇が三一・〇％、臨時雇いが三二・八％であった（四スクオッター）。就業率や雇用上の地位から、不安定な就業状態が指摘される。職業は、サービス業従事者が六三・一％、販売従事者が一〇・三％（六スクオッター）、製造工程従事者が六・八％であった。「サービス業」に「販売」を加えると七三・四％に及ぶ。この大半は、インフォーマル部門の就業者であろう。「サービス」「販売」の中身の記載がないので、〈新貧困層〉の実態は不明である。「専門職」「経営管理」「事務」の就業者率が小さく、全体に低位の熟練度の就業者から成る。これは先の不安定な就業状態に照応する。収入階層は先述の通りである。回答者の土地の占有状態に関するデータはない。家屋の所有関係は、自己所有が四六・一％、借家・借間が四四・八％であった。借家・借間が多く、それを業とするシンジケートの存在が推測される。最後に、土地問題についてはどうか。「重要な地域の課題は何ですか」の問いで、「土地問題」と答えた人は八・七％であった（「薬物中毒」「環境衛生」「社会サービス」の回答が多い）。住民の日常意識では土地問題は後に退いている。しかしスクオッターの経歴を見ると、どのスクオッターも土地問題で裁判や衝突等の紛糾を経て、今日に至っている。

(2) 運動の目標

このような実態に例示される諸条件のもとで、スクオッター運動が展開されている。スクオッター運動の至上目標は、強制撤去の回避と居住権の獲得である。すべてのコミュニティ活動[19]は、この目標追求を前提とする。スクオッター住民は目標達成をめざし、政治活動を行なう。国家住宅庁・議会・裁判所に強制撤去のモラトリアムを迫る、集会や街頭行動を行なう、運動組織の上位組織を介して国会・地方議員にロビー活動を行なう。またスクオッターでの生活事実を既定のものとして居住地区としての承認を得るため、バランガイを組織したり、コミュニティ活動を行なう(通路を舗装する、飲料水タンクを設置する、電線を架設する、コミュニティ・センターを作る、夜間巡回をする等)。電力会社は、料金さえ払うなら電線の架設を認めるという態度である。どうしても強制撤去が回避できない場合は、再居住地の補償と移転費用を要求する[20]。

本章で、居住権とは土地所有権(土地所有の法的権利)、土地占有・使用権(実質的に土地を占有・使用する権利)、借地権(土地を優先的に借り続ける権利)、借家権(家屋を優先的に借り続ける権利)を含む。スクオッター住民は、既定の生活事実や長期居住という慣習的事実(祖父母の時代から住む例もある)を根拠に居住の正当性を主張する。また、居住認可の証書を盾に居住権を主張する。過去に政府機関がスクオッター居住を認定し、居住者に認可の証書を発行する、または証書を売るという例が少なくなかった。元々、土地所有権の帰属が曖昧な場合が少なくない（穂坂、一九九七：一六〇）。借地・借家の契約が遠い過去である・口約束である等で契約内容が曖昧な場合、富裕者や政治家が公有地や無所有地（所有主が不明の土地）に居座り、自前で開発して私有地だと主張する場合、公有地が開発業者へ売却される等で地主が交替して突然無権利居住を宣告される場合がそれである。これらの場合、スクオッターとスラム（貧しいが居住権はある地区）の区別は必ずしも明確でなくなる。

スクオッターには多様なコミュニティ活動がある。スクオッターは生活共同体である。そこには縦横に張り巡らされた住民ネットワークがあり、生活向上をめざす諸活動が展開されている[21]。具体的には家畜（鶏、山羊、豚）の飼育、雑巾縫い、衣服仕立、編物、石鹸や蝋燭作り、サリサリ・ストア（sarisari store）[22]の経営、頼母子講の運営等である。共同作業所を持つ地区もある[23]。これらの活動が住民運動の基盤を支えている[24]。しかし地区の強制撤去があると、これらの活動は瞬時に潰え去る。その意味で、コミュニティ活動の成否は地主（政府や企業）の意思に掛かっている。活動の成功例に、古い例であるがトンド（Tondo）がある。そこで、一九七〇年代、土地の分譲や近接地（Daga-dagatan）への再居住が行なわれ、コミュニティ活動は継続された[25]。これに対して、元スモーキー・マウンテンでは、（二つの）バランガイを組織する、通路を舗装する、飲料水タンクを設置する、電線を架設する、コミュニティ・センターを作る等の居住地区作りが行なわれたが、一九九五年の強制撤去とともにすべての努力が水泡に帰した。

(3) 運動の政治環境

スクオッター住民の運動は、どのような政治環境のなかにあるのだろうか。スクオッターの規模は、数千世帯のものから数世帯のものまで様々である。当然、大きいスクオッターの方が運動の創造が容易である。そもそも、集住自体が無権利居住を可能にしている。居住の集合性は、スクオッター運動の第一の条件である。その運動は、コミュニティの組織が主体となる(26)。先述の通り、スクオッター住民は出身地、移住動機、居住期間、就業状態、職業、所得、地域問題への関心の点で多様である。近年は住民の階層差も広がっている。しかし住民の間の貧困、無権利居住、劣悪な住環境という共通利害が、人々に結束を促している。つまり、生活条件の同質性が住民の異質性を超克している。もちろん、異質性が勝って運動が成立しない、または成立しても分裂を繰り返すスクオッターも多い。

スクオッターは濃密な政治空間である。スクオッター運動は家族・地区ぐるみの運動である。マニラのスクオッターがたがいに連携する時、運動は大きな政治潮流となる。ピープルズ・パワー(27)の街頭行動の中心には、つねにスクオッターの人々がいた。マルコス時代、スクオッター運動への政府の弾圧は激しかった。アキノ時代に入ってさえ、政治抗争が厳しい地区の出入り通路には、警察や自警団の検問が敷かれた(28)。スクオッターは外部の政治組織の草刈場であった(29)。スクオッター運動はこのような政治環境のなかで展開される。

スクオッター運動は、コミュニティの権力構造を介して展開される。コミュニティには経済力、土地家屋の権利関係、来住の経緯、出身地、姻戚関係等に基づく政治的威信の体系がある。例えば地主、家主、借家(間)人の間には、住民組織のなかの地位、コミュニティ活動への参加度の点で差がある(Berner, 1997: 133, 139)。また住民組織や非政府組織の間、地区の人間関係の間には協同と競合の関係がある。スクオッター運動は、このようなコミュニティ構造の中で展開される(30)。では、運動を担う組織にはどのようなものがあるだろうか(Nolasco, 1991 ＝アジア社会学セミナー訳、一九九四：八六―一二〇)。一つ、バランガイ(会議)である。バランガイは、フィリピンの行政機構の末端に位置する住民組織である。その地域での役割は大きい。多くの地区では、バランガイが他の住民組織やＮＧＯ(非政府組織)の活動全般を統制・監視する(大坪、二〇〇一：二二九―二四四)。とくにバランガイ会議の議長(公選)は、地区の全般的統括者として大きな力を持つ。しかし、無権利居住地であるスクオッターで、バランガイは公認されていない。また、バランガイはフォーマル組織であるが、参加は任意である。スクオッターとバランガイの関係は一様でない。まず、バランガイを持たない地区と持つ地区がある。次に、独自のバランガイを持つ地区と近接する一般地区のそれに併合される地区がある。さらに、バランガイが住民を包括する地区と非参加者がいる地区がある。最後に、バランガイが運動の主体となる地区

（行政交渉の媒体となる等）とならない地区がある。バランガイは地主・家主やシンジケート、非貧困者、一般地区住民（併合型の場合）も含む網羅組織である。ゆえに、バランガイがつねにスクオッター運動の牽引組織になるとは限らない。

二つ、住民組織である。スクオッターには運動目標や土地家屋の権利関係、地区内の区画に基づいてネットワーキングされた住民組織がある。代表的な組織に家主組合、若者組織、母親クラブ、宗教組織がある。資源（資金や上位組織をもつ等）の大小に応じて、住民組織の政治力には差がある。組織相互の関係も協同、競合、並存と多様である。多くの組織はバランガイ（議長）の承認の下にあるが、バランガイから自立した組織、それと対立する組織もある(31)。これも一様でない。三つ、NGOである。これは、スクオッター外部の人間や機関が中心を担う援助組織で、受苦・受益の主体である住民組織とは立場を異にする。もちろん、地区住民がNGOに参加することはある。フィリピンはNGO活動が盛んな国である。スクオッターにも地域・都市・全国・国際レベルの多くのNGOが入り、地区の問題全般に関わっている。NGOと住民組織が共同の目標を追求する場合、そこに、前者が裁判や議会のロビー活動を主導し、後者が住民への説明や住民の動員の役割を担う等の分業関係が生れる（Karaos et.al., 1995: 68-70）。NGOも、資金・組織の力に応じて政治力に差がある。多くはバランガイの承認下にあるが、自立的・対立的な組織もある。

5　運動をめぐる二つの論点

スクオッター運動は、考察すべき様々な課題を提起している。ここでは二つの論点を採り上げる。まず、居住権の問題である。スクオッター運動の至上目標は、居住権の獲得である。住民が居住権を獲得できるか否かは、結局、住民と地主・政府の力関係に掛かっている。政府はこれまで、スクオッター住民との対応のなかで居住権の解釈を変えてきた。一九六〇年代(マグサイサイ時代)、政府はスクオッター住民に随時土地を低価格で分譲する政策を採った。一九七二年(マルコス時代)、大統領令七七二号によりスクオッター居住は不法で犯罪であるとされた。住民は逮捕の対象、地区は強制撤去の対象とされた。一九八七年(アキノ時代)、都市貧民のための大統領委員会(Presidential Committee for Urban Poor)が、危険地区を除くスクオッターの撤去のモラトリアムを宣言した。一九九二年の都市開発住宅法は、強制撤去は原則禁止、撤去の際は再居住地を補償すべしと謳った。政府の居住権解釈は、鷹揚な処遇の段階からスクオッター居住の処罰の段階、黙認・追認の段階を経て、スクオッター居住の法的な承認の段階に至った。処罰から黙認・追認への転回点をなしたのが、一九八六年のピープルズ・パワーであった。それは、スクオッター住民の政治力が高揚した瞬間であった。政府は、居住権解釈の変更を迫られていった。

しかし、法の建前と実際とは異なる。先述の通り、地価高騰と居住空間の狭隘化によるスクオッターの強制撤去は、今も続いている。しかも再居住地の補償のない撤去が増えている。そこに、強制撤去の原則禁止と強制撤去の実施という相反する事態がある。とはいえ長期的には、スクオッターの無権利居住から有権利居住へ、居住権解釈が拡大されていった。これも事実である。ならば将来、居住権の完全保障ははたして可能だろうか。それは、スクオッター運動がめざす都市土地改革の展望に関わる問題である。土地改革の実現には二つの条件が必要となる。一つ、土地所有の再定義の必要である(Karaos, 1993: 88)。「土地の占有者に土地を無償ないし無償同然の価格で譲渡する」には、土地「所有」概念の重大な変更が必要となる。二つ、土地改革を可能とする政治変革の必要である。地主出身議員が多い政府・自治体の議会で、土地の無償ないし無償同然の価格の譲渡に正当性を付与するような政治改革は可能だろうか。いずれも、都市空間の公共圏(の拡大)に関わる問題を包含する。

次に、スクオッターの運動論の問題である。カラオス女史は、スクオッター運動は、マルコス時代の実力闘争の段階から、アキノ時代(以降)の政府と住民の協同の段階に移ったと言う(Karaos, 1993; 1998; Karaos et.al., 1995)。つまり、体制変革型から制度改革型への移行である。表3を見られたい。女史は言う。変革型の時代には、弾圧と、組織の対立と分裂が繰り返された。改革型の時代には、政府との交渉と妥協による現実的成果が求められている。都市開発住宅法や強制撤去の廃絶は、その成果ともいえる。しかし女史はこうも言う。交渉と妥協を以て居住権の完全保障を実現するのは、至難の道であ

表3　スクオッター住民運動の型

運動の型	体制変革型	制度改革型
運動の性格	抵抗と闘争	参加と協働
方法	実力で獲得	交渉で獲得
道具	イデオロギー	改革の技術
目標	全体的課題	個別的課題
戦略	土地制度改革	居住権獲得
戦術	街頭の議会	ロビー活動
組織の性格	普遍的組織	個別的組織
課題	統一と団結	分派の協働
態勢	政党と住民組織の共闘	住民組織とNGOの連携

る。妥協を重ねる内、目標が遠のくことにもなりかねない。改革型が則る民主主義には限界がある。……ならば、スクオッター運動に可能性はあるだろうか。これに答えるには、組織・価値・運動の綿密な分析が必要となる。ただし、少なくとも次のことは指摘される。つまりバランガイを含め、運動組織はすべて変革型にも改革型にもなりうる。権力との関わりで、グラスルーツの機能はつねに両義的である。

6　スクオッター運動の行方

カラオス女史は、「スクオッター運動は活発だが社会の構造を変革するほどの力は持ちえない」と言う(Karaos, 1998: 143)。同じくカステル(Castells, M.)は、「国家の政策にたいする不法居住者地区の従属性および政治システム対不法居住者運動の他律性」と言う(Castells, 1983 ＝一九九七：三七八)。はたしてそうだろうか。ピープルズ・パワーは変革だったのか、改革だったのか。問いは価値の問題ではない。それは、スクオッター運動の客観的可能性の分析に基づく予見の問題である。スクオッターの動向と政策の帰結はすべて、グローバリゼーションとマニラの世界都市化のなかで生じた。そこにこそ、途上国都市マニラに見るポスト・コロニアルな情況を窺うことができる。スクオッター住民の貧困と強制撤去の不安は、緩和されるどころか深まっている。スクオッターの強制撤去は禁止され、無権利居住は承認されるに至った。民主主義と寛容がスクオッター住民に希望を与えたかに見える。しかしスクオッター運動は、参加と協同という妥協と譲歩の道に迷い込んだ。都市土地改革は遠のいたかに見える。ならば、スクオッター住民が次に跳躍するのはいつだろうか……。カステルは言う。「彼らはしかし、新しい社会的文化的諸規範を掲げ、それを政治的要求へと移し替えていくことのできる社会層だということである」(Castells, 1983 ＝一九九七：三二二)。

注

(1)またグローバリゼーションは、各国資本主義の内発的な諸要因に媒介され、多様な形態をとって各国に浸入する同質化／異質化の過程である(Sassen, 1996)。それは、世界資本主義を普遍化するだけでなく、資本主義の民族性を強めもする。これらすべて、「世界都市化」概念についても同様である(青木、二〇〇〇：二五二―二五三)。

(2)マニラの産業と労働の実態については、次を見られたい(青木、二〇〇一A、二〇〇一B、二〇〇二)。これらの論文で、筆者は、労働のインフォーマル化とサービス化がフォーマル部門に貧困層を生み、インフォーマル部門に新たな職種を担う部分を生んだとし、それらの貧困層を新富裕層(新中間層)に照応する〈新貧困層〉と呼んだ。この主張は仮説に留まるが、そこには、過剰都市化と世界都市化が複合する今日の途上国都市の貧困層研究には視座転換が必要だという筆者の問題意識がある。また〈新貧困層〉の着想には、先進諸国でホームレスや民族マイノリティが増えている現状を念頭に、途上国の経済成長が貧困層の縮小に繋がるという「神話」に対する戒めがある。事態ははるかに複雑である。

(3)政府によれば、マニラの貧困発生率は一九九一年の一三・二%から九七年の六・四%へ下降した(DOLE, 1999: 39)(ただし九九年は七・一%に微増、IBON, 1999: 4)。しかし政府の貧困線策定の方法には、労働組合や民間調査機関から重大な疑義が出されている(青木、二〇〇二：八二―八四)。貧困発生率は、必ずしも貧困の実態を反映していない。

(4)セント・ジョセフ大学(St.Josepf's College)学芸学部のスタッフと学生は、一九九五年にケソン市 Quezon City の七つのスクオッター(ドン・イメルダ Don Imelda、カルスガン Kalusugan、ダマヤン・ラギ Damayang Lagi、エルミタノ Ermitano、マリアナ Mariana、ヴァレンシア Valencia、グマメラ Gumamela)の計八八七世帯でアンケート調査を行なった。本章は、適宜この報告(SJC 報告)(未発表)からデータを引用する。

(5)スクオッターは普通「不法占拠居住地区」と訳される。しかし、本章では「無権利居住地区」の語を用いる(穂坂、一九九七：一六)。というのも、スクオッター問題が居住の法的権利の問題を超える社会問題だからである。

(6)マニラの都市経済はマニラ外縁部の Region III・IV にまで拡大し、工場や人口の郊外化、遠隔化を促進した(小玉、二〇〇一：二五六)。
(7)SJC報告を筆者が計算したもの(以下同じ)。それは、世帯月収五、〇〇〇ペソ以下の世帯率を指す。一九九六年のマニラの貧困線は、世帯月収四、八三〇ペソであった。ちなみに、当時一ペソは約二・五円であった。
(8)ホームレスはスクオッター住民と区別されて、permanent homeless, visible homeless, extreme urban poor 等と呼ばれる。ホームレスはマニラの最下層の人々である。
(9)国家住宅庁職員の話(二〇〇二年八月六日)。ホームレス人口のカウントが不可能というより、行政にカウントの組織力がないということであろう。ちなみに、ストリート・チルドレンはマニラに七～一〇万人といわれるが、彼・彼女らは普通、ホームレスと別範疇で理解されている。
(10)筆者の体験的印象では、六年前(二〇〇〇年)にはホームレスの存在が注目されることは少なかった。マニラにおけるホームレス問題の構築過程は、別個の研究課題である。
(11)フィリピンは、政府が資本の恣意に介在して公共圏を確保することが困難な「弱い国家」である(田巻、二〇〇〇：一〇二―一〇三)
(12)以下、(URC, 1997)をはじめ諸文献・資料の参照に依る。逐一の注記は省略する。
(13)一戸当たり一八万ペソは、業者が回収可能な、つまり住宅購入者に返済可能な限度額として設定された。カラオス女史(Karaos, A. M. A.)のメール情報より(二〇〇二年九月五日)。
(14)一九七六年、政府は、再居住地での雇用創出を狙って「全国工場立地プログラム」を立ち上げた。しかしその実効性は小さかった(小玉、二〇〇一年：二四六)。

(15)シンジケートとは、スクオッターで土地を買い占めたり、勝手に開拓したりして新入者や貧困者に土地や家屋を売却したり、貸与する人々(の組織、例えば家主連合)をいう(URC,1997: 54)。プロフェッショナル・スクオッターとも呼ばれる。
(16)元スモーキー・マウンテンも開発業者に依託された。パヤタス、パシグ川(Pasig River)、フォート・ボニファシオ(Fort Bonifacio)にも同様の開発計画がある(Padilla, 2000: 19)。
(17)パヤタスでもマニラ生れの人口が増えており、その年長組はすでに結婚世代に達したという。活動家の聞取りより(二〇〇二年八月四日)。
(18)集計方法が異なったり、データ不備のスクオッターを含む場合は、文の末尾にそのスクオッターを除いたスクオッター数を記す。
(19)スクオッターの政治闘争をスクオッター運動、スクオッター内の諸活動をスクオッター活動と呼ぶことにする。
(20)マルコス時代、スクオッターの強制撤去の際、居住者を郷里に送り返すため当座の食費と交通費を支給することも行われた。
(21)マニラのスクオッター・コミュニティの事例研究はいくつかある。例えば、Jocano, 1975; Kelvin, 1996。とくに前者は文化人類学者による詳細なコミュニティ研究である。
(22)サリサリ・ストアは地域の小よろず屋である。主婦の兼業で営業されることが多い。
(23)筆者は、アドリアティコ Adriatico で石鹸作りの作業所を訪問観察した。
(24)コミュニティ活動で、女性の役割が大きい(Berner, 1997: 131-132; Murphy, 2001: 12-13)。スクオッター運動の女性活動家も多い。組織の長をなす女性も多い。

(25)これらの事業は、マニラで最初の本格的な住民組織・ZOTOの運動によって可能となった(佐々木、一九八二：二五〇—二六一)。また、世界銀行の資金援助も幸いした。

(26)もちろん個人の運動もある。(元)スモーキー・マウンテンで、強制撤去後も居住の正当性を主張し、武装警備員が見張る鉄条網のなかで居座り続けた男とその家族があった。彼は裁判訴訟を起こそうにも金がなく、支援組織もなく、また狙撃される等のハラスメントを受けながら、政府相手の孤独の闘いを五年も続けた。二〇〇一年、彼の家屋・家財道具は焼却され、埋められ、一家は丸裸で立ち退く羽目となった。個人の運動にも様々な度合があるが、ここまでの例は稀であろう。

(27)ピープルズ・パワーとは、一九八六年、大統領府マラカニアン(Malacañang)を包囲して当時の大統領マルコスを追放した民衆の実力闘争をいう。

(28)筆者のマニラ滞在中(一九八七〜八八年)のサンタ・メサの例である。当時マニラで、フィリピン共産党の都市軍事組織(スパロウ)と自警団の暗闘が頻繁に新聞報道された。(元)スモーキー・マウンテンの側を流れるマララ川(Marala River)には、時々針金で縛られた屍体が浮かんだ。

(29)近年の例では、「貧者の味方」を自称した前エストラーダ大統領が、選挙の際スクオッターの選挙民に金をばら撒いた。パヤタスの活動家の聞取りより(二〇〇二年八月四日)。

(30)一九八五年七月にタタロンで強制撤去があり、住民は撤去に抵抗したが、そのうち二人の少年が軍に狙撃されて死んだ。それはタタロン事件と呼ばれた。筆者は、その一少年の遺族と親密な交際をした。その後、遺族が隣人に裁判の証人に立つよう依頼し、隣人はそれを拒否した。それがきっかけで両者は対立し始め、対立は地区全体に拡大した。その背景には複雑な事情があった。筆者は地区の分裂過程を直に体験することとなった。

(31)パヤタスの住民組織カダマイ(KADAMAY)は、戦闘的労働組合 KMU(青木、二〇〇二)の傘下組織で、エストラダ追放運動を通して地区有数の勢力となった。それはバランガイから自立した組織である。パヤタスの活動家の聞取りより(二〇〇二年八月四日)。

文献

青木秀男、二〇〇〇年、『現代日本の都市下層―寄せ場と野宿者と外国人労働者』明石書店。

――、二〇〇一年A、「世界都市マニラと〈新貧困層〉―途上国都市の貧困研究の視座転換にむけて」日本都市社会学会『日本都市社会学会年報』一九。

――、二〇〇一年B、「都市貧困層の変容―労働、居住、政治」中西徹・小玉徹・新津晃一編『アジアの大都市4 マニラ』日本評論社。

――、二〇〇二年、「マニラの労働運動―労働センター『五月一日運動』を事例に」日本寄せ場学会『寄せ場』一五、れんが書房新社。

Berner, E., 1997, *Defining a Place in the City: Localities and the Struggle for Urban Land in Metro Manila*, Ateneo de Manila, University Press.

Castells, M.,1983, *The City and the Grassroots: A Cross-Cultural Theory of Urban Social Movements*, London: Edward Arnold. ＝一九九七年、石川淳志監訳『都市とグラスルーツ―都市社会運動の比較文化理論』法政大学出版局。

DOLE: Department of Labor and Employment, 1999,*Current Labor Statistics,1999,Third Quarter*, Manila.

Hirsch, J., 1998, "Vom Sicherheitsstaat zum nationalen Wettbewebsstaat,"*ID Verlag*, Berlin. ＝一九九八年、古賀進訳「グローバリゼーションとはなにか」『情況』一一月号、情況出版。

穂坂光彦、一九九七年、「アジアのインフォーマル居住地への政策対応」日本寄せ場学会『寄せ場』一〇、れんが書房新社。

IBON, IBON Foundation Inc.,1999, *IBON Factsheet; Special Release Supplement*.

Jocano, F.,1975, *Slum as a Way of Life: A Study of Coping Behavior in an Urban Environment*, New Day Publishere.

Karaos, A.M.A., 1993,"Manila's Squatter Movement: A Struggle for Place and Identity,"*Philippine Sociological Review*, vol.41, no.1-4.

Karaos, A.M.A.,M.Gatpatan and R.V. Hotz, 1995, *Making a Difference: NGO and PO Policy Influence in Urban Land Reform Advocacy*, Institute on Church and Social Issues.

Karaos, A.M.A.,1996,"An Assessment of the Government's Social Housing Program," Institute on Church and Social Issues, *ICSI Occasional Paper*, no.1, Ateneo de Manila University Press.

Karaos, A.M.A.,1998,"Fragmentation in the Urban Movement: Shift from Resistance to Policy Advocacy,"*Philippine Sociological Review*, vol.46, no.3-4.

Kelvin,S.,1996, *Leaving the Slum: The Challenge of Relocating the Urban Poor*, Institute of Church and Social Issues.

小玉徹、二〇〇一年、「スクオッターと都市社会運動」中西徹・小玉徹・新津晃一編『アジアの大都市４　マニラ』日本評論社。

Murphy,D.and et.al., 2001, *A Social Movement of the Urban Poor: The Story of Sama-sama*, Urban Poor Research Consortium.

MMHP : Metro Manila Housing Plan, 1996, *Update on the Metro Manila Housing Plan*.

中井博之、一九九六年、『フィリピン住宅分野資料』Japan International Cooperation Agency。

NHA : National Housing Authority, 2001, *Fast Facts on Philippine Housing and Population.*

Nolasco, C. D., 1991,*The Urban Poor of the Philippines: A Situationer.* ＝一九九四年、アジア社会学セミナー訳『フィリピンの都市下層社会』明石書店。

大坪省三、二〇〇一年、「都市中間層のコミュニティと地方自治」中西徹・小玉徹・新津晃一編『アジアの大都市４ マニラ』日本評論社。

Padilla, A.J., 2000.6,"The Housing Crisis,"IBON Foundation,Inc., *IBON Special Release*, no.53.

Padilla,A.J., 2002.7,"The Economy in Midyear 2002: Of Macro Growth and People's Woes," IBON Foundation Inc., *IBON Facts and Figures*, vol.25,no.13.

Sassen, S.,1996, *Losing Ground ?: Sovereignty in an Age of Globalization*, Columbia University Press. ＝一九九九年、伊豫谷登士翁訳『グローバリゼーションの時代―国家主権のゆくえ』平凡社。

佐々木徹郎、一九八二年、『コミュニティ・デベロプメントの研究―カナダの漁村とフィリッピンの都市の事例』御茶の水書房。

SJC : St.Josepf's College, Department of Arts and Sciences, 1995, *An Updated Community Profile of the ESC's Adopted Urban Poor Communities.*

田巻松雄、二〇〇〇年、「フィリピン社会の変革と中間層」古屋野正伍・北川隆吉・加納弘勝編『アジア社会の構造変動と新中間層の形成』こうち書房。

URC : Urban Research Consortium, 1997, *Metro Manila Urban Housing Study, Draft Report.*

URC : Urban Research Consortium,1998, *A Study of Land Values in Metropolitan Manila and Their Impact on Housing Programs: Preliminary Final Report.*

終章　モダニティとアジア社会

「多様性の中に一体性がある」――フランク、A・G・『リオリエント』

吉原　直樹

1　はじめに

グローバル化は長い間アジア諸国、とりわけ東南アジア諸国に浸透していた権威主義的な政治体制と工業化至上主義の経済開発政策からなるいわゆる「開発独裁（developmental dictatorship）」に終焉をもたらした。それとともにこれまでのようなアジア社会の「近代」を「上からのナショナリズム」、すなわちベネディクト・アンダーソンの指摘するような「公定ナショナリズム」によって創られてきたものとみなす捉え方に再審を迫ることになった。いうまでもなく、こうした捉え方は、①市民革命を経て達成された近代社会=西欧社会との違いを強く意識していること、そして、②アジア社会を国民国家のあり様を軸に据えて「統合のナショナリズム」の進展に即して論じること、を特徴としていた。しかしこうしたアジア「近代」社会論は、冷戦体制の終焉にともなう「民主化」とグローバル化への適応過程で生じた経済自由化によってその実体的基盤を喪失し、大幅な転回をせまられることになった。そして結果的に、アジア研究者自身のポジショナリティを問うことにもなったのである。

とはいえ、このポジショナリティの問題を論じることはけっしてたやすいことではない。詳しくは本章5で述べることにするが、いわゆるポスト「開発の時代」になって立ちあらわれたアジア市民社会論の混迷は、そのことを如実に示していると思われる。たしかに、アジア市民社会論は西欧出自のオリエンタリズムのみならずそれが反転してアジア社会に定着していった、大塚和夫のいう「オリエンタル・オリエンタリズム」の相対化の上に出現しているようにみえる(大塚、二〇〇〇)。が同時に、そうしたものと表裏して立ちあらわれるに至ったアジア的価値論は、それ自体、グローバル化への対抗命題としてのナショナルなものへの回帰といった動きを部分的に射影しながら、アジア社会の屈曲したモダニティのあり様に深く足をとられて表出している。そこには、後述する東西二元論——いわゆる東洋対西洋、西欧対非西欧という二分法(ディコトミー)——の止揚をめざしながら、その「裏返し」の状態から脱しきれないでいるアジア市民社会論のディレンマが見え隠れしている。

以下、本章では、こうしたディレンマを問題意識の中心に据えながら、アジア社会のモダニティの位相をさぐることにする。そしてアジア社会の「いま」、「ここ」がいかなる時間、空間の経験の上にあるのかをあきらかにしたい。そこでまず、課題を導き出す契機として、アジアを後進的で「闇の世界」とする認識の原拠を浮き彫りにすることから始めることにしよう。

2　オリエンタリズムとアジア社会

西洋出自の進歩主義に裏うちされた社会科学において、アジアは長い間未開蒙昧というラベリングとともにあった。ヘーゲルがその歴史哲学の礎に据えた以下のような東洋的専制論は、まさにアジア＝「後進地」というイメージを鼓吹し増幅させるものであった(Hegel, 1928 ＝一九五四：四四。但し、傍点は原文、( )内は筆者挿入)。

東洋人は一人の者が自由であることを知っているだけであり、これに対してギリシャ人とローマ人は小数の者が自由であることを知っていたにすぎなかったが、われわれ(ゲルマン諸国民)はすべての人間が本来自由であること、すなわち人間が人間として自由であることを知っている。

こうした「後進地」というイメージの強調の下に、実は嫌悪と嘲笑の対象として野蛮で不潔で蛮舌なアジアが語られてきたのである(1)。だからこそ、アジアは西洋にあっては理解しがたいもの、すなわち自分たちの社会的価値とは相容れない「他者」としてしか認識されてこなかった。あるいはせいぜい、自分たちの歩んできた道を後追いするしかない「過去の世界」にとどまっているとみなされるだけであった。ちなみに、ギアツは一九五〇年代に自ら手がけたインドネシア調査について、後年、以下のように語っている(Geertz, 1983b＝二〇〇一：一九四―一九五)。

三〇年以上前に私がインドネシア研究を始めたとき、ほんのひとにぎりの経済学者を除くすべての経済学者と、おそらく大部分の人類学者にとって、インドネシア固有の文化的伝統は「発展」と呼ばれる類の社会変化に対する障害にすぎないと思われていた。伝統的家族、伝統的宗教、伝統的威信と服従の形態、伝統的政治的取り決めは、仕事、効率的組織、技術的変化を受け入れるような適切な合理的態度の成長を妨げるものとしてとらえられていた。慣習を破ることは、貧困から脱出し、近代的生活の恩恵を受け、そして一人当たりの所得の持続的な成長へのいわゆる「離陸」のための必要条件と見なされた。経済学者にとって、過去と関わりのあるものは、見捨てるべきものであった。人類学者にとって、それらは捨てる前に研究し、そしておそらくなくしてしまってから残念だというだけのものであった。

ところで、近代西欧から立ち上がっていった上述のような「専制と停滞のアジア」という思考は、こんにち、オリエンタリズムとして広く知られているが、その思想性はまさに西洋を「闇の世界」を開明する文明化の「使者」として位置づける一方で、アジアをそうした文明化に抵抗する固陋なものとして貶める点にあった。山内昌之は、そうしたオリエンタリズムをすぐれてギディングスの社会学の裡に見出し、次のように指摘している(山内、二〇〇四：三三六)。

社会学者のフランクリン・ギディングスは、アメリカが「民主主義帝国」の模範例であり、イギリスも「民主主義と帝国を調和させている」と語ったほどである。かれは、「英語人種」が「人類の劣った人種」を統治する責務を引き受け、「文明世界」が地球上の資源を利用するためにも、アングロサクソンの支配を世界中に広げるべきだと信じたのである。

そしてこうしたオリエンタリズムは、右記のギディングスの立場に先駆的に立ちあらわれているのだが、アメリカを人類の到達すべき最高の段階に置いて、そこから世界の諸地域を〈区分〉していったロストウ、およびそうした〈区分〉を「国際的不平等」の増大という形に翻訳し、低開発地域における「自覚」を説いたミュルダールをはじめとして(Rostow, 1960 ＝一九六一；Myrdal, 1957 ＝一九五九)、多様な社会を単線的な発展図式におしこめ、一元的な序列の構造に定位づける一連の収斂(convergence)論者に特有のものとしてあった(2)。いうまでもなく、こうしたオリエンタリズムはコロニアリズムと表裏を成していた。じっさい、コロニアルな統治構造を貫いていたのはまさにこうしたオリエンタリズムであったのである。たしかに、戦後東南アジア諸国を席捲したナショナリズム(民族主義)はひとびとの伝統的文化への強烈なまでの自負と再発見にたいする衝動と相まって、オリエンタリズムを止揚するかに見えた。しかし小谷汪之がいみじくも指摘するように、コロニアリズムとナショナリズムは「共犯関係」にあったのであり、それはオリエンタリズムが「内面化されたオリエンタリズム」(internal orientalism)へと転化するなかで、ポストコロニアルの地層に引き継がれている(小谷、二〇〇三:二三—三二)。

ちなみに、ナショナリズムが「民衆の民衆のための統治」につながらなかったことはその後の歴史が示しているところであり、むしろエリート・ナショナリズムが「公定ナショナリズム」に同定化／一体化することによって、コロニアル支配下の抑圧的でエリート主義的な統治構造の多くを再生産し(小谷、二〇〇三:二四)、西洋出自のオリエンタリズムを大枠として受容する「オリエンタル・オリエンタリズム」を下支えすることになっていったのである。皮肉なことに、一九五〇年代末から六〇年代半ばにかけて、東南アジアにおいて西洋をモデルとする議会制民主主義の否定の上に構築されたはずの開発独裁体制(3)が、ポストコロニアルにおけるオリエンタリズムの罠にはまっていたのである。

よくよく考えてみると、こうした事態の原拠を成しているのは、もともとはアジアを「いくつものアジア」、多様なアジアではなく、一つのまとまりをもつアジアと見なす西洋から投げかけられたまなざしの受容である。たとえば、前述した開発独裁の公準となった「上からの国民統合」は、すぐれて「すべてのひとびとを、人種、地域、階層の違いを無視して、一律に『国民』と定義する」(末廣、二〇〇二:四)点にもとづいていたわけだが、それが可能になったのは、ひとえに内なる「いくつものアジア」、多様なアジアを否定することによってであった。またそうであればこそ、開発主義の下でオリエンタリズムが「内面化されたオリエンタリズム」として補強され、結果的に体制を支えるイデオロギーとして存続することになったのである。こうした状況は前世紀末に勃発したアジア経済危機を引き金にして揺らぐかに見えたが、アジア経済が西欧近代を出自とする資本主義とは異型であるという理由によって危機が「ゆがみ」に解消されていく(4)なかで、「内面化されたオリエンタリズム」と共振する一連のアジア的価値論をかえって社会の基層に根づかせることになった。この点は後述するとして、さしあたりオリエンタリズムが想到し得なかった多相的な(polymorphic)アジア社会について、次節で一瞥することにしよう。

3　多相的、多系的なアジア社会

ポストデタントにおけるアメリカ合衆国の跳梁は、そこで採られているアダム・スミス流の純正資本主義への回帰を想起させるような経済手法とあいまって、近代を色濃く特徴づけてきた進歩＝諸社会／諸地域の一様化・均質化という思考、いわゆる進歩主義をいっそう促しているように見える。しかし当のアメリカが「世界の盟主」となって仕かけた近年の二度の世界戦争は、結果としてアジアがテロリストにたいしてすべてのひとびとを糾合して立ち向かうというシナリオを見事にうちくだいた。ハイテクを駆使し、「自由」という理念によって装備された戦争は、皮肉なことにヨーロッパとアジアからなるユーラシアが多様な文明、民族、国家の並存・競合の上にあり、それ自体、多系的な発展を遂げてきた／遂げていることを知らしめた(5)。逆に、ユーラシア＝アジア社会の多相性、多系性にたいする無理解が、ユーラシア文明圏に差異の上に成立する〈分化〉とは異なった亀裂／裂け目《デバイド》をもたらしているように見える。

原洋之介によれば、もともとユーラシアという大地の上に存在しているアジアは、中華文明の東アジア、ヒンドゥー文明の南アジア、イスラーム文明の西・東南アジアが競争と模倣を通して「共進化」の道をたどってきたのであり、多様で非収斂的な発展過程によって織り成されているという。そしてその際、イスラームによってつくりあげられた商業・金融取引の広域ネットワークが中核的な役割を果したという(原、二〇〇三：三一一二)(6)。なるほど、上述のような多系的な発展過程は、開発主義体制下の上からの工業化政策によって一度は否定されたように見える。しかし「開発の時代」の終焉とともに、国家間関係に収斂され得ない、それ自体、対立や摩擦をはらんだ地域間関係やひとびとのネットワークが芽を吹き出した。同時に国内的には、国民国家の機制がゆるむなかで、「競合のナショナリズム」の下で封じ込められていた分節化していた社会が、地方の自己主張とか宗教組織の台頭などを伴って頭をもたげてきたのである。そしてさまざまに浮遊する多元的なアイデンティティがひとびとの生活世界を色あざやかなものにしている。

重要なことは、末廣昭が述べているように、上述のような多相的なアジア社会の〈再来〉を単純に「開発の時代」の後に来るものというふうに位置づけられない点である。「上からの国民的統合」が社会的統合にまで及ばなかったゆえに、あるいは前者が後者を分節化したままに包摂したゆえに、アジア社会の基層に指摘されるような多相性、多系性が深く根を張り続けることになったのである（末廣、二〇〇二：四―五）。いずれにせよ、「いくつものアジア」、多様なアジアがアメリカ主導の進歩主義のいわば「意図せざる結果」として表出しているのである。だから、かりにアジアの国々が再び工業化をめざすようなことがあっても、アメリカ型の進歩主義＝経済自由主義が万能の処方箋になるというようなことは、もはや想到しがたいのである。

さてここであらためて注目されるのは、みてきたような多相的な社会がモダニティの位相において、直接的な時間、均質的な空間とはまるで異なる時間的、空間的経験の世界に根をおろしている点である。アメリカが文字通り「世界の盟主」になることによっておしすすめた／おしすすめている（世界）経営戦略は、あきらかにひとつの理想的状態に向かって諸社会／諸地域が収束していくという近代進歩主義をより徹底化したものであり、直線的な時間と機能的に区分された空間をメルクマールとする、過度に標準化された世界を作り出している。これにたいして、多相的なアジア社会は地域の文化的特性や歴史の個性が折り合いながら差異と文化をはぐくみ、それらが複雑にからみ合ってできあがった世界である。だから、そうしたアジア社会にたいして、直線的な時間と均質的な空間の観念に基づいて「後進アジア」を啓蒙し、近代化の基礎の確立をうながすといった戦略（＝地政学）を強行するとしたら、どこかで齟齬や矛盾をきたすことは避けられない。むしろどちらかというと、前述の差異と分化を内包した場所、生態、地域などの概念を駆使して世界を解釈する方がより理にかなっているといえる。

だが考えてみれば、「開発の時代」のアジア社会は権威主義体制とともに西欧出自の工業化をおしすめることによって、西欧近代と共振する「アジア文明」を作り出してきた。そこではアジア社会に深く浸透していた「循環する時間」と「生きられた空間」が後景に追いやられ、結果として多様性と多系性を浮き彫りにさせるような時間・空間認識が駆逐されてしまったのである(7)（吉原、二〇〇二）。そしてポスト「開発の時代」のいま、アジア社会では「機械の時間」と「循環する時間」が競い合う、複合的で多様な関係からなる世界ができあがりつつある。あらためて注目されるのは、こうした状況下で直線的な時間と均質的な空間を基準とする／絶対視する近代進歩主義がかなりの程度まで相対化され、アジア社会をおしなべて西洋的発展過程から逸脱しているとする「後進＝特殊アジア」論がもはや有用な説明枠組みではなくなっていることである。それと同時に、ロン・ビン・ウォン等の言述にあるように、国民国家の安定性と統一性がより曖昧なものとなり、国民国家が近代史の最終目標ではなくなっていることが注目される（Wong et al., 2001 ＝二〇〇二：七）。詳述はさておき、これらのこととかかわって重要になってくるのは、アジア社会が基本的に体系的に統合されたダイナミクスの上にではなく、様々な地域の差異と同一性からなるダイナミクスの上にあるという点である。あらためて「いくつものアジア」、多様なアジアが強調される所以である。アメリカが唯一のヘゲモニー国家となっている世界はいま、たしかにアジアの厄介さ、救いがたさばかりが目立っているが、他方でアジアの勁さと広さが認識されるようになっているのも事実である。

とはいえ、依然としてポスト「開発の時代」におけるアジェンダ設定を、著しく西欧社会に偏した「民主化」とか「市民社会」の文脈で措定する立場が現実には後をたたない。またその対向に一時的とはいえ、ナショナルなものへの回帰とともに伝統への回帰を説くアジア的価値論のような立場が急速に台頭することになったのも見落とせない。後者については次節で詳しく述べるとして、上述のような二つの立場が鎬をけずるなかで、「いくつものアジア」、多様なアジアにたいする認識にゆがみが生じるようになったこと、あるいはそうなりかねないような状況が一時的にせよあらわれたことは、やはり指摘しておかねばならない。

4　アジア的価値とは

いわゆるアジア的価値論については定型的なフォルムはない。かつての反植民地ナショナリズム（民族主義）に見られたような西欧化を根底から否定するもの、伝統的な価値を見直し、その復活をもとめる折衷的なもの、伝統的な価値の西欧的なものへのランディングをこころみるもの等、さまざまである。しかし共通の背後要因（をなすもの）として指摘できるのは、グローバル化が何らかの意味でひとびとの生活をおびやかしているという点である[8]。グローバル化は雇用の不安定化をもたらし、社会的流動化をうながすとともに、ひとびとが生活世界においてこれまで維持してきた〈共同性〉のなかみをうちこわし、彼らを底のない不安に陥れている。そうしたなかで、いっときほどでないにしても、アジア的価値を声高に主張する立場がなおもひとびとの心をとらえ続けていることはまぎれもない事実である。

ところで藤原帰一に依拠するなら、アジア的価値論と既述した東洋的専制論とはまさに「コインの両面」としてあるという。ちなみに、「西欧的価値を個人主義と物質主義に還元し、それに対応するものとしてアジア的なるものが定義されている」（藤原、二〇〇二：三四六）アジア的価値論の特徴を、藤原は次のように述べている（同上：三四六）。

その主張の中心には、個人と集団、物質と精神、さらに人為と自然の対立がある。まず、西欧社会においては社会の基礎が個人であり、そして自由や権利の担い手も、また倫理の担い手も個人を主体としている、という前提が設定される。この個人主義を基礎とする西欧社会とは異なって、アジアにおいてはコミュニティー・共同体において人倫道徳が分かち保たれているのが通常の状態であり、そこでは個人と社会を区別して考えることは決して正当とはいえない。つまり、社会を誰が構成すると考えるのか、その段階で西と東の間に違いがあるというのである。

次に物質と精神の対照がある。西欧社会においては物質的な利益を軸として社会が構成されているのに対して、アジアにおいてはこころが重視されてきた、そして物質だけでは捉えることが出来ないような精神的な価値や、利害対立だけでは捉えられない調和などが社会を支える絆とされてきたのだ、という議論である。世俗的な欲望に突き動かされる西欧の個人にとって自然環境が操作の客体にすぎないとすれば、集団としての存続を重視し、その人々の尊ぶ精神的価値を中心に組織されたアジア社会では、自然環境との調和と共存が求められてきた。

さらに「国家と社会の関係」について、以下のように述べている(藤原、二〇〇二：三四七)。

個人を軸とした対抗的なヨーロッパの世界においては国家と社会が対立関係から捉えられるのに対して、アジアにおいては、昔から共同体の調和が重視されてきたために国家と社会の間の基本的な対立は想定されていないのだ、という議論が引き出される……。

政治の役割とはコミュニティーにおける調和と繁栄の維持であり、そこでの指導者はそのコミュニティーにとってもっともよいことを判断する能力があるから権力を保つことになる。家族のなかで家長が威厳を保ち、村落では故老が尊敬を集めるように、政治指導者も国家・社会を包含するコミュニティーの長として権威を保持することになる。政治権力を求めて複数の結社や個人が競合するような状況は、その政治指導者ばかりでなくコミュニティーにとって災いでしかないことになる。

詳述するまでもなく、以上のようなアジア的価値論が西欧対非西欧というディコトミーの上にあることはあきらかである。そしてその点でいえば、アジア的価値論はまぎれもなく東洋的専制論の裏返しとしてある。問題は、そのようなアジア的価値論が、それ自体ある意味で〈虚構〉である「近代西欧(9)」の対向に置かれた「伝統的非西欧」というイリュージョン(幻影)に基づいていることである。というのも、この点を鋭意につきつめていくと、結局のところ、アジア的価値論が「オリエンタル・オリエンタリズム」のステロタイプをなしていることに気づかざるを得ないからだ。

ところで、こうしたアジア的価値論は「奇跡のアジア」が喧伝された時期にもっとも声高に主張され、その後グローバル化の衝撃とともに形を変えて生き残ることになったが、さすがに国家と社会の分裂／国民的統合と社会的統合の乖離が決定的となり、しかもグローバル化の進展がいっそう加速するようになる一九九七年以降、公的なアジェンダ設定の次元から姿を消すようになっている。そしていま再び、「いくつものアジア」、多様なアジアの具体像をどう描くかが、鋭く問われるようになっている。

5　アジア研究者のポジショナリティ

そのためにまず問題となるのが、コロニアル—ポストコロニアル支配の下にあり、「オリエンタル・オリエンタリズム」によって包摂されている社会の側の形態をどう読むかという点である。それは基本的には前川啓治がいうように、「限定された包摂」としてある(前川、二〇〇〇：二八)。そしてこの「限定された包摂」は、これまでのところエリートのみならず、それらエリートとは別の生き方の系譜を培ってきた「生きられた民衆」を包み込むものであったが、その際特徴的なのは、両者両様であるとはいえ、ともに外的に強制されたものにたいして自らの立ち位置を確認するようにして反応しているということである。つまり包摂されている社会の側は、包摂する側の社会にことごとく呑み込まれているわけではない。前者は後者による前者の「造り替え」を生き抜くなかで、後者を受けいれつつ不断にとらえかえしているのである(＝いわば受動的な主体性／能動性の発揮)。さらに遠い射程の含意をもつものとして、再び前川の言述を援用するなら、それは外的諸要素の到来にたいして「現地」の解釈を加えることによって、「いくつものアジア」、多様なアジアが「循環する時間」、「生きられた空間」の交錯のなかで育んできた文化的慣習行為《プラクティス》を再現／駆使しているということになる(前川、二〇〇〇：二九)。しかしこの文化的慣習行為の再現／駆使が、ある種の弾力性を示しているとはいうものの、なお大枠としてコロニアル―ポストコロニアル支配の下にあることは否めない。

それでは、こうしたディレンマ／アイロニーから抜け出すにはどうすればいいのであろうか。ここでやや迂回することになるが、何よりもまず、アジア研究者自身のポジショナリティを問うてみる必要がある。つまりアジア研究者がフィールドワーカーとして対象に接するとき、彼はどこにいるのか／いたのかという「場所の問題」を考えてみることがもとめられているのである。ちなみに、既述したオリエンタリズムに即していうと、アジア研究者はこれまでどちらかというと西欧を出自とするモダニティがアジア社会を一方向的に刻印／規定するという、基本的に「一回性の状況」(中井信彦)つまり根本的に不回帰的な歴史的状況のなかで、「世界の外」に立って、あるいは「先回りする知」(平子友長)で対象を切り取ってきたといえる。そしてこうした認識論優位の風景は、対象の側でネイティヴではあるが、コロニアルな教育を受けたエリートのヘジェモニーが諸個人／諸集団の多様な政治的、文化的ニーズを多元的に接合／節合しないままに「オリエンタル・オリエンタリズム」に呑み込まれていくなかで、ポストコロニアルにおいても維持されてきたのである。

いまアジア研究者＝フィールドワーカーにもとめられているのは、超越的・特権的外部者として「観照的立場」で対象を切り取るのではなく、対象の世界のひとびとともに同じ「世界・内」に投げ込まれているという自己意識を確立することである。つまり好むと好まざるとにかかわらず自らの「アジア性」を自覚して外部の他者に決して投企しない自分、共振しながらも別々の速度ですすむ複数の歴史の前で立ちすくんでいる身体性を引きずっていくしかないわれわれの存在を確認することである(10)。そうすることによってかろうじてコロニアル——ポストコロニアル支配を対向に据えた、フィールドワーカーとしてのアジア研究者と「生きられた民衆」との〈間の〉存在論的共進関係—ギアツ流にいえば、インフォーマントの精神とのある種の内的共応関係(Geetrz, 1983a ＝一九九九：一〇二)——を樹立することができるのである。そして結果的に既述したディレンマ／アイロニーから抜け出すことができるのである(あるいはそこまでに至らないにしても、抜け出すための方途をつかむことはできるのである)。

6　むすびにかえて

杉山正明は、マックス・ウェーバーをも囚えた「グロテスクな専制国家論は、じつは西欧優位思想にもとづき、歴史の現実を離れてデフォルメされた観念の産物ではないか」と述べている(杉山、二〇〇三：

五五)(11)。たしかにアジア社会は専制君主とか専制権力にかかわらせてしばしば想起されがちであるが、実際にはそのようなものとしてはあまり観察されないのである。だから、現実にはありえない仮構の設定や想念や思い込みだけでアジア社会を見ようとすると、それこそオリエンタリズムの罠に陥ってしまう。しかし定型化されたオリエンタリズム批判が有効かといえば、必ずしもそうとはいえない。山内昌之がいみじくも指摘しているように、アジア社会の近代は産業化の道筋と性格をめぐる差異と差別が激しく相克し/渦巻くなかで複雑にねじれている(山内、二〇〇四:二〇八)。したがってそうした近代を前にして、文化相対主義に立脚した新種のナショナリズムとか反植民地主義をいくら説いても、ひとびとの心を大きく動かすものとはならないだろう。むしろ、それらは容易に文化帝国主義に反転する危険性すらはらんでいるのである。

たいせつなのは、アジア社会がオリエンタリズムや「オリエンタル・オリエンタリズム」の意のままになっているとか、いまなお「開発主義的近代化の美辞麗句(経済成長、ハイテク、アグリビジネス、教育整備、軍国化)」(Appadurai, 1996 =二〇〇四:三二)にさらされているといったことを声高に叫ぶことにあるのではない。逆に、西欧から遠く隔たったところにあるアジア社会の多相性、多系性が、結果として「近代人がさまざまな社会で抱いてきた憧憬、つまり歴史を計測する互いの時計を合わせようとする憧憬を挫折させてきた」(Appadurai, 1996 =二〇〇四:一八)ことこそが指摘されるべきであろう。このことを無視して、硬質のオリエンタリズム批判とか反開発主義をいくら唱えたところで、所詮、古典的教条にとどまらざるを得ないのである。ちなみに、開発のコロニアルな側面にあまりにも無頓着であった欧米マルクス主義、そして植民地領有を公然と唱えたトクヴィルの功罪はいまこそ問われるべきであろう。こころみに、後者に関していうと、たとえばサイードによる以下のようなトクヴィル批判が注目される(Said, 1993 = 一九九八：三三二)。

トックヴィルは、アメリカの黒人や土着のインディアンに対する政策をきびしく批判しているくせに、ことアルジェリア問題になると、ヨーロッパ文明の進行の見地からすれば、イスラム教徒の〈住民〉への残虐行為もやむなしと信じていた。その観点によれば、全面的な征服はフランスの偉大さを証明するものとなる。トックヴィルにとって、イスラムは「寡頭政治、女性の監禁、政治生活の不在、専制的独裁体制——人びとの忍従を強い、家庭生活のなかにだけしか満足を見だせないような体制」と同義であった。そしてトックヴィルは原住民を放牧民と考えていたため、こう信じていた——「こうした部族を根絶やしにするには、あらゆる手段がこうじられなければならない。国際法と人道的見地から禁じられる手段に訴えてはならないにしても」と。しかしメルヴィン・リクターが述べていることだが、「トックヴィル自身、人間的観点から賛意を表明していた〈ラジア〉の過程で、何百万というアラブ人が蒸し焼きにされたことが一八四八年に発覚したとき」トックヴィルは沈黙した。

それはさておき、いま一度アジア社会の多相性、多系性に立ち戻ると、既に述べたところからあきらかなようにきわめて多義的で流動的であることがわかる。そしてその意味内容がこの間、グローバル化の進展に符節を合わせて大きく変容している。それとともにアジアの「後進性」が「独自性」に取って代わられ、再び「特殊性」へと還帰されている。またそのプロセスで対立的と見なされるものが互換され、強い宗主権への志向性が部分的にはぐくまれている。しかしそれは、もはや「公定ナショナリズム」の解釈体系になじんだ「国民の物語」へと閉じていくものではない。ここにアジア近代の屈曲はしているが、創造力の作用を内包した相《アスペクト》をみることができる。結局行きつくのは、アジアは決して一つではない、という何の変哲もない事実である。あえて誤解を恐れないでいうと、アジア社会に埋め込まれた「分化」と「衝突」こそがシステムの構成要素の多元化をうながし、ひいては安定化に寄与することになるのである。

なお最後に、ポスト「開発の時代」における「国家と社会」の関係についてひとこと言及しておくなら、先にも触れたように「開発の時代」の国民的統合の下にいったんは後景にしりぞいた社会組織や社会集団が、消費社会の深化とともに分断され孤立化を余儀なくされているひととひと、ひとと社会をきり結ぶものとして再び頭角をあらわしていることが注目される。ここでは、西欧出自の「民主化」論や市民社会論の範疇では必ずしもくくれない「国家と社会」の関係が構築されつつあるとみることができるが(12)、それが果してアジア社会の市民社会形成への序曲を奏でるものであるかどうかは、いまにわかに論定しがたい(13)。当面、その帰趨を注意深く観察するしかない。以下の言述を繰り返し頭にたたき込みながら。

歴史は演算機械ではない。それは精神と想像力のなかで展開する。物質的現実と、土台となる経済的事実と、荒削りな目的とをたえず精妙に媒介する文化そのものに対する人びとのさまざまな反応のなかで歴史は血肉化する。――B・デイヴィッドソン『近代におけるアフリカ』

注

(1)そこを通底するものが「第三世界をなにか邪悪なニュアンスでとらえ、文化的にも政治的にも劣った場所とみくだすという西洋を支配するコンセンサス」(Said, 1993 = 一九九八：七三)であることはいうまでもない。

(2)たとえば、フランクはロストウの著作(『経済成長の諸段階』)をとりあげて、それが「アメリカはイギリスのあとをうけて、その他の世界に未来の姿を見せてやっているのだと主張した」と論難している(Frank, 1998 = 二〇〇〇：七六)。

(3)それはインドネシアのオルデ・バル(新秩序体制)にみられるような権威主義的な政治体制のことである

が、植民地経済からの脱却をめざした自立的な国民経済の樹立を断念することによって結果的にオリエンタリズムに底礎することになった。

(4)つまり危機の原因が理念型から著しく逸脱した経済システムを採っていることにもとめられているのである。

(5)ちなみに、伊東俊太郎によれば、「アジア」の語源はアッシリア語の「アスー」すなわち「日の出」であり、それにたいして「ヨーロッパ」は「エレーブ」すなわち「日没」であるという。つまり語義的にいうと、二つが相補ってはじめて「世界」は成り立つというのである(伊東、二〇〇〇：一七四―一七五)。

(6)近代ヨーロッパがアジアを席捲するまでは、オリエントが世界経済＝交易の中心地であった。そしてこの交易をうながす社会的装置として出現したのがイスラームであった。つまりイスラームとは商業および資本主義に適合的な文明として立ちあらわれたのである(原、二〇〇三：一七)。

(7)もともと近代の時間・空間は両義的な性格を有している。しかし近代の社会的編成の基調をなした時間―空間は「機械の時間」であり「均質的な空間」であった。この点については、吉原(二〇〇二／二〇〇四)を参照されたい。

(8)こんにち、グローバル化に対しては、それを脅威と受けとめるもの、民主主義の展開のためのある種の公準を与えると歓迎するもの等、さまざまなリアクションがみられるが、アジア社会についていうと、格差と不平等が確実に拡がっており、開発主義体制にたいしてみられたような期待とイリュージョンはもはやみられない。

(9)「近代西欧」はもともと前にすすんでいく部分と後に退いていく部分とのバランスの上にあった／ある。しかし後知恵として挿入された「近代西欧」は、もっぱら前にすすんでいく部分を一方的に抽象した理念型として措定されたものであった(吉原、二〇〇二)。「東は東、西は西」というディコトミーの空しさも、もとをただせば、そうした〈虚構〉に由来するものである。

(10)ここでの議論は、平子(一九九六)に示唆されている。

(11)興味深いのは、こうした西欧優位思想(=ヨーロッパ中心主義)にもとづく東洋的専制国家論に関して、もちろんウェーバーが「最も入念に組み立て、組み合わせ、潤色している」にしても、マルクスもジンメルもデュルケームもその展開に貢献している、とフランクが指摘していることである(Frank, 1998 =二〇〇〇：五八)。

(12)この点に関して、かつて岩崎育夫がアジア諸国の市民社会形成を「国家優位の国」と「社会優位の国」という二分法に立脚して論じていたことが興味深く想起される(岩崎、一九九八)。いまから考えてみると、こうした論議自体、ヘーゲル以降の市民社会論の系に底礎していたといえる。

(13)ちなみに、前掲の末廣は、アジア社会における市民社会への移行の前に立ちはだかるハードルとして、(一)開発主義が生み出した市民が「生活者」としての市民ではなく、「消費者」としての市民であること、(二)新たな社会的含意をになって立ちあらわれている中間的領域が制度的民主主義や経済の自由化政策とぶつかる可能性があること、をあげている(末廣、二〇〇二：二二一—四)。

文　献

Appadurai, A., 1996, *Modernity at Large: Cultural Dimensions of Globalization*, Univ. of Minnesota Press. =二〇〇四年、門田健一訳『さまよえる近代』平凡社。

Frank, A.G., 1998, *ReORIENT*, Univ. of California Press. ＝二〇〇〇年、山下範久訳『リオリエント』藤原書店。

藤原帰一、二〇〇二年、「地域の自意識―グローバル化の中のナショナリズム」末廣昭編『岩波講座　東南アジア史』第九巻、岩波書店。

Geertz,C., 1983a, *Local Knowledge*, Basic Books. ＝一九九九年、梶原景昭ほか訳『ローカル・ノレッジ』岩波書店。

Geertz,C., 1983b, "Culture and Social Change:The Indonesian Case," *Man*,19. ＝二〇〇一年、池本幸生訳『インボリューション』NTT出版。

原洋之介、二〇〇三年、「アジア学の方法とその可能性」東京大学東洋文化研究所編『アジア学の将来像』東京大学出版会。

Hegel, G.W.F., 1928, *Vorlesungen über die Philosophie de Geschichte*, Fr. Frommann. ＝一九五四年、武市健人訳『歴史哲学・上巻』全集10、岩波書店。

伊東俊太郎、二〇〇〇年、「古典古代におけるアジア」石井米雄編『アジアのアイデンティティ』山川出版社。

岩崎育夫、一九九八年、「アジア市民社会論」岩崎育夫編編『アジアと市民社会』アジア経済研究所。

小谷汪之、二〇〇三年、「ポストコロニアル・アジア史研究の視界」『思想』九四九。

前川啓治、二〇〇〇年、『開発の人類学』新曜社。

Myrdal,G.,1957, *Economic Theory and Under-developed Regions*, Duckworth. ＝一九五九年、小原敬士訳『経済理論と低開発地域』東洋経済新報社。

Rostow,W.W., 1960, *The Stages of Economic Growth: A Non-communist Manifest*,Cambridge Univ. Press. ＝一九六一年、木村健康訳『経済成長の諸段階』ダイヤモンド社。

大塚和夫、二〇〇〇年、『近代・イスラームの人類学』東京大学出版会。

Said, E.W., 1993, *Culture and Imperialism*, Alfred A.Knopf. ＝一九九八年、大橋洋一訳『文化と帝国主義』一、みすず書房。

末廣昭、二〇〇二年、「総説」末廣昭編、前掲書。

杉山正明、二〇〇三年、「帝国史の脈絡」山本有造編『帝国の研究』名古屋大学出版会。

平子友長、一九九六年、「日本人の時間了解―ひとつの比較文化論の試み」一橋大学社会学部特定研究『地域社会の国際化』。

Wong,R.B., 2001," Entre monde et nation: les regions braudelienne en Asie," *Annales,Histoire,Sciences socials*, 56-1, pp.5-41. ＝二〇〇二年、今澤紀子訳「国家と世界のあいだ」『思想』九三七。

山内昌之、二〇〇四年、『帝国と国民』岩波書店。

吉原直樹、二〇〇二年、『都市とモダニティの理論』東京大学出版会。

――――、二〇〇四年、『時間と空間で読む近代の物語』有斐閣。

事項索引

人名索引

倉沢　愛子（くらさわ　あいこ）　慶應義塾大学経済学部教授

1946年生まれ。東京大学大学院社会学研究科博士課程修了。

コーネル大学大学院博士課程修了、Ph. D.

【主要著作】『日本占領下のジャワ農村の変容』（草思社、1992年）、『女が学者になるとき』（草思社、1997年）、『ジャカルタ路地裏フィールドノート』（中央公論新社）、『「大東亜」戦争を知っていますか』（講談社現代新書。

ラファエラ・D．ドゥイアント（Raphaella D.Dwianto）　アトマジャヤ・カトリック大学経営学部専任講師。

1966年生まれ。東北大学大学院文学研究科博士後期課程修了、博士（文学）。

【主要著作】*Grassroots and the Neighborhood Associations*（coeds.）Grasindo, 2003.『アジア・メガシティと地域コミュニティの動態』（共著）（御茶の水書房、2005年）

青木　秀男（あおき　ひでお）　都市社会学研究所所長

1943年生まれ。大阪市立大学大学院文学研究科後期課程修了、博士（社会学）。

【主要著作】『現代日本の都市下層』（明石書店、2000年）、『場所をあけろ：寄せ場／ホームレスの社会学』（編著、松籟社、1999年）、"Homelessness in Osaka: Globalisation, Yoseba and Disemployment, " *Urban Studies*, vol. 40, no. 2, 2003.

執筆者紹介

※編者は奥付参照。

成家　克徳（なりや　かつのり）　東京外国語大学非常勤講師

1960年生まれ。東京大学大学院博士課程満期退学。

【主要著作・論文】「開発ＮＧＯと社会運動」『流通経済大学社会学論叢』7－1、1996年10月。

新田目　夏実（あらため　なつみ）拓殖大学国際開発学部教授

1957年生まれ。シカゴ大学大学院博士課程修了、Ph. D.（社会学）

【主要著作・論文】「人口爆発と過剰都市化」『国際開発学Ⅱ』（渡辺利夫編）（東洋経済新報社、2000年）、"Migration and Job Search: Ilocano Migrants in Manila, Philippines"『社会学ジャーナル』第39号、1998年、「フィリピンのスラム―社会運動の可能性を秘めたスラムの一事例―」『アジアのスラム―発展途上国都市の研究―』（新津晃一編）（明石書店、1989年）。

池田　寛二（いけだ　かんじ）法政大学社会学部教授

1952年生まれ。東京都立大学大学院社会科学研究科博士課程中退、博士（社会学）。

【主要著作・論文】『講座 環境社会学 第5巻 アジアと世界―地域社会からの視点』（共著）（有斐閣、2001年）、『講座 東アジア近現代史 第6巻 変動するアジア社会』（共著）（青木書店、2002年）、「環境危機とモダニティのゆくえ」『科学・環境・生命を読む』（共著）（情況出版、2002年）。

今野　裕昭（こんの　ひろあき）専修大学文学部教授

1949年生まれ。東北大学大学院教育学研究科博士課程中退。博士（社会学）

【主要著作・論文】「社会階級・階層の変動」『アジアの大都市〔2〕ジャカルタ』（宮本謙介・小長谷一之編著）（日本評論社、1999年）、「インドネシアの都市中間層」『アジア社会の構造変動と新中間層の形成』（古屋野正伍・北川隆吉・加納弘勝編）（こうち書房、2000年）、『インナーシティのコミュニティ形成』（東信堂、2001年）。

編者紹介

新津　晃一(にいつ　こういち)

1940年生まれ。国際基督教大学名誉教授、ダゴール国際大学日本学科客員教授。
立教大学大学院社会学研究科博士課程修了。

【主要著作・論文】

The Capital Sector in Nepal; Present Position and Prospects, World Employment Programme Research, International Labour Office, Geneva, 1983.
『現代アジアのスラム』(編著)、明石書店、1989年。
『アジアの大都市４　マニラ』(編)、日本評論社、2001年。

吉原　直樹(よしはら　なおき)

1948年生まれ。東北大学大学院文学研究科教授。
慶應義塾大学大学院社会学研究科博士課程修了。博士(社会学)。

【主要著作・論文】

『都市空間の社会理論』東京大学出版会、1994年。
『都市とモダニティの理論』東京大学出版会、2002年。
『時間と空間で読む近代の物語』有斐閣、2004年。
『講座 都市の再生を考える 3 都市の個性と市民生活』(共著)、岩波書店、2005年。

Globalization and Asian Societies : the Horizon of Post-colonialism

シリーズ 社会学のアクチュアリティ：批判と創造９
グローバル化とアジア社会――ポストコロニアルの地平
2006年10月31日　初　版 第1刷発行　〔検印省略〕

＊定価はカバーに表示してあります

編者ⓒ新津晃一・吉原直樹　発行者 下田勝司　印刷・製本 中央精版印刷
東京都文京区向丘1-20-6 郵便振替 00110-6-37828　発行所
〒113-0023 TEL(03)3818-5521(代) FAX(03)3818-5514 株式会社 東信堂
E-Mail tk203444@fsinet.or.jp
Published by TOSHINDO PUBLISHING CO., LTD.
1-20-6, Mukougaoka, Bunkyo-ku, Tokyo, 113-0023, Japan
http://www.toshindo－pub.com/
ISBN4-88713-655-2 C3336 2006 ⓒ K. Niitsu, N. Yoshihara

刊行の辞

今日、社会学はかつての魅力を失いつつあるといわれる。19世紀の草創期以来、異端の学問であった社会学は徐々にその学問的地位を確立し、アカデミズムのなかに根を下ろし、多くの国で制度化された学となってきた。だがそうした制度的安定と研究の蓄積とは裏腹に、社会学は現代の内奥に、触れれば血のほとばしるようなアクチュアリティに迫れないでいるようにみえるのはなぜであろうか。

だが、ことは社会学にとどまるまい。9・11アメリカ同時多発テロで幕を開けた21世紀の世界は、人々の期待をよそに、南北問題をはじめ、民族・文化・宗教・資源・貿易等をめぐる対立と紛争が荒れ狂う場と化しつつある。グローバル化のなか政治も経済も、いや暴力もが国境を越え、従来の主権国家はすでに国民の安全を保障しえない。こうした世界の悲惨と、今日アカデミズムが醸《かも》し出しているそこはかとない「安定」の風景との間には、もはや見逃しがたい落差が広がりつつあるのは否めない。

われわれに現代社会が孕む対立と悲惨を解決する能力があると思い上がっているわけではない。しかしわれわれはこうした落差を強く意識することをバネに、現代最先端の課題に正面から立ち向かっていきたいと思っている。そのための武器は一にも二にも「批判《クリティーク》」、すなわち「自明とされているもの」を疑うことであろう。振り返れば、かつて後発の学であった社会学は、過去の既成の知を疑い批判することを身上として発展してきたのだ。過去に学びつつ過去と現在を批判的視点で見つめ直し、現代に即した「創造《クリエーション》」をめざすこと、それこそが本シリーズの目標である。その営みを通じて、われわれが現在いかなる岐路に立ち、そこで何をなすべきかを明らかにしたいと念願している。

2004年11月10日

シリーズ **社会学のアクチュアリティ：批判と創造**

企画フェロー一同

シリーズ 社会学のアクチュアリティ：批判と創造 全12巻＋2

企画フェロー：武川正吾　友枝敏雄　西原和久　藤田弘夫　山田昌弘　吉原直樹

既刊

西原和久・宇都宮京子編

第 1 巻 クリティークとしての社会学──現代を批判的に見る眼

［執筆者］西原和久、奥村隆、浅野智彦、小谷敏、宮原浩二郎、渋谷望、早川洋行、張江洋直、山嵜哲哉、宇都宮京子

池岡義孝・西原和久編

第 2 巻 戦後日本社会学のリアリティ──せめぎあうパラダイム

［執筆者］池岡義孝、吉野英岐、吉瀬雄一、丹邉宣彦、山下充、中西祐子、島薗進、佐藤健二、西原和久

友枝敏雄・厚東洋輔編

第 3 巻 社会学のアリーナへ──21世紀社会を読み解く

［執筆者］友枝敏雄、梶田孝道、大澤真幸、今田高俊、關一敏、竹沢尚一郎、井上達夫、川本隆史、馬場靖雄、厚東洋輔

吉原直樹・斉藤日出治編

第 4 巻 モダニティと空間の物語──社会学のフロンティア

［執筆者］吉原直樹、斎藤道子、和泉浩、安藤正雄、植木豊、大城直樹、酒井隆史、足立崇、斉藤日出治

既刊

佐藤俊樹・友枝敏雄編

第 5 巻 言説分析の可能性──社会学的方法の迷宮から

［執筆者］佐藤俊樹、遠藤知巳、北田暁大、坂本佳鶴恵、中河伸俊、橋本摂子、橋爪大三郎、鈴木譲、友枝敏雄

草柳千早・山田昌弘編

第 6 巻 日常世界を読み解く──相互行為・感情・社会

［執筆者］草柳千早、好井裕明、小林多寿子、阪本俊生、稲葉昭英、樫田美雄、苫米地伸三井さよ、山田昌弘

山田昌弘・宮坂靖子編

第 7 巻 絆の変容──家族・ジェンダー関係の現代的様相

［執筆者］山田昌弘、田中重人、加藤彰彦、大和礼子、樫村愛子、千田有紀、須長史生、関泰子、宮坂靖子

既刊

藤田弘夫・浦野正樹編

第 8 巻 都市社会とリスク──豊かな生活をもとめて

［執筆者］藤田弘夫、鈴木秀一、中川清、橋本和孝、田中重好、堀川三郎、横田尚俊、麦倉哲、大矢根淳、浦野正樹

本書

新津晃一・吉原直樹編

第 9 巻 グローバル化とアジア社会──ポストコロニアルの地平

［執筆者］新津晃一、成家克徳、新田目夏実、池田寛二、今野裕昭、倉沢愛子、ラファエラ・D．ドゥイアント、青木秀男、吉原直樹

松本三和夫・藤田弘夫編

第10巻 生命と環境の知識社会学──科学・技術の問いかけるもの

［執筆者］松本三和夫、額賀淑郎、綾野博之、定松淳、鬼頭秀一、鎌倉光宏、田村京子、澤井敦・小谷敏、藤田弘夫

近刊

武川正吾・三重野卓編

第11巻 政策科学の再興──ひとつの社会学的プラクシス

［執筆者］武川正吾、神山英紀、三本松政之、岡田哲郎、秋元美世、田村誠、鎮目真人、菊地英明、下夷美幸、三重野卓

市野川容孝・武川正吾編

第12巻 社会構想の可能性──差異の承認を求めて

［執筆者］市野川容孝、山脇直司、山田信行、金井淑子、金泰泳、石川准、風間孝、井口高志、広井良典、武川正吾

※未刊の副題は仮題を含む

東信堂

〔世界美術双書〕

- バルビゾン派　井出洋一郎　二〇〇〇円
- キリスト教シンボル図典　中森義宗　二三〇〇円
- パルテノンとギリシア陶器　関　隆志　二三〇〇円
- 中国の版画—唐代から清代まで　小林宏光　二三〇〇円
- 象徴主義—モダニズムへの警鐘　中村隆夫　二三〇〇円
- 中国の仏教美術—後漢代から元代まで　久野美樹　二三〇〇円
- セザンヌとその時代　浅野春男　二三〇〇円
- 日本の南画　武田光一　二三〇〇円
- 画家とふるさと　小林　忠　二三〇〇円
- ドイツの国民記念碑—一八一三年—一九一三年　大原まゆみ　二三〇〇円
- 日本・アジア美術探索　永井信一　二三〇〇円

〔芸術学叢書〕

- 芸術理論の現在—モダニズムから　藤枝晃雄・谷川　渥 編著　三八〇〇円
- 絵画論を超えて　尾崎信一郎　四六〇〇円
- 幻影としての空間—図学からみた東西の絵画　小山清男　三七〇〇円

- 美術史の辞典　P・デューロ他　中森義宗・清水忠訳　三六〇〇円
- 図像の世界—時・空を超えて　中森義宗　二五〇〇円
- 美学と現代美術の距離—アメリカにおけるその乖離と接近をめぐって　金　悠美　三八〇〇円
- ロジャー・フライの批評理論—知性と感受性の間で　要　真理子　四二〇〇円
- レオノール・フィニ—境界を侵犯する新しい種　尾形希和子　二八〇〇円
- アーロン・コープランドのアメリカ　G・レヴィン／J・ティック　奥田恵二訳　三二〇〇円
- キリスト教美術・建築事典　P・マレー／L・マレー　中森義宗監訳　続刊
- 芸術／批評　0〜2号　藤枝晃雄責任編集　0・1号 各一九〇〇円　2号 二〇〇〇円

〒113-0023 東京都文京区向丘1-20-6　TEL 03-3818-5521 FAX 03-3818-5514 振替 00110-6-37828
Email tk203444@fsinet.or.jp　URL: http://www.toshindo-pub.com/

※定価：表示価格（本体）＋税